32

新世纪心理与心理健康教育文库
Xinshiji Xinli Yu Xinlijiankangjiaoyu Wenku

爱情心理学

Aiqing Xinlixue

罗峥 杨怡 ◆ 编著
Luo Zheng Yang Yi

开明出版社

新世纪心理与心理健康教育文库

编　委　会

总 序

Sequence

早在上个世纪 70 年代就有专家预言：21 世纪是心理学的世纪。21 世纪人类所面临的最大挑战，不是其他，而是心理困惑和心理问题。

进入新世纪，我国社会主义物质文明、政治文明、精神文明建设不断加强，综合国力大幅度提高，人民生活显著改善。同时，我们也要看到，我国已进入改革发展的关键时期，经济体制深刻变革，社会结构深刻变动，利益格局深刻调整，思想观念深刻变化。这种空前的社会变革，给我国发展进步带来巨大活力，也必然带来这样那样的矛盾和问题。例如，城乡、区域经济社会发展很不平衡；就业、收入分配、社会保障、教育、医疗、住房等方面关系群众切身利益的问题比较突出；一些社会成员诚信缺失、道德失范；一些领域的腐败现象比较严重等。这些矛盾和问题让人们感到心理困惑，时刻冲击着人们的心理承受能力。

2006 年，中共中央《关于构建社会主义和谐社会若干重大问题的决定》明确指出：我们必须坚持以人为本。要注重促进人的心理和谐，加强人文关怀和心理疏导，引导人们正确对待自己、他人和社会，正确对待困难、挫折和荣誉。要加强心理健康教育和保健，塑造自尊自信、理性平和、积极向上的社会心态。心理和谐是构建和谐社会的心理基础和重要标志。胡锦涛同志指出："科学发展观，第一要义是发展，核心是以人为本。"以人为本就必须重视人、尊重人、关心人、爱护人，就必须重视人的心理发展。加强心理健康教育和心理保健，不断提高人们的心理素质，帮助人们形成积极心理品质，为和谐社会建设奠定和谐的心理基础已经成为举国上下的共识。

促进人的心理和谐需要有科学心理学指引，加强心理健康教育需要有合适的教材。近年来，国内虽然也陆续出版了一些心理学或心理健康教育方面的图书，但不够系统，缺乏总体规划。正因为如此，我们组织了一批心理学专家、学者，编写了这套反映我国心理学发展及心理健康教育理论成果的“新世纪心理与心理健康教育文库”。

“新世纪心理与心理健康教育文库”具有系统性。文库参照心理学学科体系和我国现实需要，分为基础理论、应用理论和技术与实践三个系列。

“新世纪心理与心理健康教育文库”具有权威性。文库是国家出版基金资助项目；文库撰稿人的选择面向全国，每一本图书都由该领域的专家学者撰稿；文库的统稿工作由国内权威心理学家和心理健康教育专家负责完成。

“新世纪心理与心理健康教育文库”具有前沿性。文库在全国范围选聘心理学和心理健康教育领域的专家学者撰稿，既可以吸收心理学与心理健康教育的权威理论和最新研究成果，也可以保证所选内容资料贴近时代、贴近生活、贴近实际。

“新世纪心理与心理健康教育文库”具有实用性。文库在强调系统性、理论性、科学性的同时，更加强调实用性。力求做到理论联系实际，给出的理论实用，给出的技术可行，给出的方法可操作。

“新世纪心理与心理健康教育文库”理论性、实用性、资料性、工具性兼备，是心理学与心理健康教育的“百科全书”。它可以作为从事心理与心理健康教育工作的管理者和研究者的参考书、工具书；可以作为心理健康教育教师继续学习、自我提高的自修图书；可以作为心理健康教育教师的培训用书；可以作为师范院校心理与心理健康教育专业的教材或参考书。

我们相信，“新世纪心理与心理健康教育文库”对于从事心理与心理健康教育工作的人士会有所帮助；对于我国的心理与心理健康教育工作会起到推动促进作用；对于促进人的心理和谐、促进社会心理和谐会发挥一定作用。

我们希望，这套文库能够得到广大心理与心理健康教育工作者的认可、接纳。

郑日昌

于京师园

前 言

Preface

大概自《诗经》“执子之手，与子偕老”描绘最古老、简单的美好开始，爱情就一直萦绕在文学家们的心底，盘旋于指间，于是笔端一转，便字字鲜活，余音千年。

爱情是浪漫的，所以“山无棱，天地合，乃敢与君绝”的誓言，像一根纤细的针，冷不防会刺到人们心底最柔软处，痛彻千年。爱情是强迫的，所以会有“有美人兮，见之不忘。一日不见兮，思之如狂”的癫狂。爱情也是痛苦的，会有“思君令人老，轩车何来迟”九曲婉转的幽怨；会有“看花满眼泪，不共楚王言”刻骨铭心的忠贞；还有“落花人独立，微雨燕双飞”似有似无的惆怅。爱情还是易逝的，所以卓文君才会写下“闻君有两意，故来相决绝”的悲恸；鱼玄机“易求无价宝，难得有心郎”的感慨才会令人神伤。然而在心理学家看来，爱情终归是平凡的，尽管有人会期待“愿得一人心，白首不相离”，而多数时候爱情却只是一个人眼中的如花美眷，两个人漫长的似水流年……

与君初相识，犹如故人归。一见如故，这大概是爱情心理学家们最想探究的谜题。一定有很多原因使你爱上某个人，而不是另一个人。尽管研究者们不懈努力，已经揭示了爱情发生时人们大脑中的变化，然而我们却仍不知，为何那个能使你大脑发生变化的人偏偏就是他/她？诚然，童年的经历会影响人们对爱情的选择，然而究竟如何影响了其中的工作机制？未解。我们只知道人们会倾向于在同等的社会地位、经济背景、智力水平、外在魅力以及相同价值观念的异性中寻找自己的爱人，然而正如心理学家海伦·费舍尔所说：“仅此而已，心理学家知道的只有这些。”不过我们至少了解：过去未曾消逝，仍然以潜意识甚至集体无意识的模样留在人们心中。或许某一天，当我们全面揭开潜意识、集体无意识之谜时，一切都会豁然开朗。只是，我们需要走的路依然很长。

问世间、情是何物，直教生死相许？令人欣慰的是，我们至少已经发现了爱情让人上瘾的机制。它源于一种生而有之的内驱力，就像会口渴、会饥饿、会困倦……我们天生就会“思之如狂”。当贾宝玉初见林黛玉时，在四目相对的那一秒，或许表面看来是春色温润、波澜不惊，然而在他们大脑深处的那个看不见的腹侧被盖区，有一种ApEn细胞瞬间制造的多巴胺，已通过神经传递与伏隔核中的多巴胺受体相结合，产生了强烈的快感，于是成瘾了。而那一味让人上瘾的毒药，就是那个阆苑仙葩，是那个美玉无瑕。爱情有着成瘾的所有特征：如果爱情幸福甜蜜，人们会沉迷其中；如果爱情痛苦折磨，人们更难以自拔。20世纪50年代，奥尔兹和米尔纳（J. Olds & P. Milner）在白鼠的快乐中枢——隔区中植入电极，并训练白鼠按压能够使该电极放电的开关，结果白鼠竟然不吃不喝地沉醉于对隔区的电刺激中。坠入爱河的人们何尝不像这只白鼠呢？我们会专注于某个人，茶饭不思，美化他/她，渴望得到他/她，并扭曲现实，不顾一切以赢得他/她的爱……这些都只因渴望满足大脑的奖赏需求。

然而如花美眷，似水流年。在岁月面前，爱情却无法永远维持上瘾状态。短不过半年，长不过四载，成瘾症状终会平息。剩下的，或是一弦一柱思华年，或是从此天涯陌路人；或是相濡以沫，或是相忘于江湖。我们所能做的，只能是不慌不忙地面对客观存在的规律，然后客观待之。不仅如此，我们还应感谢曾经生命中深爱的、不爱的、留不住的、离不开的人们，正是因为一次次幸福与伤痛的洗礼，生命才会向着更深刻、更丰富、更智慧的方向延展。或许，这才是本书的最终目的——告诉人们怎样去爱才更具适应性，而不是简单地堆砌理论和研究。

究竟该如何去爱呢？“爱情不是在泥土里开出的花朵，而是泥土里的肥料。最后开出的那朵花，是你的人生。”张小娴给了我们最好的答案。

罗峥　杨怡

目录

Contents

第一章　爱情心理学概述

【本章提要】

本章简要介绍了爱情心理学理论和研究的发展状况。第一节简述了研究者们探索爱情本质的历程，概述了关于爱情的各种理论和研究结果。第二节简要说明了爱情的差异性，即人们的性别、人格和人生经历等的差异会导致人们对爱情的体验不同。第三节则主要介绍了爱情心理学的各种科学研究方法。

【重要术语】

爱情理论　性别差异　个体差异　大五人格　性别认同　研究方法

七十年前，法国人安东尼·德·圣－埃克苏佩里（Antoine de Saint-Exupéry）写下了一部《小王子》，用纯粹干净的语言、诗意浓浓的画面和淡淡忧伤的情感，讲述了一个小男孩和他的玫瑰花的故事。或许，在我们不懂爱情时看它，有些波澜不惊；而当真正经历过爱情之后，才发现这是一部比安徒生的笔触还要美、还要细腻的爱情童话，是一部比《睡美人》、《白雪公主》还要深刻的爱情哲学。

故事讲述了一颗小行星上唯一的主人小王子，爱上了他亲手呵护的玫瑰花，也是他的星球上唯一的玫瑰花。然而日子简单而重复，年轻的他开始好奇于外面的世界究竟是什么模样。终于，小王子决定离开了，尽管最后的诀别让玫瑰花十分忧伤。小王子从此开始了在各种成人世界里游历的流浪生活。后来他到了地球，在这里他遇到了一片玫瑰园，里面的玫瑰和他的玫瑰花一模一样。他还遇到了一只爱上他的小狐狸，还有一条阴险的毒蛇。最终小王子被毒蛇咬伤，在生命的最后时刻，他想起了自己的玫瑰花，此刻这一路的经历才让他发现，原来他对自己的玫瑰花是多么的依依不舍，可惜他已经无法再回到曾经的世界了……“如果你爱上了某个星球的一朵花。那么，只要在夜晚仰望星空，你就会觉得漫天的繁星就像一朵朵盛开的花。”你的世界因为某个人而变得不同——这就是爱情的体验。

爱情在本质上是什么？古往今来的哲人们一直在探寻其中的规律。当小王子在一片玫瑰园里看到了5 000朵与自己的玫瑰花一模一样的玫瑰花时，曾有过这样的解答：“你们很美，但是很空虚，没有人会为你们而死，没错，一般过路的人，可能会认为我的玫瑰和你们很像，但她只要一朵花就胜过你们全部，因为她是我灌溉的那朵玫瑰花；她是那朵我放在玻璃罩下面，让我保护不被风吹袭，而且为她打死毛毛虫的玫瑰；因为，她是那朵我愿意倾听她发牢骚、吹嘘甚至沉默的玫瑰；因为，她是我的玫瑰。”或许在文学家眼里，爱情就是我们将自己最美好的一面，将自己心中最美的模样，在某个特定个体身上的投射。因此，他/她才变得“不同”。

第一节　爱情与爱情心理学

爱情在本质上是一种心理现象。爱情心理学是研究男女两性在恋爱过程中的心理现象及其发生与发展规律的科学。心理学家艾宾浩斯（H. Ebbinghaus）曾说：“心理学只有一个短暂的历史，却有一个长久的过去。”而区分心理学“历史”与“过去”的关键就在于其论断是否具有科学性——1879 年冯特在德国莱比锡成立了历史上第一个心理学实验室，标志着心理学从此成为一门真正独立的学科。爱情这一心理现象的研究发展同样也遵循此规律：尽管先哲们对爱情这一现象有过深刻的思考，但科学地解释其中的本质规律是从近代才开始的。

心理学脱胎于哲学，关于爱情最早的哲学思想萌生于古希腊，现存最早关于爱情是什么的文字论述是著名的柏拉图式爱情，在现代人眼中，它等同于精神恋爱。柏拉图式爱情是摒弃肉体的，它认为当人类抛开了对肉欲的强烈需求，心境就会平和，这种状态下的爱情是一种持之以恒的情感，它才是真正的爱情，才能经得起时间的考验。柏拉图式爱情主张相爱的双方是相互独立的、平等的，它认为在这世上有且仅有一个人，对你且仅对你而言是完美的。柏拉图式爱情还主张自由，爱情既不是为对方牺牲自己，也不是强烈地想要占有对方，融为一体，而是一种成全和接纳，需要给予对方足够的自由。因此在某种程度上说，这种没有情欲、强调独立自由的精神恋爱，也是远距离恋爱的意思。

与柏拉图式爱情一脉相承的是后来中世纪的典雅爱情。在中世纪的法国，被称为“欧洲的祖母”的爱莲诺（Eleanor）女士与自己的女儿玛丽一起创办了“爱情法庭”，并为典雅爱情制定了规则，成为当时的时尚风潮。典雅爱情同样强调爱情的精神性，相爱的男女双方是地位较低的骑士与地位较高的贵族女性。并且，这种爱情形式与婚姻无关，也不以婚姻为爱情的目的。因此，在典雅爱情观中爱情是一种精神体验，其完美程度是与骑士愿意为爱人牺牲和付出的程度为标准的。典雅爱情是后世西方浪漫之爱的文化源头，它不仅促进了女性地位的提高，而且还将罗曼蒂克的爱情观念流传至今。

然而，爱情是否就如这些哲学或者价值观念一般，是绝对的精神存在呢？最早从心理学角度对爱情进行解释的是弗洛伊德（S. Freud），基于他深厚的生物医学背景，他关于爱情的观点恰好相反，认为爱情不是精神的文化主张，而是一种由生物性决定的存在。弗洛伊德认为，爱情是性欲不能肆无忌惮地发泄，被潜抑后通过美化和升华形式而得到满足的一种方式。在他看来不仅是爱情，人类的一切活动都起源于性本能。爱情源于力比多（libido），它如同饥饿和口渴一样需要定时获得满足，是一种生物本能，需要得到发泄和满足。然而，由于弗洛伊德的理论思想源于对心理异常个体的临床经验，因此他的理论主要分析了爱情中的病态心理和行为，而对正常群体少有直接描述。他认为爱情中的病态行为，是因患者童年经历中的性心理的发展受阻而导致的。而他的《性学三论》、《爱情心理学》与《性道德文明与现代人的不安》也正是对爱情关系中异常病态行为的精神解析。

或许因为弗洛伊德的泛性论过于极端，他的弟子弗洛姆在解析爱情时，则表现出了一种批判式继承的态度。弗洛姆在《爱的艺术》中对爱情的本质进行了深入的思考和阐述。他认为人类的生存问题是产生爱情的根本动力，人们会产生爱情是因为人们需要克服孤独感。成熟的爱情必须具备五种特征，即给予、关心、责任、尊重和了解。而为了实现这种爱情，恋爱双方关系就必须满足四个条件：克服自恋、信仰、活动性和公平。因此，与弗洛伊德不同，弗洛姆十分强调爱情的精神层面，其爱情理论与其说是一种社会心理理论，不如说是一种对待爱情的态度和道德。然而他仍然认为性是爱情关系中不可少的一部分，这正是他对弗洛伊德理论的最重要继承，同时也并非如传统西方爱情观念那样一味强调爱情的精神性。弗洛姆的这种批判性继承，体现了哲学思辨的螺旋式发展趋势，在否定之否定的过程中无限地接近爱的真理。

这同时也说明，以上的爱情理论还仅仅停留在哲学思辨和假说阶段，其实证性和科学性还有所欠缺。不过受益于现代科学技术的快速发展，爱情心理学家们也终于能够采取一定的科学方法对爱情进行研究了。这种实证研究是从对人们的爱情观进行测量开始的，研究者们开始探索人类群体的爱情共性和差异性。打开爱情的现代心理测量之门的研究者正是美国心理学家鲁宾（Rubin，1970）。鲁宾假设爱情是一种可以被测量的独立概念，首次将爱情定义为个体对某一特定他人所持有的一种态度，并且通过项目分析、信度和效度检验等方法，制定了爱情量表和喜欢量表，区分了爱情与喜欢的差别。由此，心理学研究者们开始广为关注爱情现象，并且在鲁宾的研究的基础上，将关注的焦点放在了爱情态度的成分和类别上。例如，社会学家李（Lee，1973，1977）认为爱情的三种原型分别是激情之爱、游戏之爱和友谊之爱，这三个因素经过混合，又可以产生占有之爱、现实之爱及奉献之爱。

随着建构主义风潮对心理学领域的洗礼，对于爱情的成分与类别研究几乎成为当时的主要取向，最为著名且应用也最为广泛的要算斯腾伯格的爱情三角理论（Sternberg，1986，1988，1997，1998，2011）。该理论将爱情分解为激情、亲密和承诺三种心理成分，构成了三角形的三个顶点，并相互组合构成了七种不同的爱情类型，即喜欢、迷恋之爱、空洞之爱、浪漫之爱、伴侣之爱、愚蠢之爱和完美之爱。不仅如此，随着当代建构主义思潮的深入发展，研究者们十分关注个体的主观建构过程，由此也演变为对心理现象的各种主观建构差异性的关注。在这种趋势下，斯腾伯格在1994年进一步发展了他的爱情理论，认为作为爱情本质的爱情的三角形源于人们各种各样的爱情观念，前者是后者的核心，而后者是前者的表现形式。他通过研究发现，个体的品质与环境的互动会让个体形成爱情观的原型，这些原型是由个体主观建构的，会在个体生命中不断演绎。他还通过研究和统计分析得出了26种爱情原型。

然而建构主义热潮并未就此而止，在神经生理研究的基础上，研究者们开始将先前区分的不同心理类别视为一种心理建构，并且假设人类意识之中的所有心理现象都是由更为基本的心理成分构成的。爱情也不例外，是由更为基本的心理基元（psychological primitives）所构成的。而这些心理基元使得各类心理现象得以实现相互比较。对此，巴莱特（Barrett，1991，2004，2006，2009）从情绪的角度出发，从共性与差异性两个角度提出了概念行为模型，它吸收了神经生理的研究成果。巴莱特认为心理事件是由三种不可再分且相互影响的心理基元成分相互建构而成，即核心感情、情感经验知识以及受控制的注意；并界定了核心感情的神经生理基础，以及心理事件的神经生理工作模式。根据概念行为模型理论，巴莱特还通过假说对人们心理事件的多样性进行了解释：正是个体时刻存在的核心感情因受到特定客体的影响而改变了活动性，由此使得个体注意到该情境下的某部分信息，同时提取记忆中的相关爱情概念知识，从而将整合了外界和体内信息的即时体验概念化为爱情事件，即爱情是人们对核心感情进行归类而产生的。这样就很容易解释为什么不同的时代、不同的国家、不同的个体会有着各种各样的爱情观。

在建构主义横扫心理学界的同时，研究者们并没有忘记从其他角度来看待爱情。其中与爱情联系最为紧密的是依恋现象。依恋概念的提出者鲍尔比（Bowlby，1982，1988）认为，依恋是个体在童年时期对自己与照顾者之间的互动过程的图式表征，即由认知进而稳定化而形成的一部分人格，最终随着个体的社会化而泛化到更广泛的社会关系中。许多研究者发现，成人之间的浪漫关系和婴儿与呵护者之间的关系十分相似，并由此认为，母婴依恋与婚恋关系中的依恋是由同一生物动力系统所控制的。由于童年经历不同，个体形成的依恋风格不同，这不仅决定了人们对待婚恋的不同态度，而且还会通过中介因素对婚恋满意度产生间接影响。

此外，社会心理学家们还从社会交往的宏观角度来对爱情现象进行解释，在他们看来爱情只是一种人际交往中的社会交换物。他们认为人类的一切社会行为都可以归结为相互之间的交换，交换物不仅仅是金钱，还有爱、尊重、支持、服从，以及其他紧缺物质产品；交换活动能够带来报酬，人们在社会交换中形成的相互关系也属于交换关系。并且在社会交往中，个体都在寻求以小的代价来获取大的奖赏，并与能够为自己提供满意利益的个体保持亲密关系。在整个关系中，双方既能收获想要的利益作为奖赏，也在付出对方想要的利益和体验以及由亲密关系带来的消极经历作为成本，成本与奖赏的差值即为实际收益。爱情关系的稳定程度，取决于个体对实际收益与主观预期的收益，以及替代性亲密关系能够带来的收益的比较结果。总之在社会群体的视角下，爱情显得十分渺小，理性而现实。

相反，生理心理学家们并不认为爱情是理性的，作为一种具有强烈内驱力的心理活动，爱情更像是一种难以自控的成瘾现象，我们是无法用理性说明一个人为何偏偏会爱上某个特定的个体的。这一观点在某种程度上验证了弗洛伊德对爱情的看法，即爱情是一种与口渴、饥饿类似的需求。并且，爱情有着成瘾的主要症状，即耐受性产生—耐受性消退—耐受性复发；而爱情与上瘾发生时的神经生理机制又十分相似。因此，爱情是难以自控的，是一种受生理驱使的强烈动机。由于具有客观的生理证据，这种解释显得十分诱人。而各种心理现象来自神经生理的确凿证据，也成为对其进行深入探索的切入口，它们正成为心理学研究领域欣欣向荣的发展趋势。同时，神经生理证据还是其他心理流派的重要借鉴方法，如前文所述的建构主义，还有接下来将要介绍的进化心理学。

尽管生理研究为爱情这种心理现象的产生找到了重要的生理机制，然而为何会有这样的生理机制？这又是研究者们面临的一个新的难题。对此很难进行直接探索，但却可以间接推理。于是有研究者从生物进化的角度，进行了进一步的思考和假设。例如，巴斯（Buss，1988）等进化心理学家认为，人类称之为爱情的情感现象，其实是经过自然选择、用来保障人类繁衍和亲代投资的忠诚性以及生存的一种进化解决办法，是人类在适应自然环境过程中逐渐打磨出来的一种适应器。至少在目前看来，这是一种对于爱情的本质来说可接受的“终极解释”，只是这种假说仍在发展成熟之中。

以上简述了关于爱情现象的心理学探索的现有重要结论，未来的研究发展仍在继续。然而通过以上的发展历程，爱情最初的神秘面纱在时光中被心理学家们一层层地轻轻撩开了。心理学研究者们不仅从动机的角度（如弗洛伊德、弗洛姆的理论）、情绪的角度（依恋风格）、认知建构的角度（成分理论），而且还进一步深入到生物生理的角度（神经生理机制、进化心理理论）对爱情进行了解释。在此过程中，我们无限地接近着爱情的核心本质。而未来的旅程仍让人拭目以待。

至此，基于以上研究成果，那么爱情究竟是一种怎样的心理现象呢？

我们认为，爱情是一种包含了认知、情绪和动机成分的复杂心理现象，它起源于人类进化过程中保障生存与繁衍的需求，并受到特定神经生理活动机制的驱使，同时也作为一种资源参与了社会交往过程，这一切最终反映到人的心理层面，就形成了我们所认识的爱情。这是爱情的内涵与共性。此外，由于爱情受生物性和生理性因素所驱使，因此它的产生和发展不受主观控制；同时，作为一种心理活动，爱情也会被个体的高级神经认知活动所调节，并且这种调节会受到各种环境因素的影响，由此最终形成了人们各种各样的爱情观念。这些观念则体现了爱情的外延与差异性。

第二节 爱情的个体心理差异

人们各种各样的爱情观念最终表现为爱情现象中的个体差异。你向往怎样的爱情？你是否容易坠入爱河？你有过一见钟情吗？怎样的异性对你有吸引力？你会主动追求异性吗？对于这些问题，每个人都会有不一样的答案，所以我们才会成为独特的我。正如有的人激情澎湃，一生中爱情体验丰富如徐志摩，而有的人却终其一生也不见得有过心动的感觉，我们每个人的爱情生活才会如此千差万别。这也是为什么大观园里有那么多鲜艳娇美的姑娘，贾宝玉却对林黛玉情有独钟，“弱水三千，只取一瓢饮”；而与之相反，薛蟠却是个暴殄天物、亵渎女子的恶俗公子。爱情世界里的凡此种种，无疑是文学艺术创作的丰富素材，幸运完美的引来读者的赏心悦目，曲折遗憾的则留下一声叹息。然而，心理学家们关心的却不是那种感同身受的体验，而是直切本质，探讨个体之间对待爱情究竟具有怎样的差异，这些差异与哪些影响因素有关，以及我们是否能够控制和改变这些因素。

一、性别差异

在一本叫做《男人来自火星，女人来自金星》的书中，作者格雷（Gray，1992）认为男人与女人在各个方面都是不一样的，这种差异不仅包括生物学和解剖学上的，而且包括心理上的，例如，他们具有不同的认知思维方式，对待压力的方式不同，对爱情的感受性以及沟通方式也具有差异，等等。这在一定程度上符合普通人对男女两性的刻板印象。但是研究者米勒等人（Miller et al，2012）认为这种观点夸大了两性在兴趣、风格和能力上的差异，他们认为就某项特质来说，所有男性或者女性水平的高低分别都可以用正态曲线来描述，实际上男性与女性的正态曲线形状相同，并且大部分都是重叠的，放在坐标轴中看，可能只是女性的正态分布曲线比男性的向左或者向右位移一段距离而已。例如，有研究调查了两性对待性开放的态度，与通常刻板印象认为的男性更赞同与多个对象的性行为并更能接受一夜情不同，事实上两性之间的态度差距并没有性别内部个体之间的差距那么大（Oliver & Hyde，1993）。有的性别差异非常大，而有一些又与通常的刻板印象认为“男人都……”或者“女人都……”是不符的。因此，“性别差异”的提法是为了强调两性之间的差异之处，但这并不表明差异性就多于相似性，更不能由此认为两性的心理完全不同。

然而，爱情仍然是具有某些性别差异的。研究者发现，在许多国家的不同文化背景下，都有比男性数量更多的女性报告当前处于恋爱之中，如处于恋爱中的美国女性比男性多10%，日本女性更是比男性高出21%，等等（Sprecher et al，1994）。不仅如此，斯密特与巴斯（Schmitt & Buss，2000）的一项研究发现，在情感投资水平方面女性要高于男性，而在色情性倾向上，男性则会高于女性，这可能是由于情感投资水平反映了爱情的承诺方面，而色情性侧重激情。也有研究表明，与通常的刻板印象不同，男性比女性更有可能体验到浪漫之爱，而女性则更倾向于考虑各方面因素，才会选定恋爱对象。

与此相对应的，在爱情过程刚开始时，女性更容易被社会地位和经济能力较高的男性所吸引，而男性则更容易对外表美丽、具有身体魅力的女性产生爱情（Schmitt & Buss，1996）。接着在对是否交往下去进行评价选择时，女性通常会根据情感承诺和安全感评估爱情和伴侣，而男性则更看重性承诺和交往的愉悦感（Buss，2000）。在交往过程中，男性通常会比女性更快地坠入爱河，女性则会比男性体验到更多的情绪感受，如眩晕、酥麻、心情愉悦等（Brantley et al，2002）。最终，是否发生性行为通常由女性决定，女性在确认产生爱情以后才会与男性发生性行为，而男性则更有可能与毫无感情的陌生人发生性行为（Schmitt，2012）。有研究者进行了一项有趣的实验，主试在大学校园里邀请随机遇上的异性与自己发生性行为，结果发现没有一位女性会接受这个邀请，而男性表示愿意接受的不在少数。

就此看来，似乎在爱情中，女性普遍表现得更为“现实”但同时更为忠诚，男性则会普遍表现得更“花心”却又更为无私。这是由两性在爱情关系中的资源投入存在差异造成的。在人类的生存与繁衍活动中，女性对于繁衍后代拥有更多的不可随意分配的资源（详见第七章），主要包括孕育和哺乳；而男性除了提供精子之外，几乎不需要任何投入（Travers，1972）。正是由于这种亲代投资上的性别差异，系统地决定了爱情相关过程以及性选择的性别差异。对后代投资较多的一方（女性）通常倾向于采取长期稳定的、以爱为导向的伴侣策略，并且通常在选择伴侣时更具有鉴别力，更为谨慎；而对后代投资较少的一方（男性）则倾向于采取短期的、以性行为为导向的伴侣策略。正是这种亲代投资的不对称性，导致了男性对伴侣和孩子表现出了比女性更低水平的情感投资，并且在选择配偶时没有女性那么挑剔，表现出了更差的鉴别力，尤其是在婚姻之外的短期交配情境下。

二、人格差异

人格特质对个体一生都有深远影响，一般较为稳定，长期也只会发生缓慢变化。而爱情的情感特征与人格的一些核心特质存在紧密的联系。目前最为人们所认可的人格理论是大五人格理论，该理论包含了五项基本特质，它们能够很好地区分个体在许多方面的差异。具体来说，大五人格特质包括外倾性（extraversion，好交际、热情、果断、活跃、冒险、乐观等）、宜人性（agreeableness，对人信任、利他、合作性、同情心等）、开放性（openness to experience，想象力、审美、情感丰富、艺术气质、创造力、智慧等）、尽责性（conscientiousness，胜任力、公正性、条理性、尽职、成就、自律、谨慎、克制等）、神经质（neuroticism，善变、焦虑、敌对、压抑、自我意识、冲动、脆弱等）。这五项人格特质中，只有开放性与良好的伴侣关系及满意度关系较小（Miller et al，2012）。

研究普遍认为宜人性和外倾性对爱情关系有积极的促进作用，此外具有高尽责性的个体由于可靠、值得信赖并且忠于承诺，因此也是异性心目中的理想配偶（Watson et al，2000）。斯密特和巴斯（2000）认为，爱可能是外倾性和宜人性的混合。他们发现能够很好鉴别出一般爱情维度的情感投资量表与许多爱情的核心特质有关，如斯腾伯格提出的激情、亲密和承诺成分（Sternberg，1988）。在实验过程中，斯密特和巴斯发现无论男女被试，其情感投资量表的报告结果与其人格的外倾性和宜人性均存在显著相关，其中宜人性的作用更大；不仅如此，情感投资量表与斯腾伯格爱情三因素具有很好的聚合效度。这种观点也得到了生理研究的一些支持，如爱情与大脑中的多巴胺和5－羟色胺有关，并涉及了该系统中的一些遗传酶物质（Cherkas et al，2004）。此外，也有研究者认为爱情具有不同类型是因为它与这两种人格特质的相关程度不同（Fehr & Broughton，2001），激情之爱与外倾性的相关更紧密，友谊之爱与宜人性的相关更紧密。

神经质对爱情具有消极影响。神经质的个体情绪反复无常，容易发怒和焦虑，由此会引起个体间的摩擦和争执，从而导致人们对爱情关系的满意度更低。例如，凯利等人（Kelly & Conley，1987）对300对夫妇进行了长达45年的纵向追踪研究，发现订婚时的神经质分数可以很好地预测其中10%的婚姻美满夫妇多年来对全部婚姻生活的满意度和幸福感，并不是说他们从来没有坏日子，而是他们感到美满的日子比神经质高的个体要多。

除了大五人格特质之外，爱情也与自尊有关。自尊是人们的“社会关系测量仪”（sociometer），反映了个体与他人的人际关系质量（Leary & Baumeister，2000）。自尊体现了人类对于归属感满足的进化机制。人们往往根据他人对自己的反应进行自我评价，如果他人喜欢自己、看重与自己之间的关系、欣赏自己的某些技能和特质，那么个体就会相信和喜欢自己，拥有较高的自尊水平；反之则自尊水平较低。自尊能够提醒个体他人的拒绝或者接纳，他人的厌恶也会令个体厌恶自己。有研究表明，低自尊的个体时常会低估伴侣对自己的爱，并且能够感受到根本不存在的漠视；他们往往很难相信伴侣深深地爱着自己，对爱情的长久性并不乐观，从而表现出消极的过度反应行为（Murray et al，2002）。低自尊的个体由于具有很高的自我防御性，害怕由于依赖他人而遭到背叛和拒绝，并且常常又低估自己与伴侣的关系，因此他们总是脆弱而敏感的。而高自尊的个体即使在出现困难时也会对伴侣和自己的爱情充满信心（Murray，2008）。

三、人生经历差异

几乎从弗洛伊德开始，心理学领域就已经开始重视童年经历对个体一生社会关系的影响。其中最重要的一种方式体现为父母教养风格对个体依恋类型的影响，有研究认为基因（先天气质）对依恋类型的影响不大（Waller & Shaver，1994），而母亲对待新生儿的行为可以预测儿童长大后对伴侣的依恋风格（Isabella，1998），并且母亲本身的依恋方式对孩子依恋风格的预测准确度可以高达75%（Fonagy et al，1991）。个体的依恋风格可以通过两个维度四种类型来表示（Bartholomew，1990），一个维度是回避亲密的程度，另一个维度是担忧被抛弃的程度，由此组成了四种依恋风格：安全型（低回避亲密、低忧虑）、焦虑型（低回避亲密、高忧虑）、冷漠型（高回避亲密、低忧虑）、恐惧型（高回避亲密、高忧虑）。安全型个体在情感上容易接近和接受他人；焦虑型个体则会过度投入所有感情，对他人过度依赖，并时常表现出怀疑和不安；冷漠型个体不喜欢依赖别人或者让别人依赖，即使没有亲密关系也不会感到不安；恐惧型个体由于对他人和自己都缺乏信任，尽管渴望与他人建立亲密关系，但通常也具有很高的自我防御性，从而拒绝亲密关系。显然，这几种依恋类型中，安全型依恋是对爱情关系的建立具有促进作用的，其他几种则会分别出现各种问题。对此我们将在第二章进行详细分析。

另外，近来有心理学家通过研究发现（Pronk et al，2010），执行控制能力可能是影响爱情忠诚程度的关键因素之一。执行控制能力是指人们排除一切困难并取得最终胜利的一种能力。在研究者们设计的实验情境中，执行控制能力强的个体表现出了更少的搭讪调情行为，这表明他们会主动采用一些方法来保护爱情。因此，研究者们认为影响执行控制能力的因素有可能也会影响人们抵抗诱惑的能力，工作量大、压力大、酒精等都可能降低人们对诱惑的抵抗能力。

四、性别认同差异

前述的性别差异，指的是生物学上不同性别之间的差异。而心理学家们还进一步区分了性别差异和性别认同差异，将性别认同差异定义为由文化和教育引起的两性在社会性和心理上的差异，即个体的社会性别（Canary & Emmers-Sommer, 1997)。例如，对于一些男同性恋者来说，他们的生理性别是男性，而心理性别则为女性，根据弗洛伊德的理论，这种情况主要是由于这类个体童年自恋期没有良好度过而造成的，这与性别认同的定义是一致的，即后天教养造成了性别认同差异。在现实生活中，人们对男性的性别角色期待比对女性更为严格，“娘娘腔”的男孩子往往比“假小子”的女孩子更令人担忧（Sandnabba & Ahlberg, 1999)。而在现代社会里，随着男女日趋平等，我们对男女的性别角色期待也更为包容，最为明显的就是现代女性的工具性特质越来越强。

生理性别对我们社会文化的性别认同有着重要影响。在人类文化中，女性通常被认为是应当有女人味的，包括情感丰富、敏感而友善等；而男性应当具有男子气，应当果断独立、有能力、有进取心等。因此，我们在养育后代时通常会对男孩和女孩带着相应的性别期待。例如，女孩子不能像男孩子一样好斗，而男孩不能像女孩一样柔弱；女孩儿通常会玩过家家，男孩儿通常会玩战争、警察捉小偷的游戏；等等。这些其实都是我们对于性别的刻板印象，事实上有研究表明，只有一半的个体其特质是刚好符合性别角色的期望的（Bem, 1993)，而大约有35%的个体是同时具有两性的角色特征的。有研究者将男子气形容为与任务完成有关的工具性（instrumental）特质，包括自信、独立、有抱负、领导力、果敢等特质；把与社会情感有关的女人味定义为表达性（expressive）特质，包括热情、温柔、有同情心、亲切、敏感等。传统的教养方式让我们有一种错觉，认为男子气与女人味是不能在同一个体身上同时出现的，然而从工具性和表达性特质上看，两者其实并不冲突。而在普通群体中，这两项特质实际上两性都拥有，但存在高低的差别，符合正态分布规律。

事实上，具有传统的男性性别角色认同的男性个体与具有传统女性性别角色认同的女性个体之间的相处并不和谐，有研究发现坚持传统性别角色的夫妇对生活的满意度较低（Helms et al, 2006)，这可能是由于他们的处事风格和才干能力的差别太大造成的，表达性低的个体不够温柔、体贴、深情，而工具性低的个体往往又缺乏自信和自尊，社会适应能力较弱。从这个角度上看，具有两性性别特征的个体的社会适应性反而更强，许多研究也表明，幸福的伴侣通常是双方都具有很高的工具性和表达性的（Bradbury et al, 1995)，而具有双性化特质的个体往往更受异性的欢迎（Green & Kenrick, 1994)。

第三节　爱情的心理学研究方法

体现一门学科科学性的最根本之处在于它的研究方法。这让人想起《生活大爆炸》里那位有趣的物理天才谢尔顿，在他眼里社会科学根本不成其为科学，他的一种有趣观点是：尽管人们认为博士都是聪明的，但如果一个法国人获得法语的博士学位根本不值得用“smart”来形容。或许他的言辞过于激进，但现实生活中确实存在一些自然科学类的人士不太认可非自然科学，这种观点也不无根据：如果不基于客观的论证，如何证明你仅凭自己作为地球上60亿人口中的一员的大脑运行输出结果就是正确的呢？单个个体接触的信息面毕竟有限，远不够称其为一门“学问”。因此，科学的研究方法对于一门学科来说至关重要。不久前偶遇两位某大学的政治学教授，他们最近也请了一位统计学专家来教授科学研究方法，其讲座的题目是关于通过结构方程模型来分析奥巴马政府的政治决策的。不得不说自然科学的研究方法已经开始向社会科学深入渗透了。

心理学思想古而有之，然而从现代科学角度来看，古代的心理学只能算是一种哲学思想。心理学真正成为独立的学科，也恰恰是以冯特1879年在德国莱比锡成立了世界上第一个心理学研究室为标志的，从此心理学走上了科学研究的道路。据说，要想区分某个自称学心理学的人是否是受过系统培养的科班出身，那么就看他能不能不假思索地说出这个标志来，当然这只是玩笑。毕竟如今市面上充斥了大量以“心理学教你……”为噱头的书籍，以及各种各样宣称一学即会的心理技术培训班，要想鉴别“真身”还真得拿起科学的武器。值得注意的是，鉴于这个鱼龙混杂的局面，以及非专业大众的不明就里，国外早有研究者写了一本很意思的书，叫做《对伪心理学说不》（*How to Think Straight about Psychology*, Keith E. Stanovich，1983），那些色彩星座、催眠读心或许在内容上具有个人的深悟与灵感，但如果要冠上“……学”的称号，还需要慎重。

爱情这一主题一直是艺术家、文学家、诗人、哲人们的宠儿，与心理学的缘分，得感谢社会学这位红娘的牵引，一切源于社会学家们对人际关系的探讨。而从心理学角度来说，这也离不开鼎鼎大名的弗洛伊德的贡献，他对于童年亲子关系的强调，以及由此提出的一些概念，对爱情心理学的发展影响深远。然而，他对于关系科学的贡献也仅限于思想。

研究方法上的转变，应当是从门罗（Monre，1898）开始的，是他首先采用数据统计方法来研究人际关系。然而随后由于两次世界大战的爆发，关系科学的研究始终也没发展起来。其真正开始全面开展研究还得算是第二次世界大战之后，即20世纪的六七十年代，此时关系科学研究在科学领域里表现出激增的态势。在此期间，社会心理学家们除了开始重视心理实验室的建立之外，还将研究兴趣指向了人际吸引力的过程，并开始设计问卷以及通过实验情境来进行分析。例如，伯恩和尼尔森（Byrne & Nelson）在1965年进行的一项态度相似性在喜欢过程中的作用的研究中，设计了如下实验情境：研究者首先评估被试的态度，并根据评估结果预先设计两份分别认同和不认同被试态度的问卷，然后研究者将其中一份问卷交给被试，并告知该量表是另一间实验室的陌生人完成的，要求被试检查该问卷并报告对这个陌生人的喜欢程度，结果表明被试更喜欢认同自己态度的陌生人。

随着关系科学研究方法的日益复杂和系统，对人际吸引力的研究也开始进一步深入到了爱情领域，不仅开始关注婚姻关系，而且对浪漫之爱也兴趣甚浓。研究在工具上也得益于整个科学领域的全面发展，如摄影机、电脑、生理多导仪、眼动仪、事件相关电位（ERP）、功能磁共振成像（fMRI）等现代工具也被引入了爱情心理学研究领域。并且得益于生理科学的研究成果，当代爱情心理学研究也出现了生理研究的取向，从而形成宏观到社会关系、微观到生理反应的全面研究的局面。

在现代科学的爱情心理实证研究中，研究的进行离不开科学而严谨的程序。一项实验研究的产生到完成，必然要进行预先的设计，包括研究问题的提出、研究对象的选择、研究方法的确定、实验情境的设置，以及数据收集和统计方法的确定，经过实际操作后，通过统计分析，最终得出结论。此外，研究还必须考虑到社会道德规范的约束，对于一些对被试有身体、心理和社会关系伤害性的或者牵涉被试隐私的研究，即使很有研究价值也不能置社会道德于不顾，而是尽量在研究对象的选取（如小白鼠）、研究方法的灵活变通上进行一些妥协和调整。一项研究的进行大致包括如下过程。

一、问题提出

研究问题大致可分为两大类。一类是研究者对观察到的现象产生兴趣，但由于条件限制而无法清晰地得出具体推测，因此会探索性地尝试详尽而准确描述该社会现象，并收集全面的数据，再通过统计分析而得出结论。例如，浪漫之爱是否具有跨文化普遍性？在爱情关系中人们看重的配偶品质有哪些？等等。另一类问题是研究者基于现有信息，已经能够作出明确推断，但仍然对此论断进行证实或者证伪的检验（如对已知人格维度的验证性因素分析）。例如，个体与伴侣的关系与其依恋风格有关；安全型依恋风格的个体更容易建立良好的伴侣关系；费洛蒙的散发会令男性对女性更有吸引力；等等。通常情况下，第一类问题往往更宏观而复杂（如对未知人格维度的探索性因素分析等），第二类更具有针对性、更具体，往往是第一类问题的分支，因此，一般由第一类问题得出的结论也会被研究者们进一步进行第二类研究分析。

研究问题的来源一般有三种，一是研究者基于对社会现象的观察，通过提炼而得出，例如，研究者可能观察到，在交友网站上男性提出的择偶标准中一般都对女性的外表有一定要求，而女性提出的择偶标准中一般对男性的经济能力有所要求，那么研究者就可以就此提出问题：男女之间的择偶标准存在差异，男性比女性更在乎配偶的外表，女性比男性更在乎配偶的经济能力。不仅如此，该研究还会进一步产生新的问题：为什么男女之间存在这样的差异？男性对女性外表的审美标准是什么？为什么女性会在乎男性的经济能力？等等。这就属于第二种问题的来源方式：从已有文献结论中提出问题。这里的文献可以是自己研究领域自然而然出现的问题，也有可能是对他人研究的兴趣。例如，热恋中的人们的脑功能成像激活了若干脑区域，其中有时会包括眶额皮层，有时候该区域活动又不太显著，那么研究者则可能就眶额皮层在浪漫之爱中的功能进行进一步探讨。研究者还可以从已有的研究理论中提取研究问题，这是第三种来源。有的时候，研究者往往会先产生对某一现象的思考，由此提出能够自圆其说的理论假设，然后则针对理论假设进行实验验证。例如，斯腾伯格提出了爱情的三角理论，认为爱情是由激情、亲密和承诺三种成分构成。于是，研究者就会设计相关问卷，或者采用基于别的理论所设计的问卷来对这三种成分进行验证，或者通过神经生理研究去寻找这三种成分是否存在相对应的生理系统。

二、被试选取

确定好研究问题后，一般也就明确了该问题所针对的对象群体。在爱情心理学领域内的研究对象一般为具有恋爱能力的成年个体。较多研究以恋爱中的个体，如情侣、婚姻伴侣等为研究对象，检验爱情关系过程中的一些相关问题；也有以单身成年个体为研究对象的，如检验他们对待爱情的态度；较为特殊的也会对未成年儿童进行调查，以验证浪漫之爱是否具有跨年龄的普遍性；等等。研究对象也有可能不是人类个体，而是实验室里的老鼠，或者自然环境下的大猩猩，这种跨物种的爱情形态比较，有助于我们看清爱情的本质功能；此外，有些不宜在人类个体上进行实验的研究，可通过老鼠等哺乳类动物代为进行，来获取想要的结论，如验证后叶加压素对雄性个体忠诚行为的影响，研究者就可以通过给老鼠注射该激素来验证假设，毕竟这样的处理会给个体带来一定损伤，在人类身上进行存在道德问题。

从科学严谨性角度来看，选取的被试必须要具有群体代表性，能够代表实验结果所要解释的群体，即被试具有研究者想要研究的人类整体的人口统计学特征，这就涉及取样代表性问题。例如，理论上对于人类爱情的研究需要对每种文化下、各年龄水平的个体进行代表性抽样，但由于现实条件的限制，这很难实现。而巴斯等研究者（Buss et al，1988）开展过的一项关于爱情的跨文化问卷调查，也仅选取了 37 个国家和地区的被试，并且有的国家只有很少的样本量，但这项研究已经非常难得，并且由此得到的研究结论也具有很好的说服力。然而，尽管如此，该研究在各国选取的被试仍然可能存在代表性的问题。在一些国家，例如巴基斯坦，由于社会文化较为保守，因此较难获取具有广泛代表性的被试。并且也会存在方便取样的问题，即由于研究条件的限制，而通过有限条件便利获取被试。事实上目前研究中较普遍地存在这个问题。由于研究者一般为大学里的教师，且研究经费有限，因此被试一般就近来自于大学生和志愿者，这本身是具有群体差异性的。例如，有研究表明志愿参与性行为研究的个体比非志愿者拥有更多的性经验（M. W. Weiderman，1999）。而具有某些人格特质的个体又倾向于不参与研究活动。

理想和现实总是有差距的，而我们所能做的只能是无限接近那个完美的答案。然而，我们是否因为取样偏差的问题就能够否定心理学研究的科学性，并从此对其采取否定的态度呢？如果那样，心理科学就永远无法前进了。尽管某一次研究无法采用完美的方法来检验真相，但在众多研究者的反复实验中，信息也会因为积累而渐渐全面、客观。这样，真理的面孔，总有一天会在众多研究者的描绘中变得清晰生动。

对待研究，我们必须持谨慎而理性的态度：没有一项研究能够做到完美，但也不能因此而什么都不做，每次或许只能获取一点量上的真知，但只要坚持不懈，最终就能够无限靠近真理。这是所有科学探索所必经的过程，只是不同学科的进展速度快慢不同而已。对此我们应具有高度的严谨性，以及适度的包容性。

三、确定研究方法

在爱情心理学的研究中，一般采用三类研究设计方法：相关设计、因果设计和发展性研究设计。相关即两个事件之间是否存在联系，用相关系数表示，数值范围在 -1.00 到 1.00 之间，相关绝对值越高，说明两者之间的联系越多。当数值为正时，两个事件的变化方向一致，即一方随着另一方的增加而增加；数值为负时则相反，一方随另一方的增加而减少。相关设计一般适用于社会调查（如发放问卷的形式），如果两个事件相互之间完全没有关系，那么其相关系数值为 0。然而，相关关系只能说明两个事件之间存在共变关系，但预测方向并不确定，更不能作出因果推断，因为它至少存在三种可能：A 事件导致了 B 事件；B 事件导致了 A 事件；存在第三种变量（事件）同时影响了 A 和 B。不过我们可以通过同时考查其他相关变量，并采用一些复杂的统计分析，如结构方程模型、多层线性回归模型等，进行进一步的预测方向分析。

因果研究通常是在实验室情境下进行的，这是由于心理现象十分复杂，能够影响它的环境因素也种类繁多，并且有很多因素往往是想象不到的。因此在自然的社会情境中，我们很难断定 A 事件必然导致了 B 事件。而在实验室里进行的研究，往往是在综合考虑了各种因素或变量（尽可能全面），并对可能存在影响的因素进行控制的前提下进行的，由此通过标准的施测程序对 A 变量进行有计划的改变，从而观察由此带来的 B 变量的变化。对于变量控制来说，多数时候人们是无法面面俱到的，因此，从理论上说，最为均衡的办法便是利用随机性，如随机选取被试、随机分配被试到某个实验条件下等。然而，在爱情心理学领域内并非所有事情都是可以通过实验控制来实现的，如我们不能设计实验来让个体对另一个体产生或是结束浪漫爱情。

发展性研究设计主要是为了观察事件随着时间变化是如何发生改变的，包括横断设计、纵向设计以及回溯设计。横断设计是在某个时间断层上，横向比较当时不同年龄、不同阶段个体之间的差异，从而推测该事件随着时间变化可能会发生怎样的变化。纵向设计则是直接观察随着时间和个体年龄的变化，事件会发生怎样的改变。通常会对同一群体被试，在某个时间段之内进行若干次重复测量——时间可短可长，甚至可能长达几十年。这种方法尽管直接，但它却存在研究难以控制的问题，如随着时间的推移被试会因为各种状况而逐渐减少。正因为纵向设计让人头疼的被试损耗问题，研究者们才想到了可以试着逆着时间往回调查，这就是回溯设计。

四、数据收集和统计

如果要进行科学分析，在严格的实验设计之外，还需要将实验中的事件量化成可以被统计分析的数据，才能得出科学的结论。对事件的测量在科学研究中至关重要。而测量工具还必须具有良好的信度和效度，如问卷的设计、访谈的结构、观察内容构想等。所谓信度即通过该工具收集的数据结果具有跨时间、跨群体的一致性和稳定性，以及可靠性。而效度是指该测量工具测量到研究想要测量内容的准确程度，即是否存在目的在于测量 A 内容，而结果却测量的是 A 之外的内容的情况。另外，研究者也会采用实验室研究，这种情况需要控制得更为严格，几乎实验的每个环节都需要尽力做到标准化。爱情心理学研究中一般采用的数据收集方法包括自我报告、观察法、生理测量法以及档案资料分析等。

自我报告即通过书面问卷、口头访谈或是生活事件体验取样（如日记）等形式，来让被试就事件进行主观的自我报告。由于自我报告需要通过个体对自己进行认知和反省这个复杂的中间过程，才能最终收集到数据，因此它会受到一些因素的影响，包括：被试对研究者提出的问题的理解偏差；被试的回忆能力和觉知反省能力差异；被试的主观偏见和意图（如自我服务性偏差、附和社会期望）；等等。

观察法是一种他人报告的方法，观察者可能会作为群体一员参与到观察对象的活动中进行参与观察（participant observation），也可能从纯旁观者的角度进行系统观察（systematic observation）。他人报告尽管与被试主观报告相比更具有客观性，但是它仍是一种人为的报告，也会受到观察员的心理限制，因此，观察员在进行观察之前通常会接受研究培训和进行一定的练习。观察者一般会采取以下方式收集数据：笔录记载观察到的每件事、根据描述词进行等级评定、对特定行为编码以及对互动过程的连续观察。另外，在爱情心理学研究中，常常会采用夫妇报告法，即对夫妇双方同时进行访谈，在此过程中不仅能获取个体的主观报告信息，而且能够同时观察夫妇之间的互动，检验报告信息的准确性，并可获取更丰富的数据。不过这种方法对研究主试的能力水平要求更为严格。

生理测量可以有效避免主观性的问题，人们一般无法有意控制自己的生理反应。生理测量就是对个体生理反应如心率、皮肤电、肌电、荷尔蒙水平、脑电等进行观察。生理测量一般成本较高，因此单项研究采集数据的被试量相对较少，但由于其直接与准确性，能够让研究者考查人们行为的生理根源和社会现象之间的对应关系，它在心理学领域内的应用正在不断增加。例如，有研究跟踪了孕妇血液里的后叶催产素水平，结果发现催产素水平越高的母亲更容易与自己的孩子建立亲密的亲子关系，对婴儿表现出了更多的抚摸和关注行为（Feldman et al, 2007）。

除了生理测量之外，对个体档案资料进行分析研究也能有效避免被试的主观意图带来的干扰，同时它还具有研究经济成本较低的优点。例如，有研究评定了外表吸引力与经济收入的关系，研究者就通过对个体在大学的毕业照进行吸引力等级评定，并调查其目前的经济收入，从而证实了吸引力与经济收入呈正相关的结论的（Frieze et al, 1991）。

当研究有效地收集到了我们想要的数据之后，还必须进行统计分析，才能让杂乱无章的信息更为清晰。寻找数据间的逻辑性是我们进行统计的根本目的，也是决定实验结论的直接步骤。统计的主要作用在于检验数据之间的逻辑关系是否与研究假设相一致，然而随着统计方法的进步，其作用还不仅于此。统计还可以在一定程度上弥补实验操作过程中的一些不足，可以对由此带来的一些偏差进行修正，从而使得研究结果更接近事实的真相。我们通常会对数据进行描述统计，以大致了解数据的特点，然后会进一步进行推断统计，以检验我们的实验假设。常用的统计方法包括相关分析、回归分析、方差分析、卡方检验，甚至多元分析（将先前不同研究的研究结果结合在一起进行统计分析），等等。

五、结果解释

不管研究设计、统计过程如何复杂，如何令人头疼，一旦数据统计完成，与研究假设的关系就会直观起来，主要体现在研究结论的“显著性水平”上。所谓显著性是对研究假设进行概率分布检验的结果。假设检验运用了小概率原理，事先确定的对数据统计结果进行判断的界限，即允许的小概率的标准，称为显著性水平。根据小概率原理，小概率事件在一次实验中是几乎不可能随机发生的，假如在一次实验中发生了，那只能认为是由于实验处理所引起的。具体来说，如果根据实验原假设所计算出来的概率大于小概率事件的标准（通常的 α 水平有 0.05，0.01 和 0.001），就拒绝原假设；小于小概率事件的标准则接受原实验假设。因此，显著性是对数据之间差异的程度而言的，例如，实际的数据结果和假设的总体参数之间存在显著差异即表明该差异不是由偶然因素引起的，而是实验设计的系统性因素作用的结果，由此证实了该研究的系统性因素发生了作用。显著性水平一般用 p 值表示，理论范围在 1—0 之间，p 值越大原研究假设被证伪的可能性越大，而认为原假设为真的风险也越大。

简而言之，如果说统计结果的显著性水平 p 值小于 0.05 或者更小，则说明该实验研究数据所得出的结果已经超出了随机事件的范围，即只有小于 5% 的可能性会在现实生活中随机发生，有 95% 及以上的可能性是由于实验处理所导致的。鉴于小概率事件不常见，因此，我们通常会认为研究结果是由实验设计引起的，从而得到科学的论断。

【建议参考资料】

1. STANOVICH K E. How to think straight about psychology [M]. 5th ed. New York: Longman, 1983.

【问题与思考】

1. 爱情是一种怎样的心理现象？
2. 影响爱情的个体心理差异的因素有哪些？
3. 爱情的心理学研究一般采用哪些研究方法？

第二章 爱情心理理论

【本章提要】

本章主要从动机、认知和情绪的角度分别介绍了爱情的心理理论，同时也是从爱情心理理论历史发展的角度依次介绍了各个心理学流派对爱情的观点，如爱情的精神分析理论，爱情的人本主义理论，爱情的建构主义理论，等等。这些理论从潜意识到意识，从内省到测量，从爱情的成分到类别，从心理层面到社会层面，对爱情心理进行了全面而深入的分析。

【重要术语】

弗洛伊德　弗洛姆　爱情的态度理论　斯腾伯格爱情的类型理论　爱情的依恋理论　爱情的投资模式理论　爱情的 SVR 理论

摸鱼儿·雁丘词

问世间情是何物，直教生死相许？天南地北双飞客，老翅几回寒暑。欢乐趣，离别苦，就中更有痴儿女。君应有语：渺万里层云，千山暮雪，只影向谁去？

横汾路，寂寞当年箫鼓，荒烟依旧平楚。招魂楚些何嗟及，山鬼暗啼风雨。天也妒，未信与，莺儿燕子俱黄土。千秋万古。为留待骚人，狂歌痛饮，来访雁丘处。

——元好问

爱情是什么？古往今来，问得最经典的莫过于元好问的“问世间、情是何物，直教生死相许”。据说当年元好问赴考时，在途中曾遇到两件奇事，一是一对年轻的情侣为爱殉身荷塘，原因无从得知；二是一个猎人捕到一双大雁，一只被打死，而它的伴侣原本已经逃脱，却盘旋空中不肯离去，悲鸣不已，最终撞向地面自杀了。这两件事让元好问感慨不已，于是他向猎人买了这两只雁，合葬在汾水边，名为“雁丘”。由此，也有了这句直达世间男女肺腑的千古绝问：情为何物？这个问题一直为哲学家所思考，文学家所歌颂，社会学家所分析，甚至生物学家探寻其生物基础，试图揭开它的神秘面纱，直达爱情的本质。然而从心理学角度对爱情进行的专门研究，是从近代才开始的。

第一节　爱情的动机理论

一、弗洛伊德与《爱情心理学》

弗洛伊德

以“泛性论”著称的弗洛伊德，认为人类一切活动起源于性本能，爱情自然也不会例外。然而，他所说的“性”除了指狭义的男女交配之外，其实具有更深远的意义，更接近于各种快感，所谓“泛性论”在一定程度上是对弗洛伊德的片面解读。不过弗洛伊德最大的贡献还是在于对人类潜意识过程的揭示，他提出了精神层次理论，将人的意识分为意识（conscious）、前意识（preconscious）和潜意识（unconscious）三部分，从而让人们了解到潜意识的存在。不仅如此，他还提出人格具有三层结构，即本我（id）、自我（ego）与超我（superego）；并提出了性心理发展理论，以身体不同部位获得性冲动的满足为标准，将人格发展划分为了五个阶段：口欲期（oral stage），肛欲期（anal stage），性器期（phallic stage），潜伏期（latency stage）和生殖期（genital stage）。

弗洛伊德提出人类生物性本能——性欲是人类一切活动的根本源动力并非偶然，是与其从业经历相关的。早在维也纳大学医学院读书时，他就系统学习了生物学、医学、病理学、外科手术等课程。而1876年到1881年期间，弗洛伊德师从于著名生理学家艾内斯特·布吕克，在布吕克的生理研究室从事理论研究工作。从1881年开始，他开办个人诊所，开始独立从事临床神经科的工作，因此他具有丰富的生理医学知识，以及大量治疗神经症患者的从业经历。而弗洛伊德转向心理研究是在1884年，当时他与布洛伊尔合作治疗一名叫安娜·欧的21岁癔症患者。其间，他向布洛伊尔学习了宣泄疗法，后来又在布吕克教授推荐下，前往巴黎在沙可门下学习催眠术。在如此丰富的专业背景下，他提出了自由联想疗法以及后来的自我分析法。因此，弗洛伊德的理论思想源于对患有心理疾病的异常个体的临床经验，主要分析了人类性本能发展受阻时所表现出的一些症状，由病态而推论至正常个体，而对正常群体少有直接描述。

弗洛伊德一生著作颇丰，与爱情相关的有《性学三论》、《爱情心理学》与《性道德文明与现代人的不安》，这三部作品构成了其原欲理论的核心。因此，弗洛伊德《爱情心理学》的核心内容依然离不开力比多，即原欲、性欲。它如同饥饿和口渴一样需要定时获得满足，是一种生物本能，需要得到发泄。由于在弗洛伊德看来，性欲指的是各种各样的快感，因此他认为，人类的性欲并不像通常所认为的那样，直到青春期性成熟之后才产生，而是从出生就具有的。而精神分析理论认为，个体成年后表现出的各种心理行为特征，都是由于童年时期的经历所决定的。因此，要探讨成人的爱情，必须回顾他的童年发展。

在《性学三论》里，弗洛伊德主要详细而深入地阐述了各种性变态的问题。《性学三论》包含《性变态》、《幼儿性欲》以及《青春期改变》三篇。他认为各种性变态问题的产生是由于儿童在幼年的性心理发展受阻而导致的，从而造成各种心理问题和精神障碍，并有可能导致心理退化和倒错现象。在《性变态》里，弗洛伊德探讨的正是各种性心理退化和倒错现象，主要讨论了性对象倒错与性目的倒错两种性变态问题。变态是相对于常态而言的，根据正常的自然规律，繁衍过程中包括男女异性相吸，并且通过生殖器的接触活动产生生理化学反应的行为属于常态的性行为。而变态行为则可能发展在两个阶段中，一是性对象的选择上，二是性行为的目的上。在性倒错里，弗洛伊德讨论了性颠倒（同性恋）和恋童症（或恋兽症）的形成机制。在讨论性目的方面的变异时，他则从口欲期、肛欲期等阶段的发展受阻分析了恋物症、虐待症和受虐症的问题，认为性目的倒错最核心的特征在于性快感的产生并非在生殖器性交的过程中，而是在性交之前的一些准备活动上，如抚摸和观看等。《幼儿性欲》和《青春期改变》则详细阐述了儿童性心理的发展阶段。

（一）性心理发展阶段

首先，新生婴儿出生后需要通过母乳的喂养而生存，通过吮吸母乳而获得满足。该阶段大约包括从出生后到一至两岁这个时期。其快感的区域主要集中在口腔和唇舌部位，即所谓的口欲期。在口欲的初期，由于婴儿心智发展以及社会经验的限制，他不能意识到自己是区别于外界的独立存在，认为自己与母亲是一体的，因此这是一段自我性欲满足期，一切以自我为中心。随着身体机能的发育以及社会经验的获取，婴儿会意识到自己与外界是分离的，母亲也不例外，由此产生了自我意识。而在获取自我意识后，能让婴儿获得满足的客体是母亲，是其快感的源泉，因此就会成为他第一个“爱”的对象。因此，弗洛伊德认为，“断奶”会给婴儿造成一系列重要的影响。尽管弗洛伊德没有给出何时断奶比较合适的建议，但他却指出了断奶过早的一些后果。例如，儿童会出现拇指吮吸现象，弗洛伊德认为这是一种满足性欲望的行为，与此同时还会发展出抓取东西的欲望，表现为规律性地拉动自己的耳垂或拉扯别人身上的某一部分（通常是耳朵），其目的与吮吸动作是相同的（《性学三论》）。这种吮吸的快乐还会伴随身体其他敏感部位的摩擦，从而导致了性成熟后的手淫行为。这种通过触动自己身体的部位而获取快感的行为，属于“自体享乐”行为，在儿童俄狄浦斯情结形成之前，是儿童获取快感的本质形式。这种口唇欲望日后还会通过其他形式发泄出来，如人们喜爱接吻、贪食、嗜酒、咬指甲、咬人，甚至出现成年后的性倒错现象，如口淫。相反，如果这种口唇欲望满足受阻，在成长过程中被压抑而成为了潜意识障碍，就会表现成相反的形式，如厌食症，歇斯底里性窒息感、呕吐和口吃等。

口欲期大约持续到两岁左右。此时儿童在一定程度上能够自理了，因此一般父母对儿童的如厕行为进行训练，以培养他们的自律和自主能力。排泄行为中，积累的粪便会刺激肛门黏膜，此时儿童会发现大便刺激起一阵痛楚过后，会有一种说不出的痛快淋漓之感。这种感受与儿童成年后而发展出的性快感相似，因此也是一种性欲满足感。于是，儿童会故意通过控制大便的排泄来满足自己的性快感。这种自主的控制行为，不仅让他们感到能够主宰自己的躯体，而且由于何时排便由自己决定，因此也有间接控制父母的作用，从而使儿童产生了一种权力欲望，长大后便会发展成为社会权力意识。如果此时父母对儿童的排便行为控制过于严格，力图培养孩子规范、干净、有规律等习惯的话，就会带来儿童肛欲期快感满足受阻，表现为成年期喜欢刺激肛门区获取快感，甚至喜好肛交等行为。如果肛欲期发育停滞，则可能导致固执、刻板的人格特征，表现为力求完美、严格认真以及犹豫和矛盾等，严重时刻发展成为强迫性神经症。相反，如果这一时期对儿童的训练过于松弛，则会导致其日后肮脏邋遢、不修边幅的性格。

当儿童大约成长到三到六岁时，便进入了性器期，这一时期大致分为两个阶段。第一阶段（3—5 岁）将快感指向自我，而后一阶段（5—6 岁）则转向他人。由于这个时期的男孩会表现出阴茎骄傲以及阉割恐惧，女孩则会产生阴茎嫉妒（penis envy），所以这一时期又称为“自恋期”。弗洛伊德认为，早在小孩吃奶的时候就已经发现了身体的这一部分愉快感觉，每当受刺激就容易唤起一种想重复这种愉快感觉的欲望。满足的方式一般包括，男孩喜欢通过手对性器进行直接的接触摩擦，而女孩一般喜欢闭合大腿。这个阶段的孩子由于道德羞耻观念还未完全建立，因此喜欢展示自己的裸体，尤其是性器官。如果这一时期的发展停滞或者欲望未得到满足，长大后就会表现出自慰行为；此外还会有过分讲究修饰打扮、爱照镜子、自我欣赏等自恋行为，严重的还会发展成为同性恋。除此之外，儿童还会出现与裸露欲望相反的性反常行为：想看别人阴部的好奇心。如果这一时期发展受阻，欲望遭到抑制而成为潜意识，长大就会表现出窥阴癖行为。这时当男孩发现女孩身体结构与自己不同时，会认为女孩是被阉割了，因此会产生阉割焦虑以及认为自己比女孩优越。前一种情绪后来会形成恐惧和焦虑心理素质，而后一种会让男孩产生雄性气概。另外，这一时期如果父母通过体罚孩子，如打屁股，来进行教育的话，这种对臀部的惩罚会成为日后被动性残酷行为（如受虐症）的色情根源之一。因此，这种教育方式是不可取的，其原欲很可能让儿童误入歧途。

尽管以上时期的儿童快感处于“自体享乐”范围，但同时也表现出了一些视他人为性对象的成分，如偷窥冲动、暴露冲动和虐待冲动。当儿童长到五到六岁时，其原欲则由自身转向他人，通常是此时生活中儿童最爱的对象，一般是异性别的父母，从而进入俄狄浦斯情结期。俄狄浦斯情结又称为恋母情结。俄狄浦斯（Oedipus）源于古希腊神话，传说中俄狄浦斯杀死亲生父亲，而娶了亲生母亲为妻子，是“恋母仇父”情结的代表性故事。而女孩则会出现埃勒克特拉情结，即恋父情结。埃勒克特拉（Electra）也是古希腊神话中的人物，她为了替父亲报仇，杀死了亲生母亲。对于这种情结生活中也有例证，如有的孩子会对异性别的父母说：等我长大后，我们结婚吧。

于是，处于这一阶段的孩子会嫉妒父母之间的情感，反感父母之间的亲密行为。然而儿童的这种嫉妒行为是被父母所禁止的，儿童也会意识到异性父母的地位无可取代，于是心中会产生羞耻感和罪恶感。男孩会开始担心因为自己想取代父亲，所以父亲会阉割自己。于是，这一部分情感被深深地压抑在了潜意识中，从而确立乱伦禁忌。由于母亲真正爱的对象是父亲，那么男孩也会开始认为，如果自己能够像父亲一样，母亲就会爱自己，而父亲也不会反对，会更喜欢自己，从而以父亲的角色自居，让母亲对自己的爱合理化。因此，此阶段的儿童会开始模仿同性别父母的行为举止、脾气秉性以及兴趣爱好。弗洛伊德认为俄狄浦斯情结期是儿童性心理发展的最关键时期，如果这一时期的情结不能圆满解决，导致心理固着，则会导致儿童成年后不能将性爱顺利过渡到除开父母之外的异性身上去，即通常所说的恋父/恋母情结严重。这会导致对象选择的困难（这一点在其《爱情心理学》中阐释更为详细），表现为总是找不到合适的对象（与此相反的，如果儿童从小缺失异性父母的爱，则更容易过早将性爱投向异性他人，进行恋爱行为），成为大龄剩男剩女；或者倾向于找父亲型或母亲型的伴侣，容易爱上年龄比自己大很多的异性。另外，儿童在合理化对异性父母的情感的过程中，会将异性别父母的形象理想化、美化、纯洁化（精神恋爱的原型），以让自己的情感道德化、高尚化，从而将异性别父母的道德、良心以及作为男女角色的社会意识等一部分形象，吸收到自己身上。如果在此过程中过于以异性别父母自居，则可能在成年后表现出心理和行为举止的异性化，以及对象选择的同性恋倾向。“那些因父母离婚、分居或过早死亡而失去父母一方的孩子，其全部爱情皆被剩下一方所吸收，因而决定了这孩子在日后选择性对象时所期望的性别，终于导致了永久性的性颠倒”（《性学三论》）。

从儿童七岁开始到十二岁之间儿童人格发展进入潜伏期。此阶段有一个显著特征，即男女儿童之间的情感和关系疏远，个体的团体性活动一般都与同性别儿童进行。由于前一阶段对俄狄浦斯情结的压抑与合理化，儿童对性器的兴趣消失（直到生殖期再次全面表现出来），加之年龄增大后其生活范围扩大，他们的兴趣不再局限于自身，而是将兴趣集中于探索外部世界，因此，这一时期儿童的快感满足不再与身体的某一部位有关，之前的性欲冲动处于潜伏状态。早在前一阶段儿童就表现出理想化、精神化和道德化等将对异性别父母的情感合理化的行为，而在此阶段发展更为显著，表现为对学习的勤奋，努力创造成就，以及与同伴建立友谊关系，建立道德伦理原则等。如果在这个过程中的发展受到阻碍，个体则有可能在日后出现社会性情绪发展的偏歧，如社交障碍等。

从十二岁开始，个体开始生理发育、内分泌活动旺盛，在潜伏期被压抑的原欲此刻全面爆发出来。伴随着身体性生理结构的成熟，此时个体的快感区域遍及全身，各快感区皆服从于生殖区，目的在于性产物的释放，性冲动完全受制于延续子孙的功能。于是，在性对象的选择上，个体开始爱慕和向往父母之外的异性个体。但前一阶段发展出的超我（道德）的力量限制，使得这一欲望不能全部顺利发展。解决此阶段矛盾的应对手段包括转移和升华，将原欲转移到其他活动中，如体育竞技性活动、艺术创作等，以及将这种生理欲望升华为“爱情”。个体“时常被一种特殊性质所吸引”，“这种性质乃是从性对象身上发射出来的，一般人常用‘美’这个词去称呼这些性质；我们则把这种存在于对象身上的奇妙性质称之为‘吸引力’。”同样，如果这一阶段不能顺利度过，个体日后容易出现性压抑、性敏感甚至性变态现象，这一方面与童年经历有关，另一方面也受当前社会环境的影响。例如，此时的正常个体喜欢观看异性的裸体，这只是进行性行为从而获取性快感的前奏，而偷窥癖患者则将性快感固着在了窥视裸体行为本身，两者有着本质区别。应当说，这一时期是与童年经历息息相关的，而发展受阻则会加深童年时期的各种发展障碍，因此带来的后果是多种多样的。

综上所述，由于弗洛伊德本人的生物学背景，他在解释个体发展时，十分强调生物学以及解剖学基础，如儿童各种快感的产生区域，以及成年后男性的性快感主要集中于生殖器本身，而女性的快感区包括脖颈、乳房及生殖器等。而他所谓的性欲、原欲，其生物学基础也是力比多，它带来的能量从本质上看，是一种生物体生存本能所带来的快感，因此与他晚年所提出的生本能有相通之处。

（二）《爱情心理学》

弗洛伊德真正关于成人爱情的著作是《爱情心理学》。然而，这本爱情著作并不像弗洛姆《爱的艺术》那样，谈论的是一般个体常态的爱情过程，而是对各种偏离常态爱情心理以及心理病症的讨论。不过，《爱情心理学》对男女之间情爱关系中非常态行为的讨论，也并非如《性变态》中那般“变态”，而是针对当时社会中较有代表性的问题进行了分析，其中解释的问题更偏向常态一些。爱情是什么？弗洛伊德认为，爱情是性欲不能肆无忌惮地发泄，被潜抑后通过美化和升华形式而得到满足的一种方式，如果这种满足和升华发展受阻，则会造成停滞和偏离常态的结果，这是《爱情心理学》的核心思想。《爱情心理学》共包括三篇：《男人的对象选择》、《阳痿——情欲退化现象》和《处女禁忌》。

在《男人的对象选择》中，弗洛伊德主要阐释了两种男人在选择性对象上的反常态现象，一类男人只对有伴侣的女性产生爱恋，“绝对不会爱上那些无所属的女子，如少女或寡妇。他们所爱的女人，永远是那些被别的男人爱过或占有着的”；另一类男人只爱行为放荡的女子，“凡纯洁善良的女子，对他们均没有爱情的魅力，情感的魅力永远来自那些贞操可疑、性生活不太检点的女子”。造成这两种心理现象的原因在于个体幼儿时期对母亲眷恋之情的功能固着，他们的原欲在母亲身上倾注过久，即使过了青春期也仍然影响着他们对爱人的选择，倾向于选择与母亲相像的女子，她们是其母亲的替身。由于母亲应当属于父亲，因此，第一类男人会喜欢有所属的女性。而对于第二类男人而言，尽管他们在恋母情结的合理化过程中，将母亲的形象理想化、纯洁化，但父亲与母亲之间的“不洁”关系被压抑到了潜意识中，因此，在潜意识里母亲的圣洁形象与放荡的妓女形象是融为一体的，它同样是恋母情结的一种表现形式。

《阳痿——情欲退化现象》同样也是基于恋母情结的角度，对男人心理性阳痿现象进行了精神分析。弗洛伊德认为，原欲在发展过程中发生停滞是其根源所在。“凡健康正常的爱情，需依靠两种感情的结合，一是温柔而执著的情，另一种是肉感的欲，然而在这些病例中，这两种情感没有合流。”这类个体通常对高雅的性对象十分敬爱和垂怜，但一旦涉及性结合方面便无能为力。而能够引发他们性欲的女人，他们又不会产生爱恋，于是他们往往去寻找那些不值得他们爱的女人发泄性欲。因此，这类人的爱情生活被一分为二，一个层面是圣洁的（或精神的、柏拉图式的）爱情，另一个层面是性欲的爱情。弗洛伊德认为造成这种心理性阳痿的根源在于，由于乱伦禁忌，这类个体在幼年发展过程中，将对母亲的爱恋压抑到了潜意识中而发生了停滞，而他们后来在青春期寻找外部对象时又受到了阻碍，由此导致他们在潜意识里情欲依然依附于乱伦的对象，而又不得不受乱伦禁忌的限制。因此，他们爱恋的对象尽管能够激起他们的柔情，然而柔情却因为乱伦而受到了破坏，于是他们潜意识里便将爱恋对象识别为“需要避开”的女人，从而导致在爱情过程中，性欲不能与柔情达成统和。

《处女禁忌》分析了男性处女情结的原因以及女性产生性冷淡的缘由。他认为处女情结的产生是因为男人想完全占有一个女人，不仅是将来，而且将垄断女人的行为延伸到了过去。正因为社会注重处女的价值，因此环境和教育会使得少女处处留意，不与男子发生关系，这带来的后果便是压抑了她们对爱欲的渴望，原欲发展受阻。一方面，由于女性婚前的长期孤寂十分有利于男人永久地占有她，一旦女性在新婚之夜冲破了那道禁忌，“经过那‘致命一跃’之后，便完全改变了自己的受阻状态”，从而对眼前的这个男性产生“性臣服”。另一方面，如果女性不能顺利冲破禁忌，便会导致性冷淡的产生。首先，容易发生性冷淡的女性个体，往往在童年时期的恋父情结发展受阻，其原欲是固着在乱伦对象身上的；其次，由于社会文化十分强调少女的贞洁，即使她们在青春期后对某个男性产生爱慕之情也会因为羞耻感而被压抑；再者，女性的第一次性行为往往是痛苦的，所以会造成痛苦的情绪，于是在这一关键时刻，由于之前的原欲发展屡屡受阻，因此会带来羞愧和担忧情绪，从而形成了女性性冷淡的复杂心理机制。

综合以上观点可知，在弗洛伊德看来，个体出现的以上所有的心理障碍和症状（如神经官能症）都是由现代文明的发展带来的各种社会和道德规则导致的。这种观点也正是他在《性道德文明与现代人的不安》中所阐述的。正如他谈到基督教文化中对女性贞洁的强调是具有积极意义的，婚前禁忌会使得人们对于性欲有着更强烈的愿望，如果性随时都可以满足的话，反倒会让人感到空虚，感受不到生命的意义。他认为，人类文明正是在各种阻力中受到激发而不断前进的。即使不存在阻力，人类也会通过文化的形式为自己制造禁忌，因此，各种心理疾病的产生，其本质上都是过度社会化带来的后果。

二、弗洛姆与《爱的艺术》

弗洛姆

尽管作为弗洛伊德的弟子，弗洛姆同样属于精神分析流派的心理学家，然而他对于爱情的看法与弗洛伊德的原欲理论完全不同，他认为爱情的根源在于人类的生存，是对弗洛伊德理论的批判性继承。《爱的艺术》是弗洛姆最为重要的一部作品，也是社会心理学领域内的爱情经典之作。

（一）孤独感

弗洛姆认为，人类的生存问题是产生爱情的根本动力。“当人类或个人诞生时，他被逐出像那些本能一样确定的状态并进入一种不确定、不连贯和开化状态。”生和死对于人类来说，仍然是未解之谜。而个体从出生那一刻起，已经无法选择自己何时何地出生，对于未来何时何处死亡也难以知晓。这种对未知世界的无知使人类产生了极大的焦虑，从而使人陷入强烈的孤独感。“孤独意味着被切断与社会的联系，没有任何能力去行使我们的人权。孤独意味着无助，意味着无力主动地把握这个世界，意味着这个世界无需发挥我的能力并可以侵犯我。所以，孤独是强烈焦虑的来源。它引起羞耻感和罪恶感。”因此，人类生存的一切活动的最终目的在于克服这种孤独感。弗洛姆认为主要存在四类克服孤独感的典型行为，即各种紊乱状态、群居、创造性活动以及爱。

首先，各种紊乱状态主要包括原始的宗教仪式、性行为以及酒精和药物所带来的大脑恍惚飘然的状态。这些行为普遍伴随着强烈的生理体验，个体往往全身心投入，而带来的效果却是暂时性的，以至于个体会循环重复该行为。在远古时代，出于对未知的恐惧，部落里的人们往往举行各种宗教仪式以克服这种焦虑感，在这些仪式里，人们的行为常常是失态甚至疯狂的，对此人们非但不会感到羞耻，反而会产生一种庄严感。同样，个体在性体验达到高潮时，那一瞬间也会产生与对方融为一体的感觉。例如，具有焦虑问题的个体往往容易沉迷于性事，从而导致性紊乱。此外，酒精和药物也具备这样的效用，那些生活富足而缺乏奋斗目标的群体尤其容易产生空虚感和无意义感，而吸毒和酗酒也成为了他们用以摆脱孤独的途径。显然，这种克服孤独感的方式是无效甚至有伤害性的，因而不被大多数个体所采纳。

为了克服孤独焦虑，原始部落里的人们会进行群居式的生活。然而现代社会中尽管集中生活的城市区域越来越大，但人们几乎不存在真正意义上的群居。因此，为了克服人与人之间的这种分离状态，人们往往会从众，与他人保持协调的一致性。正如弗洛姆在《逃离自由》中所认为的，现代人害怕自由并希望能够逃离自由。例如，现代社会出现的少数宗教（如日本的奥姆真理教，美国的摩门教）仍保存着群居的生活形式，有的人甚至放弃了优裕的现代生活而加入这种清苦的群居生活之中，说明了克服孤独感的重要性。尽管现代人强调个体独一无二的个性，但这并非真正的寻求个性，人们大多数的雷同行为只是没有被意识到而已。然而此种途径也不足以弥补分离感，由于个体差异的存在，如此众多的个体完全不可能融为一体；而磨平个体差异之后的雷同，往往又让人变成了机器上的零部件一般，死气沉沉，缺乏激情。因此，大多数人不会完全采用这种途径来克服孤独感。

除了麻痹自己，寻求群体安全感之外，人类还会通过从事社会创造活动来克服对未知的焦虑和恐惧。尤其是艺术创作的过程，会给人一种将自己与创作对象融为一体的感觉，从而获得了一种与外部世界产生了结合的感觉。然而这种方式存在的局限性更大，毕竟具备创造性能力的个体只占极少数，而大多数人的工作仍然是重复而乏味的，因此，这种克服孤独焦虑的途径并不能完全给个体带来安全感。

纵观以上三种途径，其达到的融合状态都只是暂时性的，也并不充分。因此它们都不是有效而完全的克服孤独感的途径。只有爱才是实现人与人之间融为一体的完美途径。弗洛姆认为，爱是人类奋斗的动力，没有爱人类就不复存在。什么是爱？弗洛姆的定义是："爱是保持自己的尊严和个性条件下的结合。爱是人的一种主动的能力，是一种突破使人与人分离的那些屏障的能力，一种把他和他人联合起来的能力。爱使人克服孤独和分离感，但爱承认人自身的价值，保持自身的尊严。"他认为这样的爱才是成熟之爱。

（二）成熟之爱

所谓成熟之爱必须具备五种特征，即给予、关心、责任、尊重和了解，这五种品质是相互依赖的。首先，爱是给予，而不像传统文学里所描述的那样是被动的接受。弗洛姆认为给予是个体潜在价值的最高体现，尽管是一种奉献，但却不应当被看做是一种自我牺牲。在爱情中，给予是将自己身上最有活力的部分给予对方，如快乐、知识、体谅、兴趣、幽默和美感等。"持有这种态度的人就克服了他的依赖性、自恋性以及剥夺别人的要求。"其次，关心和关怀是指对所爱对象的积极关注，正如母亲对孩子的关怀一样，如果个体之间缺乏了这种关注的话，他们之间根本也就不存在爱。再次，关怀的一种体现是责任，弗洛姆认为："责任心这个词的本来意义是一种完全自觉的行动，是对另一个生命表达或尚未表达出来的愿望的答复。有责任心意味着有能力并准备对这些愿望给予回答。"因此，责任指的是一种完全出于自愿的关怀和应答行为。再者，如果脱离了尊重这一要素，责任心就很容易变成控制和奴役别人的工具。例如，弗洛姆所谓的"共生性结合状态"的爱即是一种缺乏尊严的爱。在这一状态下相爱双方形成了依赖与被依赖关系，正如母亲与胎儿一样，母亲通过给予而支配胎儿，而胎儿则放弃尊严和个性，从而获取母亲的庇护。这种关系严重时会形成虐待狂与受虐狂的关系。不论爱还是被爱的一方，都无视尊严的存在。爱的一方践踏尊严，而被爱方则放弃尊严。从这一意义上讲，虐待狂和受虐狂在精神上是共通的，他们都蔑视尊严的存在。因此，弗洛姆认为这种爱是非常不可取的。最后，人们只有了解对方才会尊重对方。如果不以了解为基础，关心和责任都是盲目的；而不从关怀角度出发，这种了解也是无意义的。这种主动的洞察力有助于我们从他人角度去理解他人，从而达到一种融合状态："我找到了自己，我发现了自己，我发现了我们两个人，我发现了人类。"个体最终能够克服自身的孤独感。

由此可知，弗洛姆阐释了一种最为理想的爱情状态。为了实现这种爱情，双方关系必须满足四个条件：克服自恋、信仰、活动性和公平。首先，所谓克服自恋即个体凡事不能只从自己的角度出发自私地去看待问题，而应当学会从他人的角度去思考，客观善意地去对待他人。其次，弗洛姆认为爱就是一种信仰，个体应当积极地树立这种信仰。这种信仰包括对自己的信仰和对他人的相信，这样才能充满勇气地去爱人。信仰也包括对未来发展的积极预期，相信关系会越来越好。"对另一个人有信心意味着确定他的基本态度、他的人格的核心、他的爱的可靠性和不变性。自信就是我们意识到自我的存在，人格的核心内容的存在。这一核心是不会轻易改变的。只有相信自己的人才能待人以诚。因为他坚信，他将来的某一天也会像今天一样去行事、去感知。"再者，活动性主要指个体主动去爱的能力，不仅是个体能够感受到自己有爱的能力，而且能够积极地运用这种能力去协调和沟通，促进爱的发展。最后，爱必须是建立在公平的基础上的。公平不是物物交换的经济规则，而是双方以平等的态度对待对方，主要是感情上的诚实，不以欺骗的手段去获取对方的感情。

尽管弗洛姆强调了爱情的精神层面，但需要说明的是，他仍然认为性是爱情关系中不可少的一部分。如果你爱对方，就会自然而然地希望与对方进行身体上的融合，这本身也是克服孤独的一种方式。即便如此，弗洛姆对于爱情中身体关系的阐述也是相当少的。弗洛姆的爱情理论与其说是一种社会心理理论，不如说是一种对待爱情的态度和道德。如果说弗洛伊德对爱情心理的解释是从最为消极的病态角度进行的话，那么弗洛姆则是从爱情最为积极的态度出发，描述了完美爱情的样子。如果弗洛伊德是在告诉人们应当避免成为什么样子的话，那么弗洛姆则是在告诉人们好的爱情关系应当是什么样子，以及如何去实现。显然，这种更具有常态适用性的阐述是十分有益的。

第二节　爱情的认知理论

一、爱情的态度理论

对于爱情的科学研究应该说始于美国心理学家鲁宾（1970）。鲁宾假设爱情是一种可以被测量的独立概念，从而使得心理学界开始了采用科学方法对爱情进行研究的时期。不仅如此，鲁宾还首次将爱情定义为个体对某一特定的他人所持有的一种态度，这种态度使个体以某种方式表现出对该特定他人的思考、情感与行为。从此以后，爱情引起了社会心理学界研究者们的重视，从而进入了该领域的主流。鲁宾通过对文学作品、普通常识和人际吸引等大量文献资料的分析，得出爱情具有依恋（attachment）、关爱（caring）和亲密（intimacy）三个要素；并通过项目分析和信效度检验等方法，制定了爱情量表（love scale）和喜欢量表（liking scale）。鲁宾的爱情量表的分值是对他的爱情三要素理论的体现：亲和和依赖的需求、欲帮助对方的需求、排他性和独占性。爱情三要素中的依恋，即希望所爱的人能留在身边，愿意与对方长相厮守，是一种情绪和心理上的依赖；关爱是对所爱的人问寒问暖，关怀备至，在对方特别需要时愿意向对方伸出援助之手；亲密则是一种两情相悦、心有灵犀的互信互谅，包括自我袒露、彼此了解和信任。鲁宾的研究发现，那些在爱情量表上得分很高的夫妇大都十分关注彼此，而对陌生人的关注不多，因此他认为如果两个人相爱，那么他们与别人的交流则会减少。

表 2－1　爱情量表

1. 他/她情绪低落时，我首要的职责是让他/她快乐起来。
2. 在所有的事情上我都可以信赖他/她。
3. 我觉得不计较他/她的过失是一件容易的事。
4. 我几乎愿意为他/她做任何事。
5. 我对他/她有独占欲。
6. 若不能永远跟他/她在一起，我会觉得非常痛苦。
7. 寂寞时我首先想到的就是去找他/她。
8. 他/她的幸福属于我最关切的事。
9. 我愿意原谅他/她的任何过错。
10. 我觉得他/她的幸福安康是我的责任。
11. 同他/她在一起的大部分时光，我就这样看着他/她。
12. 我非常享受他/她对我的信赖。
13. 没有他/她的日子，对我来说很难过。

表 2-2 喜欢量表

1. 我们在一起时的心情总是一样的。
2. 我认为他/她环境适应能力很强。
3. 我强烈推荐他/她做一项责任重大的工作。
4. 以我看来，他/她特别成熟。
5. 我相信他/她有良好的判断力。
6. 即使同他/她短暂相处，人们大多都会有很好的印象。
7. 我觉得他/她跟我很相似。
8. 我愿意在班级或群体选举中投他/她一票。
9. 我觉得他/她是一个能很快博得尊重的人。
10. 我觉得他/她绝顶聪明。
11. 在我认识的人当中，他/她是非常可爱的。
12. 他/她是我很想学习的那种人。
13. 我觉得他/她非常容易赢得人们的钦佩。

然而，尽管鲁宾所做的工作具有开创性，但他对爱情的探讨还是主要关注了其测量方面，并没有形成完整的爱情理论。他对于爱情心理学研究的最大贡献在于首次编制了爱情量表，并使用一般测量的方法对爱情和喜欢进行了区分，认为爱情与喜欢之间不只是存在量的差别，而且还存在质的不同，从而使得后来的研究者得以在此基础上进行进一步的研究和探索。

例如，美国社会心理学家哈特菲尔德与沃斯特（Hatfield & Walster，1978）在此基础上进行了爱情类型的研究。他们根据爱情关系中双方情绪体验的强烈程度、对“性”的看法以及爱情的稳定程度三个方面，将爱情分为伴侣型爱情（companionate love）和狂热型爱情（passionate love），也即友谊爱和激情爱，并认为伴侣型爱情才是爱情的基本特征。这种“两分法”爱情观对后来研究者对爱情的研究具有重要影响（如斯腾伯格的爱情三角理论），并被证明确实属于爱情的基本类型。不仅如此，哈特菲尔德等人（Hatfield & Sprecher，1986）还在鲁宾的爱情量表和喜欢量表的基础上，编制了更为详细的反映爱情与友谊差异的量表，不仅体现了爱情与认知之间的关系，而且认为爱情与认知是相互影响的。例如，人们经常将伴侣理想化，对伴侣表现出善意而大度的认知，强调他们的美德并弱化他们的缺点；处于激情恋爱中的人们对爱人的理想化和赞美程度接近顶峰，并选择性忽略或者重新解释爱人身上不好的表现。

二、爱情的类型理论

加拿大社会学家李（Lee，1973，1977）对欧美的爱情文学作品进行了分析，并通过对恋爱中的被试的爱情经验进行整理，采用故事卡片分类（love story card sort）的方法，共得出六种类型的爱情态度。李用色彩作为象征，认为爱情的三种“原色”分别是激情之爱（eros）、游戏之爱（ludus）和友谊之爱（storge），这三个因素经过混合，又可以产生占有之爱（mania）、现实之爱（pragama）及奉献之爱（agape）。李认为，个体的爱情风格并非完全是天生的（像某些人格特质那样），一部分还取决于后天的技巧习得和经验积累，由此得到的个人爱情风格可以是某种典型风格，也可能是两种以上的混合。六种类型爱情的相互关系如图 2－1 所示。

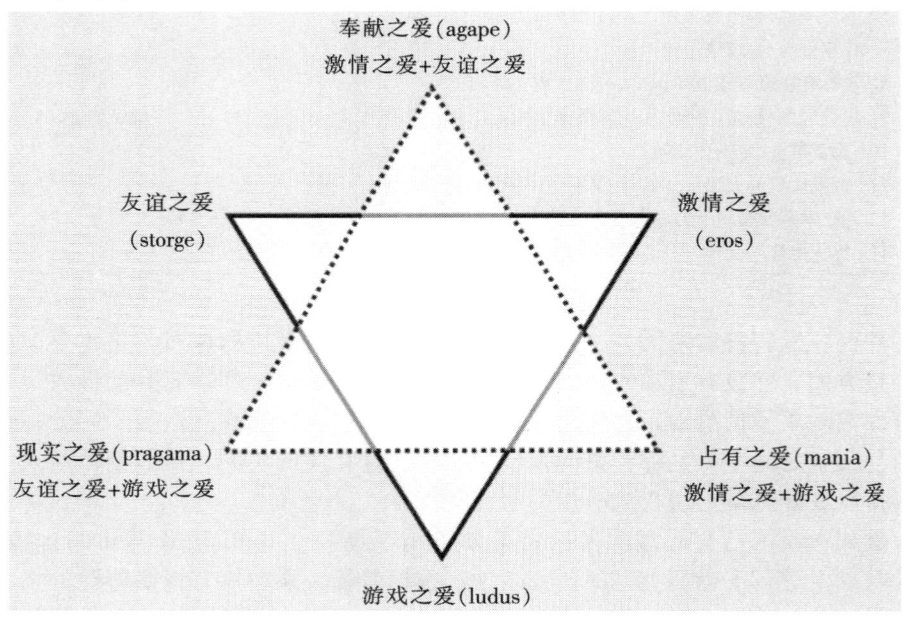

图 2－1　李的六种爱情风格

激情之爱（eros：passionate love）：这是一种浪漫的爱情。拥有这类爱情的个体重视对象的外在形象是否与自己心中的理想对象相符合，爱情受外在美的影响。一旦陷入爱中，便会狂热追求，并伴有明显的生理反应，如心跳加速、流汗、性的需求等。

游戏之爱（ludus：game-playing love）：这是一种花花公子式的爱情。此类个体不愿被爱情束缚或者对伴侣作出承诺，认为爱情只是一场追求新鲜刺激的游戏。个体不会真正投入感情或是产生嫉妒，只重游戏的过程而不在乎结果，并常常拥有多个恋爱对象。

友谊之爱（storge：friend love）：这是一种伙伴式的爱情关系。恋爱双方并非一见钟情，而是从朋友做起，在长期相处过程中逐渐发展出了温馨、平和、信赖的情感。这是一种细水长流的关系，通常比较稳定。

现实之爱（pragama：logical，shopping-list love）：这是游戏之爱与友谊之爱

的混合，是一种功利风格的爱情。个体总是期望以最小的成本获得最大的回报，会冷静理性地考虑对象的家庭背景、社会地位、经济收入、发展潜力等因素，以选择最佳的情人。

占有之爱（mania：depend love）：这是激情之爱和游戏之爱的混合，是一种焦虑的情感状态。它兼具了激情之爱的浓烈情感和游戏之爱的控制欲望，但又缺乏前者的自信和后者的不嫉妒。个体从对象那里获取再多的情感也不会满足，缺乏安全感和信任感，有强烈的依赖心和嫉妒心，因此常常造成关系的紧张。

奉献之爱（agape：all-giving，selfless love）：这是激情之爱与友谊之爱的混合，是一种牺牲和奉献式的爱情。在这种爱情中，个体对对象的感情十分坚定，同时也毫不计较对方对自己的感情；在相互关系中，总是处处以对方为中心，为了对方的幸福而不断付出，不计较回报，甚至作出牺牲。

李认为，以上六种爱情风格并不是在个体身上稳定存在的。在不同的恋爱对象面前，个体会采取不同的恋爱态度，即人们并不总是在每段爱情关系中都表现出同种爱情风格。首先，风格的选择会受到恋爱对象的影响；其次，随着时间的推移，个体的爱情风格也会发生转变。

李的这一爱情理论受到了后来研究者的验证和广泛认可。例如，谢弗等人（Shaver et al）根据鲁宾的测量风格以及爱情态度理论，编制了爱情态度量表来对李的爱情理论进行验证，结果发现人们的爱情态度中确实存在以上六种类型。由此，该量表也得到了后来研究者的广泛应用。再如，亨德里克夫妇（C. Hendrick & S. Hendrick，1986）也自编了问卷来检验这一理论，并通过因素分析证实了该分类的有效性。此外，拉斯韦尔等人（Lasswell & Lobsenz，1980）还根据该理论编订了“爱情评定问卷”（love scale questionnaire）。

三、爱情的二重理论

斯腾伯格

斯腾伯格是美国著名心理学家、心理测量学家，曾任美国心理学会主席。斯腾伯格的研究领域较为广泛，涉及了智力、创造力、领导力、爱与恨、爱与战争等众多领域，提出了智力三元理论、成功智力理论、爱情三角理论，并与托德·陆伯特（Todd Lubart）共同提出创造力的投资理论，是当代卓有成就的心理学家。其作品包括《超越 IQ：智力的三元理论》、《成功智力》、《爱情心理学》、《领导力的本质》、《认知心理学》等，著作颇丰。斯腾伯格对于爱情的研究和理解大致分为两个阶段，前期从 1986 年开始到 1994 年为止，他的爱情理论主要是爱情三角理论，而后期从 1994 年开始，他又提出了爱情的故事理论，并将爱情三角理论与之整合到一起，认为这涵盖了“爱的本性的两个基本元素：一个是爱的结构（爱情三角亚理论），一个是爱的发展（爱情故事亚理论）”，从而形成了爱情的二重理论。

(一) 爱情的三角亚理论

早在1986年，斯腾伯格即在《心理学评论》（*Psychology Review*）上提出了爱情的三角理论。由于斯腾伯格在现代信息加工方面的深厚背景，因此对爱情的研究进行了大量的定量分析与定性分析，提出了爱情的三角理论（Sternberg，1986，1988，1997，1998，2011）。

1. 爱情的三种成分

根据爱情的三角理论，爱情作为一种心理构念由三种成分构成：激情（passion）、亲密（intimacy）和决定/承诺（decision/commitment）。这三个成分分别属于动机成分、情绪成分和认知成分，构成了三角形的三个顶点。“亲密可以看做是大部分而非全部地来自关系中的情感性投入；激情可以看做是大部分而非全部地来自关系中的动机性卷入；决定/承诺可以看做是大部分而非全部地来自关系中的认识性（认知性）的决定与忠守”（Sternberg，1986），因此，亲密带给人的是“温暖”的感觉，激情是“热烈”的感觉，而承诺是“冷静”的感觉。这三种成分对于爱情来说缺一不可，如果双方的关系中只有激情，那这仅仅只是暂时的迷恋；如果只有亲密，那这只是友情；如果只有承诺，则只是一种空爱。

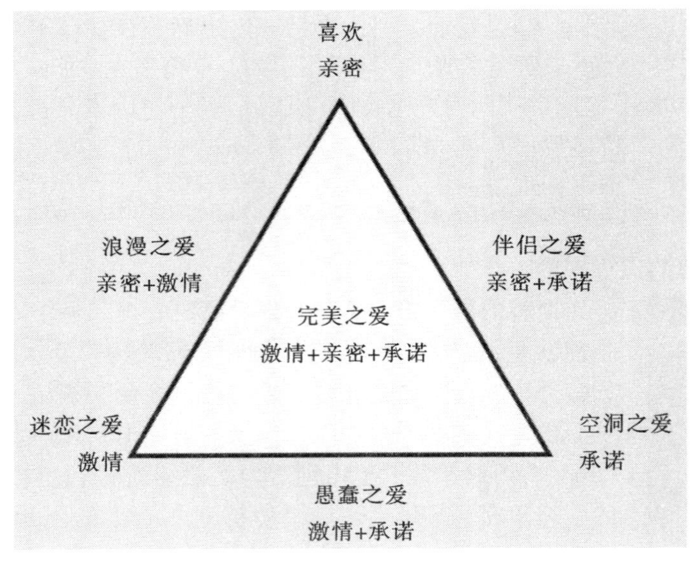

图2-2　斯腾伯格的爱情三角及其类型

激情指的是爱情中的动机成分，是一种能带来生理唤醒状态的内驱力。在爱情关系中它是情欲的体现，受到个体外表形象和内在魅力的影响，表现为对爱慕对象的强烈迷恋和性的需要，激烈渴望与对方融为一体。爱情只是唤醒激情状态的一种源泉，激情也会因自尊、照顾、支配等行为而被唤醒。斯腾伯格认为，激情的发展过程包括三阶段。在第一段是激情的增强过程，表现为个体的行为越来越不受意识的控制，随着生理上的变化，其表情动作等皆因为高度紧张而处于紊乱状态，不由自主地服从于情感体验。在第二阶段中，个体由于不受自主意识控制，从而出现失去理智的行为，并导致事后回想时的羞愧和后悔情绪。第三阶段是激情消退阶段，在之前的高度神经紧张之后，个体在生理疲劳的影响下而趋于平静，如果先前过于紧张则会出现衰竭现象，对周围事物漠不关心，即所谓的激情休克。

亲密是一种情感成分，是对某个个体心理上“喜欢”的感觉，在这种感觉之下，感到与对方很亲近并有温馨、温暖的体验，它能够促进相互之间的亲近关系，对对方有欣赏、照顾的愿望，并且通常会进行自我表露和相互沟通。斯腾伯格（1986）认为它包含以下十项内容：（1）渴望给予所爱的人以幸福，尽力照顾所爱的人，甚至牺牲自己的幸福去促进对方的幸福；（2）与所爱的人相处时，能够体验到幸福和快乐，由此喜欢与对方在一起；（3）高度关注所爱的人，由此能够留下美好记忆，从而促进相互之间的关系，并成为克服困难的勇气；（4）重视和尊重所爱的人，在需要时能相互帮助、相互依靠，期望所爱的人能够与自己同舟共济；（5）能与所爱的人相互理解，能够接纳彼此的优缺点，并能与对方形成情感和行为上的默契，对彼此的心意能够心领神会；（6）与被爱的人能够相互分享自我和自己所占有的事物，包括奉献自己的时间、财物等，最重要的是对自我的分享；（7）能够得到所爱的人的情感支持，尤其是在面对逆境的时候，只要感到所爱的人始终在一旁支持自己，就会因受到鼓舞而充满勇气，精神焕发；（8）在情感方面支持所爱的人，面对逆境时能够与之精神相通；（9）能与所爱的人进行深层次的沟通和交流，推心置腹地分享内心积极的或者消极的感受，相互之间十分亲密；（10）珍惜所爱的人，能够重视对方对于自己生命的价值，这种价值比自己所拥有的所有物质财富更为珍贵。此外，斯腾伯格认为亲密成分也广泛存在于深厚的友谊关系之中。

承诺是爱情的认知成分，是个体内心或口头对爱情的预期和决心，是爱情中的理性成分。承诺包含了两个方面的内容：一是短期的决定，个体需要决定是否要去爱一个人；二是长期的承诺，当个体决定与一个人维持长久的爱情关系时，他需要承担义务和责任，进行必要的投人并表现出忠诚。然而斯腾伯格认为这两个方面在爱情关系中并不一定会同时出现。例如，个体可能会愿意（决定）去爱一个人，但由于种种限制却不能承担长久的责任；或者个体默默地承担了对另一个人的长久责任，但他却不一定会把爱表达出来。

因此，有人认为“激情是爱情的发动机，没有激情，爱情就缺少了生存和发展的原动力；亲密是爱情的加油站，没有了亲密，爱情就容易枯竭；承诺是爱情的安全气囊，没有了承诺，爱情就多了几分危险，时刻有崩溃的可能”。

2. 爱情的七种类型

爱情的这三个成分构成三角形的三个顶点，三角形面积越大，爱情质量越高。三角形的形状也对应了爱情关系中各种成分所占比例的差异。斯腾伯格根据各个成分所占比例的不同，又将爱情分为了七种不同类型：喜欢（liking）、迷恋之爱（infatuated love）、空洞之爱（empty love）、浪漫之爱（romantic love）、伴侣之爱（companionate love）、愚蠢之爱（fatuous love）、完美之爱（consummate love）。此外，还有一种类型叫做无爱（nonlove），即三种成分都不具备（如表 2 -3 所示，+代表该成分存在，-代表成分缺乏）。

表 2 -3　爱情类型的成分构成

爱情类型	爱情成分		
	亲密	激情	决定/承诺
喜欢	+	-	-
迷恋之爱	-	+	-
空洞之爱	-	-	+
浪漫之爱	+	+	-
伴侣之爱	+	-	+
愚蠢之爱	-	+	+
完美之爱	+	+	+
无爱	-	-	-

如表 2 -3 所示，喜欢只有亲密成分存在，缺乏激情和承诺，感觉与喜爱的人在一起很舒服，这是朋友之间友谊的典型特征。这说明了喜欢或友谊并不等同于爱情。迷恋之爱只具备激情成分，相互之间具有强烈的吸引力，但不具备亲密和承诺，双方缺乏相互了解也没有关于将来的计划，这种类型的爱情一般发生在双方相识之初，或者是初恋时个体缺乏成熟与稳重而不懂如何去爱的时候，是一种受本能引导的爱情。空洞之爱则是一种只有承诺的爱情类型，这类爱情由于缺乏必要的亲密和激情，因此是一种纯粹为了契约关系的爱情，如由于某些原因或利益，为了结婚而结婚。浪漫之爱是一种只有亲密关系和激情体验，但缺乏承诺的爱情，恋爱双方十分享受爱情的过程，对于结果如何并不计较，如欧洲中世纪的宫廷爱情即属于此类。伴侣之爱具备亲密和承诺要素，但是缺乏激情，这种关系多见于结婚多年的夫妻之间，双方相处默契、相濡以沫，但由于长久的相处而使激情成分处于平静状态。愚蠢之爱由于缺乏亲密的情感而只有激情和承诺，个体在生理冲动的强烈驱使下急于对对方作出承诺，双方往往缺乏真正的了解从而未能培养亲密的情感，因而是不成熟的，如一些“闪电式结婚”的个体。完美之爱是没有欠缺的，同时具备了三种爱情成分，因此它才是完美的爱情形式。在

斯腾伯格看来，前六种爱情形式都是有缺憾的，然而在现实生活当中却占了很大的比例，而完美之爱才是真正意义上的爱情，但由于它是一种完美的理想状态，在生活中不是通过主观努力就能获得的，因而这种超现实的爱情比较少见。此外，还有一种类型叫做无爱，即三种成分皆不具备，因此也不能称其为爱情。

3. 爱情中多个三角形的影响

三角形的形状决定了爱情的类型，而三角形的面积决定了爱情的质量。由于爱情属于一种人际互动关系，当涉及两个具有各自意志的独立个体时，所产生的爱情关系就比简单的爱情类型更为复杂。因此，斯腾伯格认为，在一个爱情关系中存在多个三角形，既存在个体理想中的三角形，又有现实中的三角形，此外还有恋爱对方的三角形，自己知觉到的恋爱对方的三角形，以及恋爱对方知觉到的自己的三角形，等等。这些多重的三角形影响着爱情关系的发展，非常重要。

首先，个体自己现实中的爱情三角形并不一定与理想中的爱情三角形相同，自己的爱人并不一定符合自己理想中恋爱对象的形象。理想中的对象和实际的对象都会影响到个体对爱情关系的满意度，但前者不如后者影响作用大。事实上，通过个体对实际对象和理想对象进行情感评定，是能够预测浪漫关系的满意度的。如斯腾伯格的研究表明，个体对理想对象的满意度明显优于对实际对象的满意度。并且自己对实际对象的情感与自己对理想中的对象可能的情感，二者之间的差距对个体的主观满意度影响不大（Sternberg，1996）。

其次，由于情感是相互的，所以在爱情关系中存在自己对对方的爱情三角形，也存在对方对自己的爱情三角形，这两个三角形的相似度会影响到个体对爱情关系的满意度。研究表明，自己知觉到的爱人对自己的情感与自己对爱人的情感，都对爱情关系的主观满意度产生了影响。而自己知觉到的爱人对自己的情感与自己知觉中的理想对象对自己的情感，二者之间的差距能够有效预测个体的爱情关系主观满意度（Sternberg & Barnes，1985）。

再者，建构主义认为，人们所获取的信息都是自己建构的过程，因此在爱情关系中还存在双方对对方爱情三角形的主观认知。斯腾伯格的研究表明，自己对爱人的情感与自己知觉到的爱人对自己的情感之间的差距，比双方实际的情感差距更能预测个体对爱情关系的主观满意度。而事实上个体对爱人的情感评定与自己知觉到的爱人对自己的情感之间没有差异，即个体普遍认为自己与爱人之间是合适的，其爱情三角形是对称的（Sternberg & Barnes，1985）。

除此之外，斯腾伯格认为爱情三角形还仅仅是个体对待爱情的一种态度，要想发展真正的爱情关系并获得伴侣还需要将之转化为“行动三角形”，即用实际行动来表达爱情的三种成分。如果在此过程中，个体出于某些原因不想转化为行动，或者缺乏将爱情三角形转化为行动的能力，都会造成对方对个体爱情三角形的知觉上的出入，造成“误会”，最终会影响到爱情关系的发展。此外，行动的成功与否会产生反作用力，一方面影响到个体自身爱情成分水平变化以及采取另外的行动，另一方面也会影响到对方的爱情三角形和采取的行动。这样一来，爱情关系就显得更为复杂了，所以通常人们体验到的爱情总是让人“捉摸不定”，而情人的心也是那么的“善变”。

（二）爱情的故事亚理论

随着建构主义思潮的蓬勃发展，斯腾伯格 1994 年进一步发展了爱情的建构观，从原型剧本或心理图式的角度提出，爱情的三角形源于个体对于爱情的原型故事。斯腾伯格通过研究证实，个体品质与环境的互动会让个体形成对于爱情的原型，这种建构是主观的，部分由个体自己创造，并在个体生命中不断演绎（Sternberg，1994，1995，1996，1998）。这些爱情原型来源于人们的社会学习，包括从身边非父母或亲属那里观察到的爱情关系模式，电视、电影或者小说里的情节，以及小时候听到的神话故事等。并且我们与同自己持有相似的爱情故事的个体发展关系才更容易获得成功。斯腾伯格通过研究认为，爱情故事存在 26 种原型，但由于所选取的被试仅限于美国，因此他认为不排除存在文化差异的可能性。这 26 种故事原型并非完全相互独立的类型，而是存在一些相互交叠的部分。因此，如果说爱情的三角形理论是从本质核心上去分析爱情的话，那么故事理论则是从表面经验的角度对爱情的分类。爱情的 26 种原型如表 2－4 所示。

表 2－4　爱情的 26 种故事原型

1	成瘾（addiction）。焦虑型依恋，执著的行为表现；一想到要失去伴侣，就会感到焦虑。
2	艺术（art）。因为伴侣富有吸引力的外表而坠入爱河；伴侣是否看起来总是状态良好是十分重要的。
3	商业关系（business）。爱情关系如同商业提案，金钱是动力，处于亲密关系中的伴侣如同商业伙伴。
4	收藏（collection）。伴侣被看做是符合其收藏“图式”的收藏品。
5	食谱（cookbook）。以特定方式（“秘方”）行动，则爱情关系更容易建立；离开“秘方”，失败的可能性会增加。
6	幻想（fantasy）。总是期待被穿着金色盔甲的骑士所救，或者娶了一位公主，从此过着幸福的生活。
7	游戏（game）。爱情是一种游戏或者运动。
8	园艺（gardening）。爱情关系需要持久不断的浇灌与抚育。
9	政府（government）。一种为独裁（autocratic），一方支配或者控制另一方；另一种为民主（democratic），双方平等享有权力。
10	历史（history）。爱情的关系事件形成了持久的记录，保存着大量精神或者物质方面的记录。
11	恐怖（horror）。当你恐吓伴侣或者伴侣恐吓你时，爱情关系才会变得有趣。

（续表）

12	房子和家（house and home）。爱情关系的核心在于家，相互间的关系表现为家的发展和维持。
13	幽默（humor）。爱情是奇怪而有趣的。
14	神秘（mystery）。爱情应当是神秘的，你不应让对方对自己了解过多。
15	警察（police）。你需要密切注意伴侣不违反规则，或者处于伴侣的监督之下，从而注意自己的言行。
16	色情（pornography）。爱情是肮脏的，爱就必须降低身份或者被降低身份。
17	复原（recovery）。爱是一种重生；经历过以往的创伤后再回头看时，一个人实际上能够接受所有的事情。
18	宗教信仰（religion）。把爱情看做是一种宗教信仰或者由宗教信仰驱使的一整套感觉和行为。
19	牺牲（sacrifice）。爱就是奉献自己或者他/她把自己奉献给你。
20	科学（science）。爱情能被理解、分析和解剖，就像其他自然现象一样。
21	科幻小说（science fiction）。感到伴侣就像外星人一样，不但不可思议，而且十分奇怪。
22	裁缝（sewing）。你让爱情是什么样子，它就是什么样子。
23	戏剧（theater）。爱情就是剧本，拥有毫无创意的表演、布景和台词。
24	旅行（travel）。爱情是一场旅行。
25	战争（war）。爱情是一系列具有破坏性但旷日持久的战争。
26	学生—老师（student-teacher）。爱情是一种师徒关系。

（斯腾伯格，2010）

关于爱情故事理论，有八点需要说明。第一，尽管具有26种爱情原型，但其中一些构念（如园艺）比另一些（如色情）更普遍，更深入人心。第二，每个故事原型都有相对应的特定想法和行为表现，如游戏型与宗教信仰型就差距甚大。第三，爱情的故事理论与其他的爱情理论实质上存在重叠，如幻想型与典型的浪漫之爱很相似，宗教信仰型与矛盾型依恋风格相似，而爱情故事理论的独特之处在于强调爱情原型的丰富性，而不是典型性。第四，如果个体持有某种特定的爱情故事原型，其对这种关系的认知是潜意识里自动的，很有可能自己也意识不到持有该观点；并且这种潜意识认知会在无形中决定个体对伴侣的爱情观点，以及对自己的爱情行为进行判断，如果不符合该原型，则被认为是不恰当的。第五，人们寻找的伴侣的爱情原型有可能与自己是对称的，也有可能是不对称的。个体往往会寻找与自己爱情原型相似而非完全相同的伴侣。第六，不同的故事原型在不同文化情境中的适应性不同，各自都具有优势和劣势。第七，不同的爱情原型带来的爱情成功可能性不同，例如，持有某些爱情原型的个体的爱情往往缺乏持久性，而另一些爱情原型则能带来天长地久。第八，故事是因也是果，与图式一样，故事会影响个体的行为，而行为结果又会影响故事，个体在恋爱过程中会不断修正自己的爱情故事原型，它们是彼此交织影响的。

2001 年，斯腾伯格等人通过实验研究验证了爱情故事理论的效度（Sternberg，Hojjat & Barnes，2001）。该研究采用爱情故事量表以及其他量表对耶鲁大学 105 名学生进行了测量，通过聚类分析和因素分析验证了故事理论的有效性。研究结果表明，爱情双方的故事原型越相似，亲密关系中的满意度就越高；与爱情三成分相关度更高的爱情故事原型，带来的爱情满意度更高；原型故事的普遍程度存在不同，最受欢迎的爱情故事依次为园艺、民主政府和历史，最不受欢迎的爱情故事依次为恐怖、收藏、独裁政府和游戏。

第三节　爱情的情绪理论

爱情的情绪理论主要是指关系依附理论，即依恋理论。依恋对于爱情关系乃至整个人际关系都有着非常重要的影响。关于依恋理论的原理可以追溯到弗洛伊德（1940）的原型观，他全部理论的一项最基本假设即为，个体童年时期与母亲之间的互动所形成的关系是随后整个生命阶段社会关系的原型。

鲍尔比

“依恋”的概念最早由英国人鲍尔比（Bowlby，1969）提出，他在其著作《依恋与缺失》中对依恋有着详尽的描述，他认为依恋的形成具有深刻的生物根源。对于依恋，鲍尔比提出了自己的理论观点（1973，1980，1982）。鲍尔比认为婴儿具有亲近的天生本能，会向周围个体寻求依恋关系，这一点与哈洛经典的猴子实验异曲同工，“触摸就感到舒服”（H. F. Harlow，1959）。鲍尔比对依恋行为的研究源于他观察到的婴儿离开父母时的苦恼和哭喊行为，他认为这是由于婴儿不能够自己获取食物并自我保护造成的，是自然让人类渐渐进化出具有一套“依恋行为系统”，是一种动机本能，决定着婴儿与父母的亲近关系。依恋是一种情绪上的联结，它取决于婴儿寻求亲近的自然本能、呵护者对婴儿亲近愿望的应答行为，以及呵护者提供保护的能力，这三种因素共同决定了婴儿的依恋行为表现。同时鲍尔比认为，婴儿在认知呵护者的可亲近性以及面对困难时如何调整自己的寻求行为方面存在差异。但他并没有对此进行进一步分析。

鲍尔比（1982，1988）还进一步针对依恋的内部生物机制，提出了依恋的内部工作模型（internal working models）。该模型假设个体的内部工作模型是个体在童年时期对自己与照顾者之间的互动过程的心理表征，是对自己和重要他人的图式表征，即由认知进而稳定化而形成的一部分人格，一方面由于它是个体最初仅有的人际交往经验，因此它会对随后个体与他人的关系产生重要影响，另一方面它又在个体经验的获取过程中得到不断修正，从而随年龄的增长而越来越稳固，最终随着个体的社会化而泛化到更广泛的社会关系中。依恋作为一种内部工作模式，后来的研究者们深入分析了其对个体认知、情绪和行为等方面的影响。例如，在压力情境下，个体会主动亲近依恋对象或者是对依恋对象的表征来获取安全感，如果该对象或表征是能够获得的，个体就会表现出安全基地策略；如果不能获取，个体则会采取次级依恋策略（secondary attachment strategy），对是否能够通过亲密寻求来调节自己的情绪进行判断。如果判断结果是继续进行亲密寻求，但由于依恋对象仍不可获取，因此导致个体的依恋系统过度激活（hyperactivating），试图通过纠缠、控制一类行为重新获得对方的关注和支持；如果个体判断无法实现亲密寻求，则会不再尝试接近依恋对象，为避免再次受到伤害而抑制依恋系统，在情感、认知和行为上远离他人（Mikulincer et al，2003）。

鲍尔比强调，个体依恋模式的差异体现了个体对自我和他人的表征，同时这种表征都存在积极和消极的方面，正是这种观点成为了后来巴塞罗缪等人（Bartholomew et al，1990）将成人依恋分为两个维度及四种依恋类型的理论基础。此外，鲍尔比从一开始就认为，婴儿的这种依恋差异不仅会“从摇篮到坟墓”影响到个体一生的社会交往，而且可以解释爱情中的情绪体验（Bowlby，1979），这也对以后依恋与婚恋关系的相关研究具有启发意义。然而鲍尔比最终也没有对个体的这种依恋差异进行划分，直到安斯沃斯与其学生进行了心理学界经典的陌生人情境实验后，依恋的这种个体差异才变得清晰起来（Ainsworth et al，1978）。

一、三元依恋风格理论

在陌生人情境实验中，安斯沃斯等人对 12 个月大的婴儿及其父母进行了实验。实验过程为父母在一旁陪伴，婴儿独自进行玩耍，中途父母离开实验室，同时陌生人出现并陪伴婴儿，一段时间后陌生人离开，父母返回，从而在这整个过程中观察婴儿的行为反应。安斯沃斯等人发现，约有 60% 的儿童在父母离开时会心烦意乱，而返回时会主动寻求父母的安慰，从而变得平静；约 20% 的儿童在父母刚离开时会不安，随后变得极其痛苦，而当父母返回时则会出现矛盾行为，既希望父母给予安慰，又想要对父母的离开进行惩罚。还有一种儿童约占 20%，他们不会因为父母的离开而过于痛苦，并且在父母返回时回避与父母接触，而是将注意力放在自己的活动上。由此，他们将这三类儿童的依恋风格分别命名为安全型依恋、焦虑/矛盾型依恋、回避型依恋。

一方面，在鲍尔比的启发下，哈赞和谢弗等人（Hazan & Shaver，1987）对比了成人浪漫关系和婴儿与呵护者的关系的特点，发现两者十分相似。例如，在两种关系中：首先，在一起时个体都会进行眼神交流、触摸、爱抚、微笑、支持、哭泣、苦恼等行为，都显示出相互间的迷恋和专注，分离时则会表现出焦虑、痛苦等行为；其次，安全关系的形成都依赖于对方的敏感性以及回应，个体都会因对方回应自己而感到安全；再者，当对方不予回应时，个体会变得担忧和异常敏感，从而感到不安全，这一方面会增加个体的寻求亲近的行为，另一方面也都会导致对方产生防御性距离。由此，谢弗等人（1988）认为，母婴依恋与婚恋关系中的依恋是由同一生物动力系统所控制，它们都受制于鲍尔比所说的“依恋行为系统”。

另一方面，谢弗等人进一步认为安斯沃斯在陌生人情境实验中归纳出的婴儿三种依恋模式同样可以用于描述成年人的浪漫关系（Shaver & Hazan，1987）。对此哈赞与谢弗（1987）编制了自陈量表，对亲密关系中三种依恋风格的情感和行为进行了描述。然而婚恋关系与其他成人亲密关系是有区别的。弗莱利和谢弗（Fraley & Shaver，2000）认为依恋关系与其他亲密关系的区别性条件在于：1. 把依恋对象作为寻求和保持亲近的目标；2. 在压力情境下把依恋对象作为寻求保护和支持的对象；3. 在探索外部世界时，将依恋对象作为安全基地。三者缺一不可。

在成人依恋中，三种不同依恋风格具有各自的特点：1. 安全型依恋（secure attachment），个体比较容易与他人接近，与他人相互依赖时感到舒适，并且不担心被遗弃或者与他人过于亲近；2. 回避型依恋（avoidant attachment），接近他人会让个体感到不舒服，个体不能做到完全信任和依赖他人，当与人过于亲近时会感到紧张，并且感到他人总是希望个体与其更加亲密；3. 矛盾/焦虑型依恋（ambivalent/anxious attachment），感觉他人不能像个体想要的那样接近他/她，个体会担心爱人是否真心爱他/她，总是想亲近其伴侣，却总会把伴侣吓跑。哈赞与谢弗编制的自陈量表还对社会人员和大学生进行了调查，研究结果都证实成人的依恋类型与婴儿十分相似，并且成人对浪漫关系的描述与其依恋风格呈系统相关。例如，将自己归于安全依恋的个体描述其爱情关系是温暖的、信任的、支持的；回避型个体描述爱情关系为缺少友好互动、温暖以及情感卷入的；而焦虑型个体则认为他们的爱情是魂牵梦绕的、具有强烈的身体吸引力的、渴望与伴侣融为一体，以及很快坠入爱河的，等等，并且报告了较高的对爱人缺乏信任感，以及嫉妒情绪和遗弃焦虑。

为了验证成人的婚恋依恋与婴儿依恋的同一性，许多研究者检验了两者在人口分布中的一致性。例如，迈克尔森、柯斯勒和谢弗在研究中（Mickelson，Kessler & Shaver，1997），检验了美国48个州8 098名15—54岁美国人的社会人口学资料、童年逆境、父母表征、精神疾病状况以及人格特质与成人依恋的关系。结论证实了之前许多研究的结论，成人依恋风格的人口分布与婴儿的相同：59%属于安全型，25%属于回避型，11%属于焦虑型。他们还发现了多项人口学统计资料与成人依恋相关，如收入、年龄和种族等，这是之前研究没有发现的。人际性质的童年逆境与不安全型成人依恋呈非常显著的相关。并且各种类型的成人精神疾病和人格特质与成人依恋显著相关。该结果支持了依恋行为的稳定性和普遍性。

谢弗与哈赞的这种观点也得到了其他研究者的支持。例如，梅耶斯等人（Meyers & Landsberger，2002）认为，依恋风格不仅对婚恋的满意程度有着直接影响，并且还通过中介因素对婚恋满意度产生间接影响。另外，依恋能够调节个体在亲密关系中的情感体验和交往目标，表征自我和他人的性质，以及满足伴侣需求的能力。不同的依恋类型在婚恋关系中的表现不同。大量研究表明，对婚恋关系有促进作用的是安全型依恋，有研究者（Mikulincer et al，2002）总结以往研究发现依恋影响了个体婚恋中的以下内容：1. 对婚恋关系的态度积极与否，是否抱有希望；2. 安全感越强形成的婚恋关系越稳定；3. 越安全的个体体验到的亲密、承诺和情感卷入水平越高；4. 对亲密关系的满意程度；5. 越安全的个体越倾向于采用积极的沟通和交往模式。

对婚恋对象带来的安全性的感知可以预测个体的支持行为和满意度。这一点受到了科伯等人（Cobb，Davila & Bradbury，2001）采用纵向研究的方法对172对新婚夫妇进行了为期一年的跟踪研究的证实。而在与斯腾伯格的爱情三成分进行对比研究时，有研究者发现与回避型和焦虑型个体相比，安全型个体对他人更加信任，他们在浪漫关系中会体验到较多的积极情感和较少的消极情感，对浪漫关系更为满意，在情绪低落时，安全型个体也更容易向他人寻求安慰和支持，而回避型个体会变得有敌意，焦虑型个体会过分焦虑不安（Kobak & Sceery，1988）。此外，安全型依恋与斯腾伯格所描述的爱情三成分紧密相关，此类个体具有较高程度的亲密、激情和承诺，即与更多的浪漫体验和伴侣体验相联系（Shaver & Hazan，1988）。而回避型个体与李所描述的游戏型爱情态度是正相关的，他们倾向于逃避人与人之间的依赖关系；焦虑型个体与占有型爱情呈正相关（Levy & Davis，1988）。另外，也有研究者研究了人格特质与依恋风格的关系。例如，谢弗和布伦南（Shaver & Brennan，1992）的研究发现，安全依恋类型的个体比不安全类型的个体表现出了较少的神经质，并表现出了更多的外倾性；卡弗（Carver，1997）发现，安全型依恋风格与外倾性和宜人性人格特质相关，回避类型与外倾性和宜人性人格特质存在负相关，而矛盾型依恋风格与神经质呈正相关。

二、四元依恋风格理论

研究者巴塞洛缪等人（Bartholomew，1990；Bartholomew & Horowitz，1991）认为逃避型依恋个体并非一种单一类型，其内部机制较为复杂。他们区分了导致个体逃避行为的两种心理原因，一种是恐惧型（fearful），另一种是冷漠型（dismissing）。此外，巴塞洛缪还将焦虑型重新命名为专注型（preoccupied）。

表 2－5　四类型依恋风格

安全型	容易与人亲近，对相互依赖感到舒适，独自一人时不会担心。
专注型	喜欢与他人完全亲密，没有亲密的关系会感到不舒服，常担心别人不如自己珍惜他们那样珍惜自己。
恐惧型	想让别人喜欢自己，但与他人亲近会不自在，完全相信和依赖他人比较困难，担心与他人太亲近会让自己受到伤害。
冷漠型	没有亲密关系也很自在，喜欢独立和自我满足，不需要相互依赖，不在乎别人是否喜欢自己。

巴塞洛缪认为这四种类型可以从两个维度加以区分，一个是对自己的看法可以是积极的或消极的，另一个是对他人的看法，也可以是积极的或者消极的，由此组成的四种类型对应了以上四种依恋方式。另外，布伦南等人（Brennan et al, 1998）也开始从维度的角度来研究成人依恋，并编制了用于评估成人依恋风格的量表：亲密关系经历量表（ECR）。有研究表明，依恋的两个维度（焦虑性和回避性）对婚恋的影响各不相同。例如，在恋爱关系建立的初期，回避性（对他人的看法）所起的作用更大，在亲密关系的日后发展和巩固中焦虑性所起的作用则更大。米勒和哈依克维兹（Miller & Hoicowitz，2004）的研究也发现，婚恋关系的维持时间只受回避性的影响，而婚恋关系的质量则主要受焦虑性的影响，而具有低回避性和低焦虑性的依恋关系才能带来满意的婚恋关系。

表 2－6　依恋风格的维度及类型

		对自己的看法（焦虑性）	
		积极	消极
对他人的看法	积极	安全型（亲密自在，乐观，喜欢社交）	投入型（警觉嫉妒，过度需求）
	消极	冷漠型（淡漠独立，自我依赖）	恐惧型（多疑羞怯，缺乏信任）

而各种依恋类型的个体在婚恋关系中又会选择怎样的配偶呢？研究者们对此也十分感兴趣。在亲密关系建立初期，个体是倾向于选择和自己相似的个体（相似原则）还是选择和自己互补的个体（互补原则）作为伴侣，在一直以来的研究中都是众说纷纭。不过越来越多的研究发现，并非所有方面的相似性在配偶选择时都起到同等重要的作用。大多数研究都认为在婚恋关系中，个体能够感知到的伴侣的安全性与其婚恋关系质量有关，它对关系满意度、沟通能力、问题解决能力、支持行为以及信任感有积极的影响，并在一定程度上能够预测后者。如果如此，那么无论对于安全型还是不安全型个体来说，安全型依恋个体都将会是最受欢迎的理想伴侣。而对于不安全型个体来说，相似性原则被放到了次要位置。例如，爱荷华大学的研究者克洛南等人（Klohnen & Luo，2003）发现，安全型

依恋个体对于四种依恋类型个体来说都具有最大的吸引力；专注型个体仅次于安全型个体，对于安全型和专注型个体也具有相当的吸引力；而恐惧型和冷漠型个体则认为专注型个体没有吸引力。克洛南等人（Klohnen et al，2005）后来的研究进一步发现，总体看来人们更倾向于根据相似性而非互补性原则来选择配偶，与自己依恋风格相同的个体吸引力较大；与自己依恋风格差别越大，越被认为没有吸引力。

另外，关于不同依恋风格个体的择偶标准，也有研究者（Tolmacz，Goldzweig & Guttman，2004）发现，安全型依恋的个体择偶标准最为灵活，非安全型的个体的择偶标准则更为僵化，表现出不愿妥协的一面。专注型个体的理想伴侣形象更接近于其理想母亲的形象，回避型个体的理想伴侣形象则更接近其理想自我的形象。此外也有研究者发现（Ceglian & Gardner，1999），回避型依恋的人比焦虑型依恋的人经历多次婚姻的可能性更大。

克洛南等人（2005）在其研究中认为，婚恋初期关系的建立受双方个体的依恋风格相似性的影响较为次要，而婚恋后期的婚姻质量则受到了依恋风格较大的影响。此外，所谓与伴侣之间的相似性主要体现在了双方的态度和价值观上，依恋风格和人格的相似则比较次要。依恋风格的相似是婚姻质量的最有效预测指标（Luo & Klohnen，2005）。依恋回避维度（对他人的看法）的相似对婚姻满意度有最强的预测性。然而克洛南认为，并不是所有婚姻关系中，相似性越高都能够带来越高的婚姻满意度，这其中还存在性别差异和相似度水平的交互作用。例如，对于男性来说，如果伴侣双方依恋风格相似性高于平均水平，则高相似性对应着高婚姻满意度；如果伴侣依恋相似性低于平均水平，相似性的降低则不会带来婚姻满意度的降低。而对于女性来说，依恋方式的相似性和婚姻满意度保持着线性的正相关。

此外，研究者们还关心另一个问题：个体依恋风格会发生变化吗？不安全的依恋类型是否能够修正？关于依恋风格稳定性的问题一直在依恋研究领域中备受争议。根据鲍尔比（Bowlby，1982，1988）提出的内部工作模型，个体在童年时期形成的认知结构非常容易被激活，并会直接影响个体对当前情境信息的认知和情绪唤醒，由此带来的结果又会对已有认知结构产生影响，进而塑造自己的行为模式。这就说明内部工作模型可能会始终不变，因此童年时期形成的依恋能够预测成年时期的婚恋依恋；内部工作模型也有可能通过经验获得修正，此时婚恋依恋与早期依恋的一致性将趋近于零。而哈赞和谢弗在 1987 年将依恋理论推广到成人时，其假设为内部工作模型是稳定的，个体早年与照顾者形成的依恋模式会影响个体一生。库克等人（W. L. Cook et al，2000）认为，依恋不仅体现了内部模型对交往过程的影响，还体现了交往过程对个体社会性和认知结构的修正。

对此，研究者弗莱利（R. C. Fraley，2002）就成人依恋风格的稳定性进行追踪研究并建立了数学模型，通过元分析和模型验证证实了哈赞与谢弗的假设，发现依恋安全性在个体人生最初的十九年里是中等程度稳定的，即婴儿期与成人期的依恋在中等程度上是不变的。而鲍德温等人（M. W. Baldwin et al，1996）从社会认知角度进行的依恋研究则认为，个体在具体社会关系中的关系模型不同，其一般性的依恋风格受多种因素影响，包括人际关系期望。也有研究者（Bouthillier & Julien et al，2002）认为个体的依恋风格如果不被特殊事件改变的话，在其一生中都将稳定存在，从而影响婚姻关系。因此总的来说，成人依恋是早期依恋风格与当前社会情境共同作用的产物，而依恋风格的改变与个体对变化的敏感性和易感性有关（Davila，Burge & Hammen，1997）。

第四节　爱情的社会交换理论

社会交换理论（social exchange theory）兴起于20世纪60年代的美国——一个行为主义盛行的时代，由社会学家霍曼斯（Homans，1966）创立。霍曼斯在吸收古典经济学的基本原理和马克思的经济学思想的基础上，受到文化人类学家交换思想的启发，并借鉴新行为主义的代表人物斯金纳（Skinner）的“刺激—反应”强化理论，最终提出了社会交换理论来描述人类行为的基本模式。特别是斯金纳通过实验发现，动物接受某种奖励以后就会主动重复某一特定行为，而当奖励取消以后动物趋向奖励的反应就会消退。霍曼斯将此结果推论到了人类行为上，认为强化理论很好地解释了人类的行为。

社会交换理论是一种强调人类行为的心理因素的社会学理论。它认为，人类的一切社会行为都可以归结为相互之间的交换，人们并不总是追求最大利润，他们只是想在交换关系中获得自己想要的利润，并且在交换关系中的人们并非总是理性的；交换物不仅仅是金钱，还有爱、尊重、支持、服从，以及其他紧缺物质产品；交换活动能够带来报酬，人们在社会交换中形成的相互关系也属于交换关系。后来在霍曼斯理论的基础上，人们对社会交换理论进行了许多理论延展，其中心理学家们常用的是蒂博和凯利（Thibaut & Kelley，1959）提出的相互依赖理论（interdependence theory）。

一、相互依赖理论

相互依赖理论认为，在社会交往中个体都在寻求以小的代价获取大的奖赏，并与能够为自己提供满意利益的个体保持亲密关系，由此带来的结果便是伴侣关系中，双方都能够满足对方所需求的利益，否则关系无法长久。在整个关系中，双方既能收获想要的利益作为奖赏（reward），即愉快体验、喜欢的物品、接纳和支持等任何想要获得的事物，也在付出对方想要的利益以及由亲密关系带来的消极经历作为成本（cost），包括金钱付出、伴侣的缺点、对关系的忧虑、受到暴力对待等一切令人沮丧的后果。因此，某一特定亲密关系所带来的结果（outcome）即为奖赏与成本的差值，可以是正值的净收益，或者负值的净损失，用公式表示为：

结果＝奖赏－成本

然而个体对于亲密关系的满意度并不单纯取决于结果值的正负，它还受个体对能够带来的结果的主观预期的影响，因此，个体在评价结果时会考虑两个标准，一是个体对该亲密关系期望的收益，二是个体替代性亲密关系能够带来的收益。

首先，个体会主观评估自己在亲密关系中能够得到的结果值，它是建立在过去经验之上的比较水平（comparison level，CL），是个体对亲密关系的评价参照点。如果个体过去曾经有过高奖赏价值的伴侣关系，自然也会预期将来的交往结果会有较高水平，因此容易持有较高的 CL；相反，如果个体过去的伴侣关系十分令人沮丧，则其 CL 会较低。CL 位于好结果—坏结果这一连续维度上的某一点，如果实际的交往结果超过了 CL，个体就会体验到幸福，幸福的程度取决于实际结果超过 CL 的程度；如果实际结果低于 CL，即使实际结果值（＝奖赏－成本）已经很大，个体也仍然不会感到幸福。例如，当一名女性曾经有过“富二代”的男朋友，由此预期自己未来的丈夫开奔驰、住别墅的话，那么即便其伴侣有公寓、有经济型小轿车，她也仍然感到大失所望。相反，如果一名女性曾经有过寻花问柳、靠她养活的男朋友，由此预期男性可能都不负责任的话，那么当她遇上愿意为她提供生存资源又十分忠诚的男性时，她将会感到非常幸福——哪怕是没房没车。由此得出亲密关系中关于满意度的公式：

满意度＝结果－CL

其次，在亲密关系中个体也会考虑，如果离开目前的伴侣转而选择其他个体作为伴侣将会带来怎样的结果，这就是替代性比较水平（comparison level for alternative，CL-alt），这代表了亲密关系中全部因素的综合结果，即个体把所有因素考虑在内，衡量更换伴侣所产生的净盈亏（Kelly，2002）。这种净盈亏一方面包括得到替代性伴侣的可能性以及共同生活的适宜性，另一方面还包括失去现有亲密关系所付出的代价和投入（investment），包括个体过去的物质投入和精神投入（如关爱、尊重等）。这些代价会减少个体离开的意愿。因此，在一些不幸福的婚姻中，夫妻双方为了避免这些代价，会选择勉强共同生活，以避免不必要的麻烦和痛苦（Goodfriend & Agnew，2004）。此外，鉴于个体在社会交往中总是在追求大的收益，因此即便个体对已经拥有的伴侣关系满意，但由于离开以后能够获取更大的利益，即 CL-alt 高于 CL 的话，个体也有可能选择终止目前的关系转而寻求更大的收益。反过来，即使个体对于目前的伴侣关系倍感痛苦，但由于个体主观认识到不仅没有更好的替代性选择出现，而且离开后的处境反而会更糟，因此个体也不会离开现在的伴侣。这就很好地解释了为什么许多处于家庭暴力之中的女性不愿意离婚的原因（C. E. Rusbult，1995）。因此，对亲密关系的满意度也不能决定人们是否将亲密关系继续保持下去。而 CL-alt 决定了我们对现有伴侣关系的依赖程度，如果当前亲密关系的实际结果比 CL-alt 更好，则个体对当前关系的依赖程度就越深；如果 CL-alt 比当前结果更好，个体则会考虑离开。例如，离婚过程中通常在最终分开之前，个体有一段相当长的煎熬时期，正是由于这段"继续维持关系则会继续煎熬"的痛苦体验提高了当事人的 CL-alt 水平，从而促进了离婚行为。这种关系可以用如下公式表示：

依赖程度 = 结果 - CL-alt

根据以上社会交换中的三个重要因素，即结果、比较水平、替代性比较水平，三者相互独立又相互影响，我们可以知道个体即使不幸福也并不一定会选择离婚，而如果从别的个体处能够获得更好的奖赏，个体则有可能会离开现有伴侣。根据这三个因素，我们可以得到人际关系的四种类型。

第一种是个体当前关系的实际结果高于 CL 和 CL-alt，即超过了自己的预期以及替代性选择关系。在此情形下，个体处于幸福稳定的亲密关系中，体验到满足感而不太会离开，而此时 CL 和 CL-alt 谁高谁低已经不重要了。如图 2 - 3 所示。

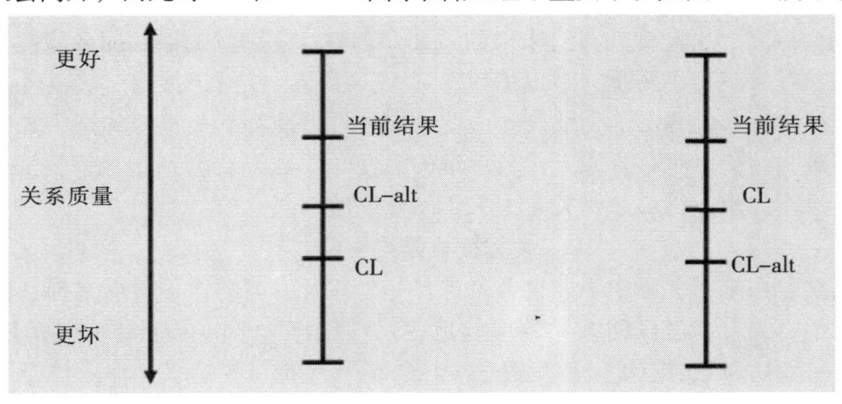

图 2 - 3

第二种是人们的关系结果低于 CL 而高于 CL-alt，个体处于不满意状态，认为自己所应得到的应当比实际结果更好，但因为实际结果要高于替代性关系的结果，个体别无选择。因此他们尽管过得不幸福，但会继续维持现有的关系，亲密关系仍处于稳定中。如图 2 - 4 所示。

相比之下，在第三种关系中个体的 CL-alt 高于现有关系结果，而当前关系结果又高于预期结果 CL，即个体对当前伴侣关系感到满意，但同时在别处有着更具有吸引力的关系可以得到，个体处于幸福但不稳定的关系状态，有可能会选择离开。如图 2 - 4 所示。

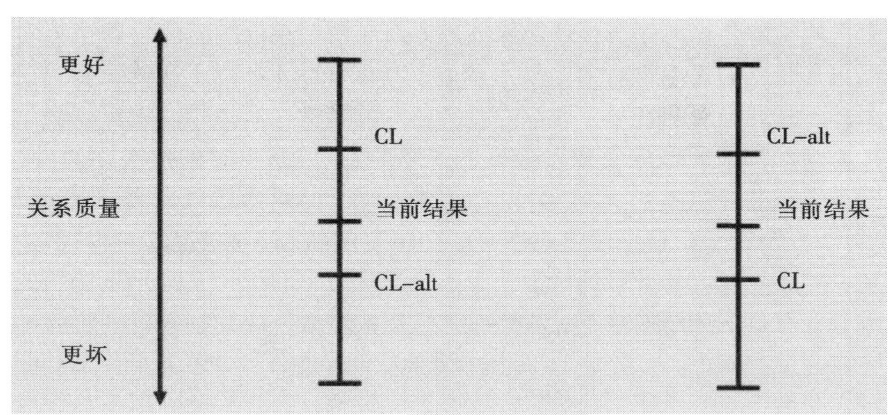

图 2－4

在第四种情况下，个体所得到的实际关系结果要低于 CL 和 CL-alt，在此情况下 CL 和 CL-alt 谁高谁低也都无关紧要，这说明当前的关系结果既低于预期结果也低于替代性选择，该亲密关系处于既不幸福也不稳定状态。如图 2－5 所示。

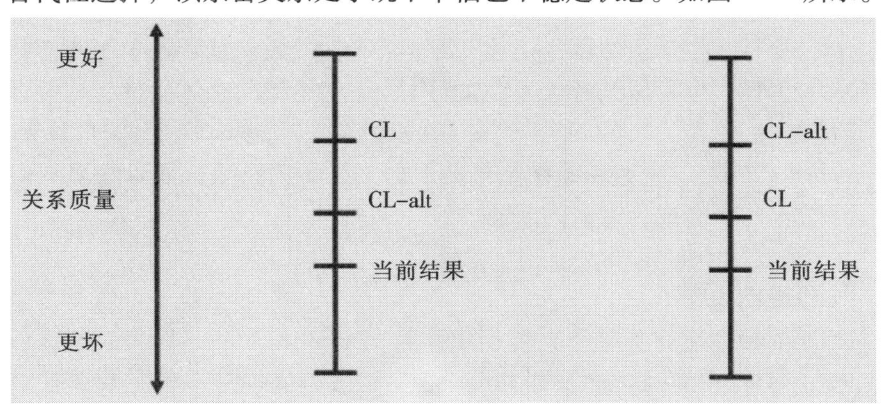

图 2－5

由于个体的现有关系结果、CL 和 CL-alt 会随着时间而发生变化，因此随之产生的个体的关系模型也是处于变化和动态之中的。关系结果会受到失业、生育、灾难等因素的影响而变化不定。而正由于人们的生活经验在不断变化，主观的预期结果也会由此而发生改变，如物质的富足让我们期待更美好的爱情。此外，随着个体在社会中的发展，其替代性选择也在发生变化，例如，由于女性能够通过社会劳动而独立生活，因此如今也有越来越多的女性宁愿单身也不委曲求全。由此可见，在一段关系中，个体的关系模型可能在以上四种模型之中相互转换，由此使得人们之间的关系更为复杂有趣。

此外，社会交换理论还强调亲密关系中的公平性（equity）。公平理论认为人们只有在均衡的公正前提下，才能保证双方对亲密关系的满意度，即个体对伴侣的付出与其获益的比率与对方的是一致的（Hatfield，1983）。这就表明，在亲密关系中并不强调绝对的公平，即双方得到相等的奖赏，而只是注重贡献多则收益多这一原则。如果亲密关系中，一方的关系收益/关系贡献的值大于另外一方，即在同等贡献量下，一方的收益更大，则这种情形叫做过度获益（overbenefited），另一方则处于获益不足（underbenefited）的状态，这就会影响到个体在亲密关系中的满意度。公平理论认为处于不公平状态下的每个人都是不快乐的，过度获益者会有负疚感而获益不足者会感到愤怒或憎恨，因此，只有处于公平关系中双方才会最为满足。此外，公平还可以分为实际公平和心理公平，实际公平是指在现实关系中双方所获结果的客观比率是一致的，而心理公平则是个体对亲密关系的主观认知，它与实际公平并不总是对应。

有研究者对公平理论进行了验证，然而结论并不太一致。有的研究发现确实在不公平的关系中无论过度获益或是获益不足都将不会幸福（Stafford & Canary，2006），也有研究发现过度获益者也并不总是满意度降低，有些人过度获益仍会感觉良好（S. Sprecher，2001），而导致此结论的因素也较为复杂，这可能与个体是否注重公平性、生活中的哪些领域更需要公平性、人们是否处于不满意状态等原因有关。因此，也有研究者认为，人们体验到的结果的总体质量与是否存在获益不足状态这两者，共同对亲密关系的满意度和持续性产生了重要作用（S. Sprecher，2001），并且关系结果可能比公平性更为重要，如果结果令人十分满意，不公平也不会成为太大的问题。

二、投资模式理论

在相互依赖理论的基础上，鲁斯布尔特（C. E. Rusbult，1980，1983）提出了投资模式理论（investment model theory）。他认为依赖是一种主观表征，并被体验为一种承诺或者忠诚。承诺水平是一种心理状态，是作出承诺的个体愿意维持亲密关系并依附于该亲密关系的倾向，包括行为倾向和情感依附，被一般地表征为对某一关系的依赖体验；承诺是对个体先前依赖经验的总结，并指导个体在新的情境下进行反应，如在结果不一致时愿意作出牺牲。承诺代表了一种长期性导向，包括对伴侣的亲密感以及无论好坏都会维持关系的意愿。因此，承诺是一种主观状态，包括能够在正在进行的关系中直接影响各种行为的认知和情绪成分。忠诚（高承诺）的个体对亲密关系有需求感，感到与伴侣有联结感，并对他们的关系有着更广更长期的预期。能对承诺产生影响的因素包括满意度（satisfaction）、替代性选择（alternatives）以及投资量（investments）等，用公式表示为：

承诺/忠诚＝满意度－替代性选择＋投资量

与相互依赖理论相一致，鲁斯布尔特认为满意度是实际结果（回报与投资的差值）与个体主观预期CL的差值，个体在关系中的收益越高，同时主观预期的CL越低，个体满意度就越高。CL并不仅仅是体验为关系的好坏，它更适合于用对关系的质量预期来描述。由此个体对于理想的投资具有自己的图式或者心理模型。个体的质量预期受以下因素的影响：斯腾伯格所说的友谊之爱（companionate love）和激情之爱（passionate love），李的激情之爱（eros）、游戏之爱（ludus）和友谊之爱（storge），或者安全型、矛盾型和回避型依恋风格。如果一段关系与个体的CL质量越匹配，个体的主观满意度就越强烈。

鲁斯布尔特还吸收了公平理论（equity theory）的思想，满意度受到个体对自己获得的结果与伴侣的结果之间比较的影响。然而对于公平理论认为过分获益或者获益不足都会伤害到个体的关系满意度，鲁斯布尔特并不赞同，他认为许多研究结论表明，个体对于更多的收益是感到满意的。因此投资模型假设，如果个体在关系中获得了越多的奖赏，不需要严重的成本，并与其理想投资的心理模型越匹配的话，个体的主观满意度就越高，能感受到较高的承诺水平和忠诚。

CL-alt是影响承诺的另一因素，如其他可能的亲密关系、与他人约会或者选择不作投资等。根据相互依赖理论，如果个体的替代性选择的水平越低，个体对现有关系的忠诚度就越高。替代性选择水平不仅受到某一特定替代性选择的吸引力的影响，而且受到同时发生的多种替代性选择的影响，如非恋爱关系的友谊、爱好或者人际网络等，以及潜在的替代性伴侣、社会性别比率和婚配行为的文化差异性等。总之，替代性选择就是一种将个体从某一关系中拉开的力量。替代性选择与离开不愉快关系的机会有关。例如，权力的性别差异研究表明，当女性的经济、社会和法律权力与男性接近时，离婚也就更容易发生（J. M. Steil，1984）。当物质资源（如住房和工作机会等）更容易获取时，被虐待的女性更容易离开其暴力的伴侣（M. J. Strube，1988）。另外，个体的气质或性情同样会影响到替代性选择水平。例如，归属和独立性动机的研究结果表明，强烈的归属愿望能够驱使个体投入亲密关系之中，而独立的需求则会让个体远离伴侣（R. J. Eidelson，1983）。当个体感到自己是受欢迎的、有价值的存在时，当他们有强烈的自由愿望时，则会有较强的离开伴侣的愿望（C. E. Rusbult，1993）。

在相互依赖理论中，影响亲密关系忠诚度的因素包括满意度和替代性比较水平。但鲁斯布尔特认为实际社会交往的过程中并没有这么简单，因此投资模型在此基础上加入了影响承诺的第三个因素，即投资量或者关系内的重要资源。投资量主要指使个体与某一关系产生联系的所有方式。个体投资在亲密关系中的资源可分为两类：一类是直接投入的资源，如时间、情绪能量、相互表露和作出的牺牲等；另一类是间接投入的资源，即最初的外部资源，它们与该亲密关系本身没有关联，如共同的朋友、共享的回忆以及亲密关系所特有的活动或拥有物等。这两种投资资源通过增加结束关系的成本来强化忠诚关系，因为离开则意味着放弃先前的投资。比如说，个体的自我同一性（personal identity）也对亲密关系产生了影响，也是一种资源的投入。如果伴侣开始成为自我同一性的一部分，则结束关系就意味着放弃自我同一性中很大的一部分。随着时间的增加，个体可能会将同伴与自我概念相联结。例如，当伴侣创造了一种让个体能够成为理想自我的环境，或者伴侣的某种习惯和气质有助于个体表现出最好的自我，此时伴侣将与个体的自我相联结，成为其中一部分。此外，还有双方耗用大量时间相处而建立的默契和相似的观念，以及关于彼此共同的一些记忆与讯息等也都是无形的投资，关系一旦结束这些也会随之而失去。由此可见，在亲密关系中个体的投资量越大，即所投入的资源层面越广、重要性越高、数量越多等，则对这段亲密关系的承诺也越强。

已有研究结果很好地证实了投资模型的有效性（Le & Agnew，2003），该模型适用于男性和女性。投资量的加入使得承诺稳定性的公式更加完备，这就能够解释为什么个体在满意度较低，替代性选择水平又极高的情况下，仍然不愿选择离婚。例如，那些婚后才出现财富迅速增加的个体，往往会因为自我价值的增加而带来更好的替代性选择，从而出现外遇情况，然而由于法律规定婚后财产属于夫妻共有，离婚则意味着平分财产时，那么即便个体对目前婚姻的满意度极低，能够获得的替代性选择水平又较高，个体仍然不会选择离婚。

另外一些研究者还对承诺进行了类别划分。他们认为影响因素不同，则带来的承诺形式不同，如研究者约翰逊等人（M. P. Johnson et al，1999）将承诺或者忠诚分成了三种形式。第一种是个人承诺（personal commitment），伴侣对个体具有吸引力，个体对亲密关系感到满意并希望关系继续保持下去。第二种是强迫承诺（constraint commitment），由于离开伴侣的代价太高，因此个体不得不勉强维持现有亲密关系。第三种是道德承诺（moral commitment），在这种情况下，个体感到结束关系是不道德的，认为自己应当负有对伴侣或者亲密关系的道德责任感，因而选择继续维持下去，在此情况下个体往往会有一种庄严感和崇高感。

不过，不管属于哪种承诺形式，承诺的稳定性或者说高度的忠诚都会对亲密关系产生保护作用。具体体现在以下三方面。首先，它会促进个体的顺应行为（accommodative behavior），让个体能够忍受伴侣的破坏性行为，采取克制和容忍的态度来面对伴侣的一系列愤怒行为，如侮辱、嘲讽等。值得一提的是，这并不是一种软弱行为，相反需要强大的心理状态才能做到。其次，它会促使个体乐意牺牲（willingness to sacrifice），为了伴侣的利益，或者为了促进亲密关系，个体宁愿牺牲自己的利益，或者去做那些如果仅仅为了自己就不会做的事情。再者，承诺还会带来感知优越感（perceived superiority），即个体会改变自己对伴侣的认知，认为自己的亲密关系比他人的更好，如感到自己获得了更多的奖赏、花费了更少的成本等。

由此可见，尽管个体在亲密关系中寻求以最小代价来获取最大收益，但由于要长久维持亲密关系就势必要寻求平衡，从而促使个体甘愿作出牺牲去替对方考虑，以促进良好的亲密关系。因此，无论目的如何，最终人们表现出来的爱情往往是无私和体贴的。

三、刺激—价值—角色理论

研究者莫斯坦因（B. I. Murstein，1987）从亲密关系的发展阶段角度提出了刺激—价值—角色理论（stimulus-value-role theory），简称SVR理论。该理论有两个基本前提：一是双向吸引是以双方付出坚持和责任总量的交换为基础的；二是亲密关系的发展包含三个阶段，依次为刺激阶段、价值阶段和角色阶段。

首要阶段即刺激阶段（S），通常为双方第一次接触时。个体会评估潜在伴侣的刺激质量，包括伴侣的声音、衣着、声誉、社会地位等。如果双方都表示满意，那么他们就会综合每一方所有的刺激变量来进行衡量，并评估双方的总刺激量是否相等，而不是分别衡量每一项刺激品质都是否相当，经过此过程后即进入下一阶段。

第二阶段为价值阶段（V），大约为双方第二次到第七次接触期间。此阶段的显著特征为伴侣双方分享着同样的基本价值观念，如对政治、堕胎、核武器等的看法。在关系的发展中，基本价值观念的表露意味着分享个体生活中更为亲密的细节。如果此阶段双方能够匹配的话，他们就会顺利进入下一阶段。

第三阶段为角色阶段（R），通常为第八次接触以后。此阶段最为重要的是与对方相比，自己是如何在关系中起作用，或至少是感知到自己的作用。如果个体对伴侣在爱人、伙伴、父母的角色中或者做家务时的表现不够满意的话，那么即使分享了相似的价值观也是不够的。

如果伴侣顺利地通过了这三个阶段，那么他们就有可能成为相对长久的一对儿，如结婚或者同居；但同时也会受其他变量的影响，如父母、朋友、换工作或者更有魅力的个体的出现。

SVR理论的核心在于，在每一阶段中，附属于该阶段的变量类别对爱情的影响要大于其他阶段的相关变量。例如，在价值阶段，价值观的一致性将会比刺激或者角色匹配性更为重要。而到了角色阶段，由于上一阶段价值一致性的过滤效应而使价值观各异的伴侣分开，因此对于顺利进入角色阶段的伴侣来说，角色的匹配性将比价值观的一致性在决定爱情进展上更为重要。需要注意的是，角色阶段价值一致性仍然在起作用，只是其重要性小于角色匹配性。这就说明，其实在亲密关系的三阶段中，刺激、价值和角色三种因素一直都在发挥作用，只是不同阶段的主要影响因素不同。而从整个关系来看，刺激因素一开始占了很大比重，之后随接触的增多，其增幅降低，渐渐趋于平稳；而价值一开始比重较低，随后在第二阶段迅速提高，到第三阶段也渐趋平稳；与此相似，角色因素从一开始的最低逐渐上升，到角色阶段则会超过前两者。

【建议参考资料】

1. 弗洛伊德．性学与爱情心理学［M］．罗生，译．江西：百花洲文艺出版社，2009.

2. 弗洛姆．爱的艺术［M］．李健鸣，译．上海：上海译文出版社，2008.

3. 罗伯特·J. 斯腾伯格，凯琳·斯腾伯格．爱情心理学［M］．李朝旭，译．北京：世界图书出版公司，2010.

【问题与思考】

1. 弗洛伊德将个体性心理发展分为了哪些阶段？分别对成年后个体会产生怎样的影响？
2. 弗洛姆认为什么是成熟之爱？
3. 根据斯腾伯格的爱情理论，爱情有哪些类型？完美爱情是什么？
4. 什么是依恋？不同的依恋风格会对爱情关系产生怎样的影响？
5. 根据投资模式理论，个体对爱情关系的忠诚程度受到哪些因素的影响？

第三章 爱情的产生

【本章提要】

本章主要介绍了爱情产生阶段所涉及的一些心理现象。当爱意产生时，我们受到了哪些个体特征的吸引？在接下来的彼此了解中，我们又是如何进行印象管理的？遇到问题后，怎样的沟通才是有建设性的？这些在本章将一一得到解答。除此之外，爱情不等同于性或者友谊，我们还澄清了爱情与性、友谊之间的共同之处以及差异之处。

【重要术语】

性魅力 腰臀比率 费洛蒙 印象管理 自利性偏差 记忆重构 自我实现预言 自我表露 自我决定理论 社会性性行为取向

有美一人，清扬婉兮；邂逅相遇，适我愿兮（《诗经·郑风》）。初见时恋人的吸引力，总会令他/她的一切都更显诗意而美好，即便是缺点也尽显可爱。或许这便是爱情的魔力，它总会在某个难以预期的时刻，让你不知所以地对特定的个体魂不守舍。然而，正如有人会被清晨高山上清净的白雪所倾倒，也有人会为草原夜幕中暖暖的火焰而融化，会因西北沙漠里一望无际的黄沙而震撼……人们会选择自己特定的爱人，所以世间男女才会成双成对，繁衍生息。不过尽管如此，人们对爱人的审美总是有迹可循的，在千姿百态中，也有灵犀相通的规律。例如，爱情进化理论告诉我们，富有外在性魅力的个体更容易惹人钟情，这当中包括长相、身材和年龄等，除此之外经济地位也是一个不可忽视的因素。

对此，跨文化研究为我们提供了一些重要答案。在世界各地，两性对亲密伴侣所看重的品质是相同的，只是各品质的重要程度因目的、性别和个体差异而不同（Tran et al，2008）。人们普遍期望自己的伴侣具有以下三种特点：1. 热情而忠诚，值得信任，善解人意，需要时能给予支持；2. 有吸引力和活力，富有性魅力，外向开朗；3. 拥有一定社会地位和资源，经济宽裕，生活舒适。尽管这些品质都很重要，但现实生活中大多数情况下难以得到完美情人，人们往往不得不有所折中。在选择长期伴侣时，男性会首先确保自己的伴侣具有普通以上的性魅力水平——至少不难看，然后再衡量一些“人品”，如友善、聪慧、忠诚、稳定等，绝世的容貌毕竟不如忠诚与热情那么重要，而最后，男性看重的才会是社会地位和经济资源。女性则稍有区别，她们会首先确保男性拥有一定的经济能力或者潜力，然后与男性相同，会在意对方的忠诚、热情和稳定的程度，最后才会在乎他是不是有着俊朗的外表、迷人的魅力等。

另外，是寻找露水情缘还是长期伴侣，个体往往对性对象有不同的选择标准。例如，女性在选择“情人”和“丈夫”时往往看重不同的品质，毕竟露水情缘与经营婚姻的目标不同。情人最好是肌肉强壮、“能激发性欲望”的，而丈夫必须是热情忠诚的，并且具有较高的社会地位和经济能力。对于这种差别，事实上两性都如此，有研究表明如果只是偶尔的风流韵事，两性都能接受智力、热情和经济能力比自己低的性对象，而对于长期同舟共济的婚姻伴侣则要求高得多（B. P. Buunk et al，2002）。

由此看来，如何去吸引异性来获取一段爱情似乎并没有那么复杂。首先，不分男女，你都必须让自己具备一些积极的品质，这些品质不仅体现了你与伴侣日后的关系，而且反映了你未来潜在的社会关系和发展的可能，进而影响你能为伴侣提供的各方面资源。其次，男性注重长相，那么女性至少得保证自己具有中等姿色；而男性则需要考虑女性对于经济和社会地位的要求，至少表现出足够勤奋来，让你的伴侣感到与你相伴是有安全感的。值得一提的是，这并不意味着男性就可以不注重外表，女性就可以不努力勤奋了，事实上两性对于配偶的要求标准还是更为相似的，女性的经济能力对于男性来说同样欢迎，而男性干净舒服的外表也同样让女性赏心悦目。毕竟以上的标准只是“最低标准”，谁也不会拒绝伴侣拥有更多的优秀品质。

第一节　吸引力

一、性魅力：情有独钟

性魅力是什么？直观地说，就是当个体见到某个性对象时情不自禁地被对方所吸引，并产生强烈的接近对方的欲望，有时这种欲望甚至是不能随意控制的，此时造成这种情不自禁欲望的便是性魅力。性魅力包含了各种因素，有时能被我们所感知，如“眉如翠羽，肌如白雪，腰如束素，齿如含贝”，有时又毫无征兆，常常“情不知所起，一往而深”。毫无疑问，性魅力是每个成年男性和女性都渴望拥有的，甚至小小姑娘也会偷抹口红，偷穿妈妈的高跟鞋。研究表明，漂亮的女性确实比相貌平平的女性能得到更多的约会机会（Reis，Nezlek & Wheeler，1980）；男人觉得与有魅力的女性交往更令人享受，并且感觉交往质量更高；而富有性魅力的男性也能获得更多的微笑和交谈（Garcia et al，1991）。有吸引力的个体由于受欢迎，他们往往更具有社交能力，并且更快乐（E. Diener et al，1995）。甚至有研究表明外表的吸引力对人们的适应能力和终生幸福起到了10%的促进作用（Burns & Farina，1992）。

然而美丽所带来的也不尽是好处，在与貌美之人交往时人们往往倾向于掩盖自己的一些信息，如兴趣、性格、收入等，因此，当貌美之人意识到他人的刻意逢迎时，会开始有意识地不相信他人。并且人们还倾向于认为貌美之人的能力较差。例如，有研究（Major，McFarlin & Gagnon，1984）调查了貌美之人与相貌平平的个体对待别人对他们工作夸奖的差别，貌美之人更相信来自于不知道他们相貌的人的夸奖，并认为这些评价更真挚；相反，相貌平平的个体则倾向于认为，那些知道他们长相的人所给予的夸奖是真挚的，并更有分量。这说明，尽管貌美之人与他人相处愉快，但他们通常较不相信别人，因为他们很难判断他人的恭维是出自于尊重自己的能力还是欣赏自己的外表；而相貌平平的个体则不太习惯他人的恭维。

不管怎样，人们始终对外在的性魅力是喜爱的，因此，人们也都在尽力改善自我魅力。士为知己者死，女为悦己者容。人们十分关注究竟是哪些细节信息决定了魅力的高低。跨学科的研究者们为我们找到了一些答案。已有研究表明，多种渠道都能够散发和接收魅力信息，主要包括嗅觉、视觉、听觉等，至于触觉、味觉已是“肌肤相亲”，其作用更是不言而喻。

（一）嗅觉吸引

爱情是有气味的，还记得电影《女人不坏》里周迅用来吸引男性的费洛蒙吗？它被称做爱情激素，对此我们在第七章将进行详细介绍。它与女性的生理周期相关，如朝夕相处的女性往往会发现相互间的生理周期越来越近。不仅如此，它与生理周期的关系还会影响到女性的性魅力。研究者米勒等人（Miller，Tybur & Jordan，2007）为了检验人类的发情期是否像研究者们所认为的已经消失，而进行了一项有趣的实验，他们以绅士俱乐部里的专业艳舞女郎为被试，通过她们的小费收入变化，检验了排卵周期对其性魅力的影响。该研究检验了60天内共计5 300班次的结果，发现通常个体在排卵期（发情期）时的小费收入平均为335美元每班次（5小时），在黄体期时平均收入为260美元每班次，而在月经期时收入仅为185美元每班次，即艳舞女郎在发情期比在月经期的小费收入高出了81%。然而，那些服用避孕药的女性却没有表现出排卵期的收入峰值。米勒认为造成此种结论的原因可能是，女性处于排卵期时身体会散发出更旺盛的费洛蒙，这影响了男性的小费行为。不仅如此，米勒（2010）在探讨雄性激素和睾酮对人体的调节作用时发现，女性排卵期内散发出的富含费洛蒙的体味能够影响男性的睾酮（与性欲相关）分泌水平，与非排卵期时的体味相比使男性的睾酮水平平均上升了11.8%。这表明女性所发出的费洛蒙信号能够影响男性的性欲水平，从而促使后者不知不觉地采取求爱行为。

不仅女性散发出的费洛蒙能够倾倒男性，男性发出的费洛蒙信息同样能影响女性的心境，如能使女性感到平静愉悦（Wyart & Webster et al，2007）。有研究者采用男性的腋下提取物对女性进行的研究显示（Marazziti & Masala et al，2010），暴露在男性汗水溶液下的女性大脑内的5－羟色胺（令人感到幸福的激素）显著发生改变，这为男性费洛蒙能够通过改变女性血小板5－羟色胺水平来产生吸引力，以及改善女性情绪，使女性感到幸福安稳的观点提供了有力的生理支持。同时这也从一种角度解释了为什么费洛蒙会促使个体产生求爱冲动和浪漫行为。

（二）听觉吸引

听过电台广播的人都会有一种体会，女主播的音质必定是娇柔动听的，男主播则是低沉而富有磁性的，并且听到声音后眼前浮现的必定是美女或者俊男的形象——如果不假思索的话。的确，声音能传达魅力信息。近来研究者们证明了人类和一些非人类物种存在各种预示排卵期的线索，其中就包括声音，它能显示个体的生殖状态。例如，加州大学研究者布莱恩特等人（Bryant & Haselton，2009）检验了女性在排卵周期中声音的变化。研究者对69名正常排卵女性进行了两阶段的声音取样，一个阶段是排卵周期的卵泡阶段（高生育力），另一个则是黄体阶段（低生育力），排卵期通过促黄体激素的测量来确定。研究者对样本的基本频率（pitch，即音高）、语音速率（speech rate）、谐音和噪音比率（harmonics-to-noise ratio）等品质进行了测量，结果发现女性在高生育力期间音高比低生育力期间的要高，并且在排卵前两天，即生育力最高的两天的音高最高。并且女性声音的这种随高低生育力的变化只与排卵期的临近有关，与月经期无关。研究者认为声音的这种变化与为了促进繁殖而增强“女人味”有关，这与已有研究结论一致，个体的一些吸引力的相关变化与进化有关。音高较高的女性具有更旺盛的繁殖力，已有多项研究证实了这一点（如Feinberg & Jones et al，2005）。

男性的低沉嗓音（音高较低）对女性同样有吸引力。研究者阿皮塞拉等人（Apicella，Feinberg & Marlowe，2007；Apicella，2010）检验了坦桑尼亚的哈扎族男性狩猎者的音高是否预测了其繁殖成功几率、子女数量以及死亡率。研究发现，声音低沉的男性比音高较高的男性拥有更高的繁殖成功几率，并且有更多的后代出生，但是音高并不能预测他们后代的存活率。这说明，男性的音高与繁殖成功率之间的关系是通过他们有更多机会接近生殖力旺盛的女性这一事实的中介作用而发生的，他们的声音因为包含了生殖力和生存力的信息而对女性更富有吸引力。另外，也有研究证明音高的高低影响了选民的选举行为，当要求对两位陌生男性政治人物进行选举投票时，被试倾向于投给声音低沉的那位，并将低沉的声音与令人喜欢的人格特质相联系（Tigue & Borak et al，2011）。

以上研究表明女性喜欢低沉的男性声音，而男性喜欢高音调的女性声音，那么是否男性音高越低越受女性欢迎，女性音高越高越受男性欢迎呢？研究者对声音进行处理（Re & O'Connor et al，2012），将音高范围扩大，涵盖了非常低、正常范围以及非常高的音高，然后以此作为探测刺激，分两次实验对19名年龄在20—25岁之间的大学生（10男9女）进行了测试，要他们判断哪种异性的声音更具有吸引力，以及更富有女人味或者男子气。结果发现在所有音高频率中，男性普遍偏好音高更高的女性声音，即便是超出正常范围的高；女性尽管偏好音高较低的男性声音，但却不喜欢非常低的声音，值得注意的是这种偏好与男性的年龄无关（随年龄增加音高只会有很少的降低），因此，这可能与女性认为过于有吸引力的男性声音由于太有魅力而更可能出现背叛是相关的。

人类声音不仅包含了大量情绪信息，如愤怒或愉快，还有许多动机信息，如不感兴趣或者诱惑，等等。对于男性来说，睾酮水平是与音高、对伴侣和后代的投资成反比的，并且与追求短期伴侣关系成正比，包括出轨行为；而对于女性来说，雌性激素与音高、吸引力以及出轨是成正比的。拥有太尖细的女性声音和太低沉的男性声音的个体很可能拥有比正常人高很多的性激素水平，所以他们更具有吸引力，但同时也更有可能出现背叛或出轨行为，这一点对于女性的择偶策略来说至关重要。因此，拥有太迷人男性声音的个体将可能不是一个好伴侣，女性对其不太偏好也是一种进化机制。例如，研究者们录制了音高不同的男性和女性声音，然后让被试判断该声音的主人出轨的可能性。结果显示，男性被试普遍认为音高较高的女性更容易出轨，但他们的判断与女性对此的判断没有显著差异；而女性被试则认为声音低沉的男性更容易出轨，这与男性被试的看法存在显著差异。该结论表明，音高是对潜在伴侣进行价值判断的性选择策略的指标之一，对音高的这种归因从进化角度来说具有积极意义，它可以有效避免不忠以及伴侣和亲代投资的损失（O'Connor，Re & Feinberg，2011）。

对此，研究者们进一步探讨了女性所感知到的男性音高对关系投资的影响。尽管通常女性会通过男性的经济资源、时间投入以及对维持关系的努力程度来判断男性是否适合成为父亲或者伴侣，然而，女性在选择伴侣时同样也会受可遗传的伴侣品质的影响，如吸引力、男子气的嗓音等，并且更阳刚的男性也更有可能为后代提供可继承的资源。然而，男子气概与对伴侣和后代的投资是呈负相关的，在该研究中研究者们发现，女性普遍感知到了女性化的男性声音与伴侣长期的时间和努力投入以及慷慨分享资源是显著相关的。然而与此不同的是，研究者们还发现了在短期性关系中，男性的慷慨分享资源以及时间和努力投入是与男性化的声音呈正相关的。因此，这种感知能力可以帮助女性选择更可能对关系和后代进行长期投资的伴侣（O'Connor，Fraccaro & Feinberg，2012）。

（三）视觉吸引

尽管文化差异广泛存在，但人们对于美丑的标准是具有跨文化一致性的（Cunningham et al，1995），并且婴儿生下来不久便会喜欢关注那些漂亮的面孔（Slater et al，2000）。因此，人们对美丑的标准或许是由遗传决定的。也有研究者采用脑电技术检测了个体受到视觉吸引时的脑区激活情况，结果发现相比于普通女性或者任何男性的面孔，男性在观看迷人女性时，大脑伏隔核区域的活跃程度大为加强，而在第七章中我们将会详细介绍，该区域属于多巴胺奖赏系统，是脑部的快乐中枢，并且是多巴胺最为活跃的区域之一。因此，观看迷人女性会带给男性奖赏和快乐。

因此个体会想尽办法让自己变得更漂亮，以吸引潜在的性对象，不过这种行为主要体现在女性身上。例如，巴斯（1988）曾经研究了女性自我报告能够有效吸引异性的策略技巧，其中最明显的方式是改善外表。例如，使用化妆品突显自己的优点，节食以改善身材，变换发型、饰品、服饰，等等，所有这些改善外貌的行为都是为了更加有效地吸引男性。男性对此的反应如何呢？研究显示这些吸引行为是有效的，男性更容易记住着装性感、更有吸引力的女性的性态度；具有更多认真恋爱经历的男性更容易记住女性的性态度；而性攻击性（sexually aggressive）太强的男性们则更不容易记住女性的性态度（Treat，Viken，Kruschke & McFall，2011）。

不仅着装会影响女性对男性的吸引力，就连男性看女性的角度对此也会有所影响。尽管网络美女们自拍时会选择侧脸 45 度角，但研究者们却不这么认为。人类面部形状也会显示出性感的信息，并能影响个体的吸引力。总体来看，由于男性比女性高大，通常男性看女性时的视角略微下倾，而女性看男性时的角度略微上扬。于是，有研究者假设正是由于两性的这种进化差异，会使得男性和女性面孔展现的视角不同时会具有不同的吸引力。研究结果证实了这种假设，对于男性来说，当女性略向上仰头向下看时，其女人味和吸引力会降低，而当她们略微颔首低头向上看时，其女人味和吸引力增加了。男性面孔则相反，当他们略微扬起头向下看时能够增加其男子气概和吸引力，低头向上看则相反。由此可见，我国古代对女子含羞的审美是有一定道理的，因为低头颔首、眼睛微微向上看的女性面孔对男性具有更强的性吸引力。这表明经过漫长的进化后，男性的适应器里记录了这样的信息：那些比自己矮，眼睛向上看着自己的才是美女。而对于女性来说，头部后仰，眼睛往下看着自己的男性面孔则更有男子气概（Burke & Sulikowski，2010）。

1. 面孔

除了以上可以改变的因素之外，还有许多不容易随意改变的因素预示了吸引力——当然，在现代整容科技面前也并非完全是不可改变的因素。如前面进化论所述，女性的年龄和身材预示着生殖能力的高低，男性更偏爱年轻而曲线毕露（curvaceousness）的女性；而对于男性来说，除了所拥有的社会资源之外，其本身的身高、肩宽和肌肉等也是生殖能力和生存能力的有力象征。

首先，无论对于男性和女性来说，都比较偏爱皮肤没有伤疤和感染的面孔、对称的面孔，以及平均的面孔。实际上对称、没有伤疤以及平均性都指向了一项品质，那就是个体的健康程度。从进化适应性来说，健康的个体更容易繁殖后代，也不会威胁到他人的生存，因此也成为了吸引力的本质原因。例如，有研究探讨了面孔和身体对称性与性魅力之间的关系（Gangestad et al，1994），他们测量了个体的脚宽、手宽、耳长等特征并让被试进行魅力评定，结果发现不对称的个体更不具有吸引力，并且年轻人的面孔比年老个体要对称得多。他们认为人类对对称性的偏好实际上体现了对健康的偏好，而在人类个体发展过程中的环境性损伤，如疾病、寄生虫、物理性损伤等，都会导致不对称性。并且，面孔的对称性还与心理健康程度呈正相关（Shackelford & Larsen，1997）。而人类认为平均的面孔更有吸引力也是与对称性有关的。在兰洛伊斯与罗格曼（Langlois & Roggman，1990）的研究中，他们分别将 4、8、16 和 32 张人类面孔进行处理，从而分别合成为一张面孔，并让被试评估这些合成面孔以及原始面孔的吸引力程度。结果十分有趣，人们认为合成的面孔比任何一张原始面孔都更具有吸引力，并且合成面孔数量越多越具有吸引力，即 32 张面孔合成的脸比 16 张合成的更漂亮，而 16 张合成的又优于 8 张和 4 张合成的。研究者认为合成面孔之所以更漂亮，是因为其面部特征经过合成以后由于消除了不规则之处而趋于平均，各部分都不大不小，而且更加对称所致，因此，比例均匀而协调的面孔比偏离常态的面孔更迷人。也有研究者（Little，Apicella & Marlowe，2007）发现，有着对称面孔的个体一般也具有更对称的体型，其身体和心理也更健康、更聪明以及更少生病等（如 Thornhill & Gangestad，2006）。例如，有对称体型的女性体内雌二醇（estradiol）的含量更高，这种激素主要功能在于为受精卵植入子宫作准备，并能激发和维持女性第二性征，是人体内最具功效的雌性激素，因此这类女性更富有生殖能力（Jasienska & Lipson et al，2006）。

其次，男性更偏好具有如下特征的女性面孔：高额头、大眼睛、小鼻子、饱满嘴唇、小下巴（尖下巴）等。记得芭比娃娃的长相吗？就是那样的脸。有研究者认为这是娃娃脸的特征，拥有这类长相的个体往往看起来比实际年龄更小。心理学家麦克阿瑟和阿帕图（McArthur & Apatow，1984）研究了娃娃脸的特征及其吸引力。他们对成人的面孔图片进行处理，将五官进行不同的拼合，由此得到不同长相特征的面孔图片，要求大学生们评价图片中个体的体能、社会优势、精明程度、年龄以及吸引力等，结果发现大眼睛、五官位置低、短脸的面孔会给被试以体能、社会优势和精明程度较低的印象，但同时会让被试认为这样的个体更年轻并且更有吸引力，但是这种吸引力却是有性别差异的：娃娃脸会增加女性对男性的吸引力，但却会降低男性对女性的吸引力。这就是说，如果把图片中女性人物的眼睛扩大，五官下移，会让个体看起来更年轻、更美丽；反之则会让该女性个体看起来更老气。

男性对女性的这种长相偏好是具有跨文化一致性的。在琼斯（D. Jones, 1996）的跨文化研究中，他从巴西、美国、俄罗斯、巴拉圭的阿奇（Ache）人以及委内瑞拉的希维（Hiwi）部落的群体中采集面孔照片，并让每个国家的被试对这些照片进行性魅力、年龄等品质的评分，此外，琼斯还测量了面孔各部分比例与年龄之间的关系。结果发现，在这五种文化中，男性都认为那些下巴较小（尖）、眼睛较大的女性更有魅力，而这些面孔特征又是年轻的标志。这与之前约翰斯顿和富兰克林（Johnston & Franklin, 1993）的研究结论是一致的，即面孔较短、下巴较小（尖）、嘴唇更丰满的特征是美丽的，这些都与年轻有关。

然而，这是否表示女性越显“天真幼稚”的长相就越受欢迎呢？答案却是否定的，例如，女性如果像娃娃那样脸蛋过于丰满，其魅力是会打折扣的。因此研究者（Cunningham et al, 1997；Cunningham & Roberts et al, 1995）认为，这些面部特征并不是要让女性显得“孩子气”，而是要看起来更女性化、更青春。事实上这种美丽的女性面孔还兼具了成熟美的特征，如高颧骨、窄脸颊、尖下巴等。因此，女性的“娃娃脸”特征要恰到好处，太过头了只会适得其反，中等程度的娃娃脸是最有吸引力的（Gangestad & Scheyd, 2005）。研究者对此的解释是，发育不够成熟的幼女在繁殖后代方面是不具备优势的，因此男性无论年龄很大还是青春期小伙子都希望与二十出头的女性交往（Kenrick et al, 1996）。如此看来，男性实际上偏好的是长相介于娃娃脸和成熟女性脸之间的面孔，更确切地说，应当是青春的“少女脸”。女性这种长相特征的典型时期是青春期及随后几年，这可能与雌性激素水平有关。女性青春期雌性激素分泌最强，此时的脸也最具有女性美，而随着年龄的增长，雌性激素的分泌会减少而雄性激素（如睾酮）的分泌会增加，因此女性的长相也会发生变化（Kosściński, 2007）。

例如，美国著名的整容医师罗伯特·肖对此就十分感兴趣，他发现随着年龄的增长，不仅面部软组织会老化，就连骨骼也会因为钙质流失而发生变化。该研究通过计算机断层扫描技术（computed tomographic scan）绘制了青年组（20—40岁，M=25）、中年组（40—64岁，M=51）和老年组（65岁以上）被试的面部骨骼3D模型，然后测量三组个体的骨骼形态变化，主要测量了眼眶（glabellar angle）、鼻骨梨状孔（pyriform aperture area）和下颌角（maxillary angle）的变化。结果显示，青年组个体与中年组个体的面部骨骼特征已经出现了显著差异，总体表现出骨质流失的趋势。随着年龄的增长，个体眉骨及眼眶都明显后退，导致眼眶面积增大；鼻骨梨状孔也表现出了同样的退化趋势；而下颌骨的折线角度会增大，从年轻时的接近直角渐渐向平角变化，即棱角随时间被“磨平”了，就像现代医学整容磨下颌骨那样。因此，随着个体年龄的增长，不仅面部软组织会改变，而且骨骼也会发生变化，由此呈现出老态的模样（Shaw & Kahn, 2007）。

不仅男性会偏好有女人味的脸，女性对男性的面孔也有特定的偏好。除了上述的对称性、平均性（averageness）之外，女性也更偏好富有男子气概（masculinity）、性别差异化（sexual dimorphism）的脸。与女性面孔相比，男性的脸更宽阔，往往棱角分明，具有如下特征：强壮的下巴、宽阔的下颌骨、宽阔的额头、狭窄而深陷的眼睛、突出的眉角、浓密的睫毛、不太突出的颧骨、更宽阔而高挺的鼻梁、薄嘴唇以及更宽大的嘴（Kościński，2007）。女性通常认为具有强壮下巴和宽阔前额的男性更有主宰力，这也是帅哥的标准。同样，研究者们认为女性的这种偏好实际反映了对伴侣质量的偏好，如健康和聪明等（Rhodes，2006）。从理论上讲，男子气预示了更强的免疫力，这类个体在发展过程中实际上也更健康，女性偏好这样的面孔能够增加繁殖成功率。另外，具有这种长相的男性在社会中更为强势（Gangestad & Scheyd，2005）。例如，卡拉哈里沙漠的布希曼人（Bushmen）中，具有宽下巴和强壮身材的男性相对来说具有更高的繁殖成功率（Winkler & Kirchengast，1994）。研究者将这种相关性归因于睾酮作用的结果。高水平的睾酮是生物质量较高的可靠指标，并且导致了面部的男性化特征。因此，具有这样长相特征的男性，不仅能够为后代的健康提供间接的基因优势，并且还能够提供直接的收益，如生存资源、亲代抚育以及降低传染疾病的风险等。然而，睾酮水平高的男性同样表现出了与女性和后代的关系较差，并且更容易出轨等特点，他们更有可能保持单身，并且具有较多的反社会性行为（Kościński，2007）。这一点得到了大量研究的支持，长相太富有男子气概的个体在家庭观念上较为淡漠，较不愿意对伴侣和后代投入资源和时间（Kościński，2007；Perrett et al，1998；Johnston et al，2001；Keating & Doyle，2002）。

与此相对应的，女性对男子面孔男性化的程度偏好是适度的，因为这是睾酮水平不会过高或过低的显著信号，这与女性对男性声音男性化程度的偏好是一致的。有研究发现，女性对男性长相的偏好是随着月经周期而发生变化的（Johnston & Hagel et al，2001；Penton-Voak & Perrett，2000；Penton-Voak et al，1999）。具有正常月经周期的女性，通常在更有可能怀孕的排卵期更偏好相对更具有男子气概的长相，研究者假定这是女性为了获取更高遗传质量的伴侣以增进后代遗传基因而进化出来的机制，类似的偏好也表现在了女性在排卵期对身体对称的男性的气味更加喜欢上，而月经周期的其他阶段却没有这种偏好（Gangestad & Thornhill，1998；Rikowski & Grammer，1999；Thornhill & Gangestad，1999）。也有研究者（Little，Penton-Voak，Burt & Perrett，2002）通过电脑合成技术对男性化的面孔图片进行了处理，让其男性化的特征变得略微偏女性化和娃娃脸一些，从而使得这些女性化的男性面孔中性化，看上去更友好、热情。研究发现，当女性处于排卵期时，她们会更容易被具有男子气概特征的面孔吸引，而月经周期的剩余时间里，则更偏好中性化的、具有孩子气特征的男性面孔。研究者认为这是女性进化出来的适应机制。在更容易怀孕的时间段，女性与富有男子气概的男性交配能够增进后代的基因质量，而在剩余时间更喜欢不那么男子气概的面孔，是因为这类个体更亲切友好，更加可靠，更容易对自己和后代进行稳定的资源投资。

2. 身材

性激素对两性外表特征的影响最显著的在于身材。身材体型一般反映了在青春期时两性个体体内的性激素分泌水平，此时由于性激素的释放，女性的身体开始积累脂肪，主要集中在胸部、臀部和大腿上部；男性臀部和大腿脂肪比例减少，开始出现性别化的特征。性激素水平对于繁殖后代的能力来说至关重要。因此，个体的身材体型也间接体现了其繁殖后代的能力。性别化特征所表现出来的性魅力体现在一系列的身体特征中，例如，两性都倾向于偏好男性的身高要高于女性（Salska et al，2008）；长头发的女性比短头发的女性对男性更有吸引力（Martins et al，2003）。不仅如此，这种性别特征偏好还体现在了如下方面。

（1）体重

在如今以瘦为美的文化氛围下，研究者对于人们对女性胖瘦的审美的标准十分迷惑。有研究者让被试观看了一系列胖瘦渐变的女性形象（共九种形象），分别让女性和男性指出其中最为理想的身材形象。结果女性都认为比这九张胖瘦不同的图片的平均值更瘦的形象最为理想，并认为男性也会认为偏瘦的形象更漂亮。然而当男性进行判断时，他们却选择了恰好为平均胖瘦值的形象作为理想的女性身材。因此研究者认为，这可能是文化让女性改变了对自己身材胖瘦的吸引力的认知（Rozin & Fallon，1988）。

多数情况下，人们都认为身材苗条或者正常的女性比肥胖的女性有魅力，但干瘦的女性同样不具备性魅力（V. Swami et al，2007；V. Swami，2009）。在一项关于腰臀比率（waist to hip ratio，WHR）和体重的研究中，研究者准备了偏瘦、正常和偏胖三组图片，每组图片由一对除了腰臀比率不同但体型其他方面完全相同的女性图片组成，即每组其中一张曲线分明（WHR = 0.7）而另一张是水桶腰（WHR = 1.0）。研究者让男性被试评价了这些照片中的女性的吸引力，结果表明腰臀比率对女性魅力的影响比胖瘦要明显，腰臀比率较低的个体更具有吸引力。而与大多数女性所喜欢的偏瘦不同，男性认为正常体重的女性最漂亮，即正常体重、腰臀比率为 0.7 的女性最有魅力（Singh & Young，1993）。

有许多研究采用体质指数作为女性身体魅力的指标。体质指数（body mass index，BMI）即体重（公斤）与身高（米）平方的比值，是用来测量脂肪比率的指数。然而 BMI 的生态效度（ecological validity）较差，在女性外表吸引力上的角色是跨文化不一致的，它会受到在特定环境下可获取的资源多少的影响。只有在经济富足的年代或地区，人们才会感到苗条的女子更美（Tovee & Swami et al，2006）。当社会环境中连食物获取都成问题时，苗条的身材确实不如丰满的身材吸引人（Nelson & Morrison，2005），如非洲某些国家就是如此。

（2）腰臀比率

研究者发现，性激素能够调节人体脂肪的分布状况，这会影响到个体的腰围和臀围的比例，在青春期之前男女之间的腰臀比率是大致相同的，约为0.85—0.95，而青春期之后，由于臀部脂肪的堆积，女性的腰臀比率则会显著低于男性。男性对女性的腰臀比率有着特殊的偏好。男性认为腰臀比率为0.67—0.80的女性更具有魅力（Singh & Young，1995），并且该研究还统计了30年来《花花公子》杂志模特的体重和腰臀比率，结果发现尽管她们比同时代普通女性都更瘦，但其腰臀比率仍然为0.7左右。在美国，黑人男性比白人男性更喜欢胖一点的女性，但即便如此，他们都同样喜欢腰臀比例接近0.7的身材（Singh & Luis，1995）。就连文艺复兴时期绘画中的女性也是如此。

有足够证据（Buss，2010）表明，腰臀比率低说明女性在青春期的雌性激素分泌活动较早。并且这类女性个体体内含有特定比例的雌二醇和黄酮体（progesterone，主要的促孕激素）混合激素，她们比没有身体曲线的女性更容易受孕。而腰臀比率较高的女性在婚后往往更难怀孕。不仅如此，许多疾病都与人体的脂肪分布有关，如糖尿病、高血压、中风等疾病往往会在腰部堆积脂肪，值得注意的是，这些疾病与个体的总体脂肪量无关，而只与腰臀比率有关。所以，正因为腰臀比率与健康有着重要关系，男性的腰臀比率也会影响其对女性的吸引力，是女性择偶的重要线索。研究表明，健康男性的腰臀比率介于0.85—0.95之间，而女性所偏好的男性身材其腰臀比率是接近0.90的。

（3）腰胸比率

男性对于丰满乳房的偏好在各文化中都是显而易见的。在各种文化下，女性的外表吸引力（female physical attractiveness，FPA）的最终目标即在于诱发男性的性唤起。男性普遍喜欢胸部丰满的女性，然而单纯性乳房的大小并不如它与女性其他身体部位的比例那么重要。一般研究者会考量胸部与腰围的比率，而腰胸比率（waist to bust ratio，WBR）为0.75的身材最吸引男性。有研究者采用非介入性研究，用125名女演员在电影和杂志中扮演女主角的频次作为测量性魅力的指标，结果发现女演员的腰臀比率和腰胸比率与女演员出现在杂志中的频率呈正相关（Voracek & Fisher，2006）。事实上男性喜欢曲线毕露女性身材，所谓曲线毕露即女性身材呈沙漏形状（hourglass）的程度，它是由乳房大小及胸围与腰围及臀围的相对比例，以及臀部的大小决定的。并且相对于女性杂志，这种对曲线的偏好在男性杂志中体现得更为明显（Fisher & Voracek，2006）。该结论与前人研究结果一致，男性和女性在评估女性胸部大小时，男性表现出了对大胸部的偏好，而女性则喜欢相对较小的乳房（Gitter，Lomranz，Saxe & Bar-Tal，1983）。然而并不是所有的大胸部都会受到男性的追捧，比如肥胖的女性。只有身材苗条但胸部却很大的女性才会被男性评为有性魅力。研究者总结认为，女性大胸部的魅力会因乳房形状、个体体型如腰围和臀围的大小等而不同，当个体有很小的腰臀比率时，女性的胸部越大，其魅力也就越高（Furnham，Dias & McClelland，1998）。

（4）肩臀比率

对于男性来说，宽阔的肩膀和肌肉结实的胸膛是其性魅力所在，同样，这也并非单纯的肩宽就是有魅力的，这还涉及肩宽与臀围的比率，即肩臀比率（shoulder to hip ratio，SHR）约为1.2的男性被认为是最有魅力的。有研究者调查了男性和女性的肩臀比率和腰臀比率与个体性行为的关系，结果发现具有高肩臀比率的男性和低腰臀比率的女性发生性行为的年龄更早，有着更多的性伙伴，更多的出轨行为以及更容易成为第三者（Hughes & Gallup，2003）。

个体的声音与肩臀比率也存在相关。如前所述，男性低沉的嗓音与较高水平的雄性激素有关，有研究者调查了肩臀比率和腰臀比率与个体嗓音以及性行为的关系，结果不出所料，被试评估的异性嗓音音高与男性的肩臀比率呈正比，与女性的腰臀比率呈反比。同时，异性更为性感的嗓音也与其发生性行为的年龄更早、有着更多的性伙伴、更多的出轨行为以及更容易成为第三者是呈正相关的（Hughe，Dispenza & Gallup，2004）。

此外，也有研究者发现，相对于男性被试来说，女性被试对拥有较低腰臀比率的同性竞争对手表现出了更多的嫉妒行为；而男性则比女性被试表现出了更多对同性潜在竞争对手较高肩臀比率的嫉妒行为。并且无论男女，较高肩臀比率的个体都被认为更为强势，而对于男性来说还更性感。同时，被试在对同性潜在竞争对手进行评估时，女性被试表示她们对对手的腰、臀和腿格外关注，男性被试则表示他们更关注对手的肩、胸肌和腹部（Dijkstra & Buunk，2001）。也有研究者发现，只有那些社会经济地位较高的女性才强调具有较高肩臀比率的男性富有魅力（Swami & Tovee，2005）。这样的发现是与进化观点一致的，男性光有好身材并不能吸引女性，而拥有资源的多少对于男性来说至关重要（Singh，1995）。

二、匹配性：郎才女貌

我们都喜欢长相俊美、倾倒众生的异性个体，在人际交往之初也容易被这样的个体所吸引，然而结果却并不一定能如愿，因为这很有可能成为一种单恋行为。大多数人往往最终都会和与自己吸引力相当的异性对象成为一对儿（Hitsch & Ariely，2007），并且亲密关系越严肃、越以长期关系为目的，匹配现象就越明显。

这种匹配性首先体现在外表的吸引力上。研究表明，由于长相是我们在寻找伴侣时的筛选指标之一，因此夫妻双方长相的吸引力程度是非常接近的（Little et al，2006）。但进入婚姻后，长相对于关系的维护已不再如此重要，双方的关系往往会受更多的其他因素影响（McNulty et al，2008）。尽管如此，外表吸引力对于女性来说仍然重要，研究表明许多已婚男士出现性生活障碍的一大主要因素就是，妻子已经在婚姻中松懈下来，外表远没有往日那般富有魅力（Margolin & White，1987）。

郎才女貌，古而有之。匹配还存在另一层意思，即男女双方更为广泛的匹配。例如，物理学家杨振宁当年以 82 岁的高龄与 28 岁的女硕士翁帆结婚即是其中的典型。在这种情况下，伴侣之间外表是非常不匹配的，但是这体现了不同资源之间的匹配。在婚配过程中，男性始终更在乎女性的外表，并且大量研究表明随着男性年纪增大，其选择的伴侣年龄与其相差更大（Kenrick & Keefe，1992）；然而对于女性来说，男性的外表始终不是最重要的，他能够为自己和后代提供的资源多少才最为重要。因此，在婚恋市场上，女性最有竞争力的资源是年轻和外表，而男性最有竞争力的资源是经济和社会地位。尽管看起来很现实，但用长相换取金钱，或者年轻换取社会地位，在许多伴侣关系中都是或多或少存在的。人们往往和与自己有着类似适配价值的个体结婚（Brase & Guy，2004）。

不过这只是极端的例子，事实上个体的长相、财富、才能、健康、社会地位等都像商店里的商品一样，可以用来吸引潜在的性对象。而最终的匹配性由所有这些品质的综合价值来决定。研究者调查了一家网络交友机构的用户数据，结果发现外貌吸引力最低的 10% 的男性，平均每年需要比外貌吸引力最高的 10% 的男子多挣 186 000 美元的收入，才能吸引到女性同等的注意力（Hitsch & Ariely，2007；Hitsch，Hortacsu & Ariely，2008）。

三、相似性：一见如故

吸引力受到人们相像程度的强烈影响，具有相似的出生背景、性格、态度等的个体之间更容易相互吸引。研究者发现幸福的伴侣在各方面都比随机选出的陌生人更为相像，包括教育程度、宗教信仰、种族等人口统计学信息（Watson et al，2004），以及态度、价值观等。有研究者刻意安排一些政治观点相似或者不相似的男性和女性约会，他们相互之间并不认识，然后让配对约会的两性个体通过聊天相互了解。在 45 分钟约会后发现，那些观点相似的组合比不相似的组合更喜欢对方。事实上伴侣之间的态度相似程度与彼此之间的吸引力是呈正相关的，双方共同点越多就越喜欢彼此，就像通常所说的“一见如故”，因为相像所以熟悉。除此之外，如果你的伴侣有着与你相似的品味，你们喜欢共同的书籍和音乐，有相近的服饰品味，并且喜欢看同样的电影，你往往会感觉相处起来更为舒服。

伴侣之间性格相像也十分重要。通常快乐的人喜欢与快乐的个体交往，而悲观的人往往觉得与同样悲观的个体才会产生共鸣。处事风格和人格特质相像的伴侣往往能和睦相处，婚姻幸福（Gonzaga et al，2007）。就依恋风格来说，尽管安全型依恋个体更具有广泛的吸引力，但在长期的相处过程中，个体往往发现与具有相同依恋风格的伴侣相处更为舒心，如果回避型个体遇上回避型伴侣，相互之间就能满足保持人际距离的愿望；而焦虑型个体遇上焦虑型伴侣，两人对对方的过度投入都是有回报的，他们相处起来更匹配（Strauss et al，2008）。

人们还会仰慕有能力和才华的人，这实际上是渴望自己能够拥有对方的能力和才华。因此，人们还往往喜欢那些与我们的理想自我接近的个体。这种喜欢倾向又十分复杂而微妙，如果对方的能力和才华大大超过了个体的理想自我，那么就会产生威胁，让个体相形见绌而令人不愉快（Herbst et al，2003）；但是，如果对方只是比自己好一点点，那么他带来的就是一种可以实现的积极鼓励（Klohnen & Luo，2003）。事实上，最有吸引力的伴侣是那些在许多方面与我们相似，但又比我们优秀一点点的个体。

相似性会对长期伴侣关系产生两方面的影响。一方面，夫妻之间往往高估彼此的共同点。而婚姻幸福程度似乎也与这种知觉到的相像的关系更大，它与婚姻满意度呈正相关，并且其相关程度大于真实的相像与婚姻满意度之间的相关。似乎人们是在和想象中的伴侣生活（Montoya & Horton，2004）。另一方面，夫妻之间的相像程度确实会随着时间而增高。他们之间的态度、情绪反应会越来越像，尽管这种差异的减小可能是因为信服而自动缩小的，但也有可能是为了寻求和谐而人为减少的（Miller et al，2011）。

伴侣之间的某些相像似乎比另一些相像更为重要，关键在于伴侣双方是否看重该相像。例如，态度和价值观的相像比性格的相像更为重要（Watson et al，2006）。通常在家务上的角色和性别角色的相像是十分重要的。例如，赞同共同分担家务的伴侣比不公平分配的伴侣通常对婚姻更加满意（Amato et al，2007）。性别角色都偏中性化的夫妻的婚姻往往更幸福，当性别角色相差很大时，正如传统大男子主义的丈夫和小女人的妻子彼此之间由于工具性和表达性的差异，相互理解更差、共情更少，久而久之对婚姻的满意也越来越低（Helms et al，2006）。

由此可见，并非像我们通常所认为的那样，相似性和互补性都会产生吸引力，恰恰相反，大多数因为差异而表现出来的互补是令人失望的。或许只有一项差异性是有助于伴侣之间的和谐关系的，那就是伴侣双方在支配性上的互补。所谓支配性的互补，是指伴侣双方分别表现出来的支配与顺从的关系。例如，有研究表明，感受到最多爱意和最少冲突的伴侣是那些在热情程度上相似但支配欲望不同的伴侣（P. M. Markey & C. N. Markey，2007），即一方习惯于领导和发出命令，另一方乐于支持和实施。

四、接近性：近水楼台

与人见面不一定会爱上他们，但爱上某个人必须先得见到他。浪漫爱情的产生源于我们与周围人的交往。地理位置上的接近同人与人之间的吸引有着明显的联系。不仅浪漫爱情如此，友谊的产生也是“近水楼台先得月”的。研究者费斯廷格等人（Festinger et al，1950）早在1950年就进行了这样的实验，研究了麻省理工学院住宿生的友谊与宿舍位置的关系。研究者让270名住宿生列举三位他们最亲近的伙伴，结果发现和隔壁宿舍的人成为朋友的概率为41%，隔一个房间为22%，隔两个房间16%，三个房间10%。学生与隔三个房间的人成为朋友的概率仅为隔壁的四分之一，这不禁令人想起那首《睡在我上铺的兄弟》。与此相一致的还有《同桌的你》，研究者西格尔（Segal，1974）在一项实验中安排互不相识的学生坐在教室里，结果发现学生们更有可能与坐在附近的人成为朋友，即使教室不是很大，学生们也不大可能与离自己较远的人建立友谊。

“日久生情”看来是十分有道理的，何况我们一般认为能够相遇本身就是“缘分”和“巧合”，由于缘分的接近，陌生的个体才更可能彼此熟悉，熟悉可以增加喜欢。例如，研究者莫兰德和比奇（Moreland & Beach，1992）在大学里进行了一项有趣的实验，他们让一些女大学生在某学期里的一些课上出现，只是坐在那里并不与任何人交谈，在不同课堂上出现的频率分别为5次、10次和15次。当学期末研究者将这些女大学生的照片拿给课堂上的学生评估时，相比于素未谋面的面孔，学生们更容易被这些熟悉的面孔吸引，并且表示更喜欢这些女生。

为什么人们会喜欢身边的人呢？有研究者解释说，这是由于个体更容易从周围人那里得到各种回报（Gilbertson et al，1998）。与远距离的个体交往，往往会耗费更多的时间、精力和金钱，即成本更高，并且难以得到及时的回报，回报性也更小。这或许解释了为什么那么多情侣由于天各一方而最终走向了分手。有研究者发现，婚姻关系中的伴侣由于长距离的相隔，比那些生活在一起的情侣更容易离婚（Rindfuss & Stephen，1990）。而我们通常说的“小别胜新欢”，这个“小别”是意味深长的。

然而，接近性是一把双刃剑。也并不是相处越多就越加喜欢，太频繁的刺激也会带来厌烦（Bornstein，1989）。也有研究者认为接近性不是增加了喜欢程度，事实上一开始就互相讨厌的人，往往会因为见得越多而越互相讨厌。因此，接近性只是增强了人们原始情感的程度。有研究者对某个社区的居住者进行了调查（Ebbesen et al，1976），结果发现人们喜欢的朋友、讨厌的仇人都是住在附近的。因为经常惹他们恼火的都是近邻，这些邻居常常会制造大量的噪声，会让宠物乱跑等，妨碍他们的生活。显然，我们一开始很容易被周围的人所吸引，然而一旦有所了解之后，喜欢的会更加喜欢，讨厌的会更加讨厌。

这或许也能说明伴侣关系中为何会出现“因为熟悉而厌倦”，接近性给了我们全面了解彼此的机会，有好的，也有不好的。

五、互惠性：投桃报李

人们倾向于喜欢那些喜欢他们的人。即便你是帅哥或者美女，当你对某个异性感兴趣时，你不仅会考虑自己被对方吸引的程度，而且还必须顾及对方接受你的可能性，毕竟强扭的瓜不甜，被人拒绝的滋味也不那么好受。研究者尚托和纳吉（Shanteau & Nagy，1979）用公式描述了这一关系：

对未来伴侣的期望值 = 外表的吸引力（physical attractiveness）× 被接受的可能性（probability of acceptance）

大多数人都更愿意追求能够得到回报的对象。尽管人们都喜爱外表有吸引力的个体，但对方是否也喜欢自己，这将影响到对方在个体心目中的喜欢程度。根据此公式，如果有人长相丑陋但却十分喜欢我们，那么这人不能引起我们足够的兴趣；同样，即便某个体美若天仙，但却不太可能喜欢我们，那么大多数人也不会对其浪费时间。在群体里往往会出现这种现象：那个外表吸引力水平远远超过群体的人常常无人问津，倒是那些稍稍高于群体平均吸引力水平的个体广受欢迎。例如，大多数普通男生都会喜欢“邻家女孩”，只有那些魅力超群的男生才敢去追求“不食人间烟火”的美女；然而普通男生是多数，帅哥比较少见，因此太美反倒门可罗雀。这说明，个体最有可能选择那些外表说得过去，但也有可能接受自己的人作为伴侣。这一点十分符合风险决策的主观期望效应理论（subjective expected utility theory of risky decision making；Shanteau & Nagy，1979）。

大多数情况下，人们是不愿意冒被拒绝的风险的。研究者伯恩斯坦等人（Bernstein et al，1983）设计了一项行为实验，让男性大学生选择看电影时的座位：一种是与一位美貌女性共同坐在一个方形座位上，另一种是独自一人坐在一个方形座位上。研究者将男大学生随机分为两组，告诉其中一组两种座位上看到的影片是相同的，告诉另一组的则是两边放映了不同的影片。结果发现，当得知两边影片相同时，只有25%的男生敢大胆地坐在美女旁边；而当告知影片不同时，则有75%的男生选择坐到了美女旁边。研究者认为，正常情况下，大多数男生都会愿意与漂亮的女性认识，然而当美女对自己的反应不确定，而自己的目的又太过明显时，这些男生都采取了保守的行为；而不同的影片为男生提供了另一项借口：为了看其中一部影片而选择坐到美女身边，他们正是利用这种目的的不确定性去接近美女的。同样，另一项对男性的调查也得到了同样的结论，当拿不准漂亮女子对自己的态度之前，只有3%的男性敢于请她与自己约会（Muehlenhard & Miller，1988）。

不过，最具有吸引力的对象，还是那些挑剔讲究、不会轻易接纳别人但却喜欢自己的人。因此，表现出对异性的冷若冰霜却只对某个人略微有点兴趣，是一种有效的默默吸引的办法，就是说除了想要吸引的人之外，任何人想要得到你都是可望而不可即的（Walster et al，1973）。

六、新奇性（不确定性）：只如初见

纳兰容若有过这样的诗句："人生若只如初见，何事秋风悲画扇。"张爱玲也曾说："男人彻底懂得一个女人之后，是不会爱她的。"看过电影《初恋那件小事》和《那些年，我们一起追的女孩》吗？"有人说恋爱最美的时期，就是暧昧不清的阶段"（《那些年，我们一起追的女孩》）。这些强调的都是恋爱中的新奇性。

暧昧能够增加吸引力（Whitchurch，Wilson & Gilbert，2011）。最近有研究者就进行了一项关于暧昧的研究，他们让女大学生观看访问过她们的 Facebook（美国著名交友网站）主页的男生的个人资料，并随机告诉她们每个男生的态度："非常喜欢她们"、"对她们感觉一般"或者"可能喜欢，也可能只有一点点感觉，说不准"。研究结果首先符合互惠性原则，相比于"对她们感觉一般"的男生，女生们更受"非常喜欢她们"的男生的吸引；但是最有吸引力的却是那些"可能喜欢，也可能只有一点点感觉，说不准"的男生，女生们受他们吸引的程度甚至超过了"非常喜欢她们"的男生。被试们报告说由于她们会经常思考这些男生，因此增加了他们的吸引力。

这个结论也受到了一些生理研究结果的支持。人们往往会爱上那些有点神秘、不确定的个体，是因为新奇性在作怪。新奇性能增强多巴胺和去甲肾上腺素的活性（Wedekind et al，1995），这些都是兴奋性、奖赏性的物质，会让个体感到愉快。

七、障碍性：至死不渝

我们不仅会喜欢那些我们容易接近的人，我们同样也会喜欢那些我们难以接近的人，不同的是这种障碍并非来源于喜欢对象本身，恰恰相反，对象本身对我们也十分有意，只是环境中存在一些阻力，使得我们更加"珍惜"这段关系。例如，家喻户晓的梁山伯与祝英台的凄美爱情故事，莎士比亚的经典名著罗密欧与朱丽叶的爱情，这些都是恋人们为了爱情努力克服障碍的经典。这两个经典的共同之处即在于相爱的双方由于家庭的强烈反对而双双殉情。研究者德斯科尔等人（Driscoll，Davis & Lipetz，1972）在对未婚情侣的观察过程中也发现了这一现象，他将之命名为"罗密欧与朱丽叶效应"。德斯科尔采用横断研究和纵向研究的方法调查了 140 对情侣（91 对已婚夫妇，49 对相恋 8 个月以上的恋人）之间的相爱程度及其父母干涉程度之间的关系。研究表明，在一定程度上父母的干涉程度越高，情侣间相爱就越深。并且在研究后的6—10个月的时间里，父母干涉程度和这些情侣们的情感变化呈显著正相关，父母的干涉明显改变了情侣之间的关系及其相爱水平。由此证实，在子女的恋爱中父母干涉越多，恋人们相爱得就越深。

研究者用挫折与抵抗的激励效应（motivating effect of frustration and reactance）解释了这种结果。人们都有克服障碍以实现主观愿望的倾向，每个人都有独立自主的需要，都希望自己能够决定自己的选择，而不愿受他人控制。如果他人将并非个体自己的意愿强加给个体时，个体就会感到自主性受到了威胁，从而会产生抗拒心理，排斥自己被迫选择的事物，同时也更加喜欢自己被迫失去的那种事物。因此，当我们失去选择或行为的自由时，该选择和行为就会显得弥足珍贵，“得不到的就是好的”。

这或许告诉父母们，即使子女被爱冲昏了头而爱上不合适的人，父母也必须小心谨慎，不要明确表示反对，或者直接数落对方的不好——这样通常只会适得其反，更容易将子女逼向悲剧。或许当父母们干脆什么都不做、不置可否时，情侣之间的问题反而会自己暴露出来，最终得到应有的解决。这说明，正是来自于父母的外来压力使得情侣们团结一致抵抗外力，从而忽略了自身之间的矛盾。

第二节　印象管理

当你遇上一位素未谋面的陌生人时，你会做什么？通常我们会对他的外表着装、言行举止、语言过程等进行观察。不管是有意还是无意，为了便于我们对周围信息进行管理，我们都将根据自己已有的知识和经验，努力将外界的陌生信息进行分类——这个陌生人也不例外，例如，他是男人还是女人？年轻人还是老年人？漂亮还是不漂亮？举止得当还是不得当？等等；甚至进而推断他的家庭背景、个人修养、经济收入、社会地位……人们对陌生人进行印象管理的速度是惊人的。例如，大约只需要十分之一秒的时间，我们就能够判断陌生人是否具有吸引力、是否值得信赖等，这十分之一秒的准确性事实上与一分钟思考后的判断的准确性是完全一样的（Willis & Todorov，2006）。而对于陌生人的开朗程度、道德水平或者智力高低的判断，也只需要花五秒钟时间观察他与异性的交谈就足够了（Carney et al，2007）。

我们之所以必须迅速地对所有这些信息进行分类，是为了便于决定我们接下来该采取何种反应。因此，在人际交往中的第一印象至关重要，在第一印象中提取的认知线索往往成为以后对该个体进行认知与评价的重要根据——我们通常只会在已有经验的基础上进行或多或少的修正，而不会完全否定自己已有的判断。例如，有研究者在正式安排大一新生见面后发现，他们在初次见面时形成的印象在九周后仍然在影响着彼此的情感（Sunnafrank & Ramirez，2004）。

这种由于第一印象而产生的顽固影响就是首因效应（primacy effect）。它在一定程度上是对他人的刻板印象。首因效应的作用之所以如此之大，是因为：1. 它能够把人们的注意力导向某类新信息；2. 它会影响到随后人们对选择性加工信息的解释。外界信息是复杂而杂乱无章的，我们必须根据已有的经验去创造秩序——选择性加工有逻辑性的信息。例如，有研究者（Darley & Gross，1983）对同一段内容录制了两套不同版本的录像，分别让两组被试观看。其中一组观看的是一个小女孩在贫穷的环境下玩耍，另一组被试看到的是同一个小女孩在富裕的环境下玩耍；然后两组被试都观看该女孩完成智力题时表现时好时坏的录像，并被要求判断这个小女孩的智力水平。结果那些认为小女孩来自贫穷家庭的被试注意到了小女孩所犯的错误，认为她的智力水平低于平均水平；而那些认为小女孩来自富裕家庭的被试则注意到了她的成功之处，认为她的智力水平高于平均水平。

第一印象不仅影响人们对随后获取的信息如何解释，并且还会影响人们选择注意哪些新的信息——注意那些证实自己判断的信息。由此带来的偏差即被称为验证性偏差（confirmation bias）。有研究表明，在新的亲密关系刚建立时，人们往往非常自信，然而随着关系的发展却会变得越来越盲目相信了，因为在此过程中人们会在潜意识里自动忽略掉证明自己先前判断错误的信息（Swann & Gill，1997）。这并不是说随着伴侣关系的深入，相互之间的了解不会加深，事实上随着熟悉程度的增加，人们初时形成的第一印象肯定会发生变化，只是即便如此，第一印象也仍然产生着一定的影响（Kammrath et al，2007）。

一、关系印象

鉴于对他人的印象受主观影响，人们对自己伴侣关系的觉知事实上很难完全客观。旁观者清的道理在此十分明显，如果让大学生、大学生的室友和父母判断该大学生的恋爱关系未来如何发展的话，父母和室友作出的判断都要比本人更准确（McDonald & Ross，1999）。

（一）自利性偏差

不仅如此，个体在对自己与伴侣间关系进行判断时还会出现自利性偏差（self-serving bias）。我们常常把亲密关系中的成功归功于自己，而将失败则归因于外部因素。并且我们常常能够看到别人身上的自利性偏差，却否定自己身上也同样存在这种偏差（Kruger & Gilovich，2004）。这可能是因为个体即便失败，也能意识到自己善良的意图，而对于他人则不然，我们往往只看到他人造成的失败结果，却完全忽略他们的意图。

由此可见，伴侣双方的归因模式能够决定对相互关系的满意度（Fincham et al，2000）。个体在解释自己行为时，由于对环境压力有切身体会，往往容易作出外部归因，为自己开脱责任；当解释他人行为时，却注意不到同样的环境会对他人产生影响，常常归因于他人的内部原因，如意图或者性格。这种偏差相当普遍，在很多时候成为了伴侣们争吵的原因。研究者们发现，幸福的情侣们在解释伴侣的行为时所采取的归因方式都是能够改善关系的。他们通常认为伴侣的积极行为都是内部的、稳定的、普遍的原因带来的，是刻意的、一贯的行为，并推知在其他情境下伴侣也会做出这样的积极行为；同时，他们也倾向于淡化伴侣的过错，认为这只是偶然的、特殊的因素带来的局部影响，即对消极行为进行外部的、不可控的归因。由此，他们最大化了伴侣的优点而缩小了其缺点，从而出现积极偏差，这更容易让个体对自己的亲密关系感到满意。另外，这种归因方式与依恋风格有关，一般安全型的个体倾向于采取宽容策略，表现出积极偏差，而不安全依恋的个体则倾向于用悲观的视角看待关系（Halford，2008）。高神经质的个体也倾向于作出消极悲观的归因，从而引起更多纠纷并降低解决问题的效率，结果导致更多的不愉快发生，带来恶性循环。

（二）记忆重构

在记忆关系事件时，个体往往也会表现出类似的特征。人们都自信地以为自己的记忆是对过去事件的客观表征，然而事实并非如此，研究者发现，即使是那些最为生动形象的记忆，人们也会对其进行“篡改”，会不断用新近获取的信息来对记忆进行修订和改写（Schacter，1996）。这种现象说的就是重构性记忆（reconstructive memory），它有利于人们适应环境。这表明伴侣间当前的感情状态会影响到对亲密往事的记忆。如果当前恩爱甜蜜，伴侣们会倾向于忘记过去的不愉快，在记忆里更强化愉快的那部分；但如果当前关系痛苦不堪，伴侣们则会低估曾经有过的情意和幸福（McFarland & Ross，1987）。由此可以看出，重构性记忆有好的一面也有坏的一面，它取决于个体是否保持乐观。而它带来的结果是，当个体将记忆往积极方面重构时，当前的关系也会得到进一步促进；而当个体往消极方面重构时，关系则会进一步恶化。显然，对过去的记忆还会反过来影响个体对当前双方关系进行何种解释（McGregor & Holmes，1999）。例如，一项研究仔细调查了伴侣双方对过去关系的记忆，根据这些记忆研究者准确地预测了三年后哪对夫妻会离婚（Buehlman，Gottman & Katz，1992）。

（三）关系信念

人们如何看待自己的亲密关系，还受固有图式的影响。图式（schema）是表征特定概念、事物或事件的认知结构，它影响着对相关信息的加工过程。对亲密关系的图式是个体持有的一系列相互关系信念。人们通常是带着固有的关系信念进入亲密关系的。例如，当我们还不懂爱情时，会坚持相信“爱情是完美无瑕的”，或者是“每个人只能有唯一的真爱”，然而这种浪漫的爱情图式往往会在随后的经历中被无情修改，毕竟现实中的关系很难满足如此高的标准。

在个体持有的这些关系信念中，有些是有益的，有些却是有害的。有研究者（Knee et al，2003）探讨了婚姻关系中的一些有害的信念，主要表现为如下六种：1. 如果彼此深深相爱，就不会发生任何争吵，争吵表明对方不够爱自己；2. 如果自己的想法和需要必须说出来对方才会明白的话，说明伴侣爱自己不够深；3. 江山易改，本性难移，伴侣一旦伤害过自己，就肯定还会伤害第二次；4. 如果爱情忠贞，那么每一次性生活都应当是完美的；5. 男人和女人在性格和需求上都不相同，相互很难理解；6. 美好姻缘是上天注定的，为不美满的关系进行努力也没用。上述观念也被称为宿命信念（destiny belief；Knee & Bush，2008），持有这种信念的个体看待亲密关系呆板僵化，由于相信真爱天注定，所以遇到问题并不会主动去解决，而只是一味逃避问题。

与此相反的，也有个体持成长信念（growth belief），他们认为幸福的关系是通过努力和付出而换回的奖赏。这种信念会假设：只要努力付出，基本上所有亲密关系都能取得成功。因此，一旦夫妻之间出现争执，这类个体会更乐观地相信任何伤害都会得到修复（Knee et al，2004）。

显然，成长信念更能够积极促进亲密关系。然而无论成长信念还是宿命信念，如果没有其他因素来教育或者促使个体进行领悟的话，它们往往是稳定而持久的（Franiuk et al，2002）。

（四）自我实现预言

由于个体早就持有特定的关系信念，因此往往对伴侣抱有特定的期望，而这些期望却会由于个体的态度而最终成为现实。这种效应被称为自我实现预言（self-fulfilling prophecies），它主要是指人们由于主观期望，而会对他人的行为产生诱导，从而导致期望最终成为现实的过程。在这一过程中，个体首先会对目标他人产生特定期望，接下来便会采取与自己期望一致的行动，并由此向对方传达了微妙的看法；而对方亦能接收到这些信息并进行解释，最终由此决定了自己应当采取怎样的行为。例如，个体会对热情报以兴趣，对敌意予以还击，对轻浮回以诱惑，等等（Ridge & Reber，2002）。由此，由于长期对他人持有特定的期望，往往会制造出截然不同的环境。例如，总是害怕被他人拒绝的人，其行为方式往往更容易遭到他人拒绝（Downey et al，2004）。他们时常反应过度、过分紧张，比一般人表现出更多的敌意和戒备，由此带来的结果便是更令人讨厌的行为，以及他们永远难以满足的亲密关系需求。

二、伴侣印象

我们不仅会对亲密关系持有特定的信念，对我们的伴侣也如此。通常在刚进入一段关系时，由于首因效应的影响以及自己对理想伴侣品质的期待，我们常常会对伴侣持有积极错觉（positive illusion），即将我们的伴侣理想化，使之更接近自己理想伴侣的样子。我们往往会放大他们的优点，而缩小他们的缺点，似乎在我们眼里，这些缺点不太重要。例如，幸福的情侣往往认为自己伴侣的优点非常特别，比他们的缺点更为罕见独特，并认为伴侣的缺点只是普通人都会有的陋习而已（Goodfriend，2004）。

然而，时间带来的还有事实与真相。积极错觉与现实不符合的程度越高，在往后的日子里个体感到失望沮丧就越多。如果在关系之初，对伴侣的品质虚构太过分，那么不满情绪就会日益增加（Watson & Humrichouse，2006）。相反，如果一开始就对伴侣的各方面情况有大致了解，但却能以宽容大度的方式来进行解释的话，这种积极错觉则会促进关系的发展。并且，这样的积极错觉会提高伴侣的自尊，使其相信自己的优秀品质，并最终产生期待效应，伴侣最终也会表现出更突出的品质来（Miller et al，2006）。

不过，时过境迁以后，我们究竟对伴侣了解多少呢？多项研究表明，我们对伴侣的误解远远超过我们所认识到的程度。例如，我们常常会认为伴侣会赞同自己的意见，但事实上并没有那么频繁（Kenny & Acitelli，2001）；我们也会过高估计伴侣与自己人格的相似程度（Murray et al，2000）。然而这种对相似和理解的知觉是能够促进关系满意度的。从某种程度上说，我们将伴侣描绘成了另一种人。

通常，有以下几种因素会影响到我们对伴侣的认知，包括时间、动机、伴侣的易理解性、个体的知觉能力、特定知觉事件、期待效应等。1. 随着相处时间的增加，我们会加深对伴侣的了解，已婚夫妻确实比恋爱中的情侣或者一般朋友更加了解彼此（Watson et al，2000）。2. 个体想要了解对方某方面特征的动机越强，对对方的了解则更为准确，例如，女性对自己亲密关系的思考要比男性多得多，男性们则不会那么努力地去理解与他人的关系，因此女性对他人的判断要优于男性（Hall & Mast，2008），尤其是在排卵期，她们的机敏程度要显著高于其他时间，能够更快更准地判断出男性的力量与强势（Macrae et al，2002）。3. 个体的某些特质更容易被观察到，如善于交际、性格外向等，对这类个体特质进行理解相对更容易一些，而另一些特质如神经质，还有那些内向的个体的态度，都更难被察觉。4. 情绪智力高的个体往往更擅长评价和判断他人，它是人们觉知、利用、理解和管理情绪的能力；女性的情绪智力通常高于男性，因此她们更善于了解他人（Brackett et al，2005）；而那些情绪智力更高的男性，其婚姻关系也更为美满（Schweinle & Ickes，2002）。5. 如果伴侣的某些情感和行为会令人感到焦虑不安的话，个体则会有意无意地放弃对这类信息的觉知，以免对亲密关系产生怀疑，例如，恋爱关系越是亲密，个体对伴侣对迷人异性照片的反应就越是愚钝（Simpson et al，1995）；那些焦虑型依恋的个体，恰恰是因为直接准确地感受到了伴侣的一些“危险”行为而感到焦虑的，而冷漠型个体则会转移自己的注意，对之视而不见（Edelstein & Gillath，2008）。6. 我们对伴侣的觉知也并非总是消极的，通常个体的主观期望会鼓励伴侣做出某些行为，最终把他们塑造成自己预期的样子，从而使得最初不准确的认知变得越来越准确。

三、自我印象

在亲密关系中，人们也会对自己进行评价，形成自我概念。自我概念即个体对自己所形成的全部信念和情感。我们通常会从他人那里寻求能够提升自我概念的反馈，并喜欢与那些能给予我们积极反馈的人保持关系；人们也会寻求与自我概念相一致的反馈，这能使他们建立更加稳定、牢固的自我概念，这是维持生活秩序的根本（Swann et al，2008）。这体现了个体自我提升（self-enhancement）和自我证实（self-verification）的动机。例如，在爱情关系一开始人们都有很强的自我提升动机，都喜欢寻找喜欢和接纳自己的伴侣，就连有负面自我概念的个体也会寻求能够给予积极反馈的伴侣；然而在相互依赖增强、投入更多以后，自我证实动机则占主导地位，人们需要伴侣支持他们的自我概念——正面自我概念的个体会对正面的反馈感到舒适，负面自我概念的个体则能与贬低自己的伴侣和睦相处（Swann，1996）。

正因为他人对我们的评价如此重要，所以我们经常会试图刻意塑造自己在一些人眼中的形象。无论是有意的还是无意的，我们总是在进行印象管理（impression management）。例如，女性在与心仪的异性共餐时，比与自己的闺蜜在一起时吃得要少（Robillard & Jarry，2007）；女性会在个人信息中谎报自己的体重，男性则会谎报身高（Hitsch & Ariely，2007）；等等。人们通常会采用四种印象管理策略，分别是讨好策略（ingratiation）、自我推销策略（self-promotion）、恐吓策略（intimidation）、恳求策略（supplication）。当我们想要他人接纳和喜欢我们时会采取讨好策略，我们通常会主动帮忙、热情夸奖、尽量表现得可爱大方等，总之表现得讨人喜欢。这是情侣们最常采用的策略（Nezlek et al，2007）。当我们希望自己的能力得到他人认可和尊重时会采取自我推销策略，我们会向他人描述自己的成就，或者展示自己的技能等。通常男性会比女性更多地采取这种策略，因为女性若自我表现得过于强烈，会被认为“不够淑女”（Rudman，1998）。以上两种策略都会为个体塑造积极的形象，然而当这两种策略不起作用时，个体还会采取后两种策略。个体有时可能会通过把自己表现得凶恶无情来迫使别人顺从，有时也会刻意表现出无能和虚弱以逃避责任或讨得支持，这两种策略都是不讨人喜欢的，甚至令人反感。

另外，我们进行印象管理的动机也是具有个体差异的，这也会影响到我们的人际关系。例如，自我监控能力低的个体不太在乎社会规则并缺乏变通，始终保持稳定不变的形象，即使与环境格格不入；相反，自我监控能力高的个体更擅长根据不同情境调整自己的行为，对自己的印象管理更为灵活丰富，他们常常有着更多的朋友、更多的不同的交际圈子，但往往和这些朋友的共同点不多，并且更擅长避免引起争议的话题（Leone & Hawkins，2006）。然而高自我监控并不总意味着优势，他们往往在每个朋友身上投入的时间和精力更少，并且与朋友的共同点更少，因此，也许一开始他们具有社交优势，但在关系稳固后却可能出现问题。

那么，我们是如何管理我们在伴侣眼中的形象的呢？随着了解的深入，我们在恋人面前对自我形象花心思的程度通常不如在陌生人面前那么高，刚谈恋爱时的端庄得体、彬彬有礼，变成了不洗澡、不刷牙、穿着睡衣窝在沙发里……为什么呢？这可能是因为伴侣已经喜欢上我们，我们没有了努力的动机；也可能是伴侣已经了解我们，我们无需掩饰；也或许我们只是麻木变懒了。我们在伴侣面前比在外人面前更不修边幅（Miller，1997）。

尽管如此，我们还是十分在乎自己的亲密关系在他人眼中的印象的。当伴侣关系还未确定时，伴侣们通常会刻意隐瞒恋情，以避免受到他人的反对和批评（Baxter & Widenmann，1993）。一旦关系确定并打算公开以后，伴侣双方都会积极地想得到别人的认可，通常情侣们都会在人前表现得浓情蜜意、无比恩爱，力图塑造一种特殊的情侣形象；而一旦只剩下二人时，各种矛盾便会暴露出来，肆意进行各种争执与吵闹。

第三节　沟通

一、非语言沟通

非语言行为通常可以为我们提供信息，并能调控交往。它能表现人们的情绪状态以及语言的真实意图，并且它所表现出来的感兴趣程度直接决定了沟通是否继续进行下去。另外，非语言信息还能给予我们亲密关系、权力地位等信息，帮助我们界定人与人之间的关系。非语言行为一般包括面部表情、注视行为、肢体动作、身体接触、人际距离、说话时的腔调节奏等。所有的这些信息并不是相互独立的，人们往往将各部分非语言信息结合起来，综合判断他人的心理活动。

然而，人们对非语言的敏感性是具有个体差异的。并且这种敏感性能够预测婚姻关系的幸福程度（Carton et al，1999）。一般来说，女性比男性更擅长识别微妙的非语言线索，并据此来分辨真实情况。因此，有研究结论认为，如果夫妻双方因为沟通不良而对婚姻不太满意的话，那么通常问题都出在丈夫身上（Noller，2006）。信息在传递过程中需要发出者进行编码，然后再由接收者解码，如此才能完成沟通。例如，有一项研究请夫妻双方进行非语言信息的沟通，由一方编码，另一方来解码；在此过程中研究者用摄像机录下编码者的行为动作，并且事后让陌生人观看录像。如果陌生人能够正确解读这些信息，那么其编码是成功的，如果此时另一方配偶解码错误，则说明其解码能力存在问题；如果陌生人不能解读这些信息，则说明编码者的编码能力有缺陷。研究结果发现，与幸福婚姻里的丈夫相比，不幸福婚姻里的丈夫传递了更多混淆的信息，也出现了许多解码错误。然而这两类婚姻里的妻子之间却没有这种差异（Noller，1980）。更令人头痛的是，那些存在非语言表达缺陷的丈夫们对此一无所知，并认为他们夫妻之间是相互了解的（Noller & Venardos，1986）。而这种对非语言信息的不敏感性还会带来更深入的破坏性，正是由于婚姻关系中一方的不敏感性，使得另一方很不满意，由此不满意的一方则会倾向于进行消极的沟通，最终导致低的婚姻关系满意度带来更吃力的相互沟通。例如，诺勒（Noller，1981）的另一项研究发现，不幸福婚姻中的夫妻双方都能很好地理解陌生人的非语言行为，却不能很好地理解彼此。然而这个问题并非不可解决的，如果个体能够更仔细耐心地倾听、思索的话，通常都能够在非语言沟通上得到改善；反之如果个体不太那么关注的话，误解就很有可能发生（Noller，2006）。所以，解决问题的关键在于用心关注。

非语言的行为信息也具有性别差异（Snodgrass，1992），尤其是在异性交往过程中。例如，在女性的非语言行为中，她们通常微笑更多，注视时视觉支配性比率（VDR）较低，姿势更为封闭、对称，身体接触较少，人际距离较近，说话时的语音特征更为顺从，并且对非语言线索的敏感性较强。与此相反，男性在与异性交往的行为模式中，他们微笑较少，注视时视觉支配性比率较高，姿势较为开放而不对称，身体接触较多，人际距离较远，说话时的语音特征更为果断，对非语言线索的敏感性较差。不过，在同性交往过程中，个体往往不会表现出以上所有这些行为模式。并且，相同的行为模式还会出现在存在社会地位差异的交往中，一般地位较低的个体会表现得如女性一般缺乏命令和权威，而身居高位的个体则会自信而强硬——即便上司是女性，下属为男性也会如此。

二、语言沟通

在现实生活中，我们更加显而易见的主要沟通方式是语言的沟通。语言沟通从一开始就与亲密关系密不可分。我们通常在衡量亲密关系程度时，会用到一个指标，那就是自我表露。自我表露（self-disclosure）是向他人透露个人信息的过程。罗杰斯认为，展示个人信息的行为有着重要的心理学意义（Farber，Brink & Raskin，1996）。自我表露是人格健康的一种特征，它能够增强自我觉察的能力，在与他人分享体验时可以建立亲密关系，达成合作等。自我表露通常是由浅至深的，通过表露个体也在确定对方会不会伤害自己；在长期的亲密的关系中，个体才会表露内在的自我，如害怕、爱等深层的秘密；此外，当对方有对等的表露和回应时才能继续自我表露，以平等对待的方式呈现自我表露，才能更好地保护自己。通常女性会进行更多的自我表露，而男性一般较少表露。对于创伤经历如耻辱、违法、性虐待等是难以启齿的，人们往往较难向他人表露这样的信息。而内心秘密的长期积累会促使其他与压力相关问题的产生。

亲密关系中的自我表露是能够促进对关系的满意度的。恋人自我表露越多就越感到幸福。他们常常有着只有相互之间才能明白含义的惯用语（idioms），这样的惯用语越多亲密关系就越美满（Bruess & Pearson，1993）。他们之间的交流是与众不同的，即便是陌生人也能直观地判断出他们的关系。自我表露之所以能够促进亲密关系是因为，首先我们只对自己喜爱的人进行自我表露；其次，他人对我们进行自我表露也恰恰是因为喜欢我们，这种奖赏会使得个体更喜欢那些愿意向我们表露的人（Sprecher & Hendrick，2004）。由此可见，进行表露和得到表露都让人感到愉快，那么自我表露必然是亲密关系中不可缺少的基础。

尽管如此，亲密关系中的自我表露也不是越多越好的。没有任何人际关系能够做到完全的开放和表露，即便是最恩爱的情侣也希望并且会保留一些属于自己的隐私。如果人们认为事实真相的透露会伤害到自己或者他人的话，他们通常会努力隐瞒事实（Afifi et al，2005），而这种选择性保留在一定程度上是有助于美满婚姻关系的（Finkenauer & Hazam，2000）。另外，在一些伴侣中还存在一些敏感的禁忌话题（taboo topic），通常双方都会有意避开，因为这会威胁到他们亲密关系的质量。通常亲密关系中的禁忌话题越多，伴侣间的满意程度越低（Caughlin & Afifi，2004）。禁忌话题在所有伴侣中都会或多或少地存在，例如一项研究表明，约68%的人会避免谈论与伴侣之间关系的未来发展方向，约25%的人会避免谈曾经有过的亲密关系，等等（Baxter & Wilmot，1985）。然而人们仍然会隐蔽地测试伴侣的忠诚程度和投入程度。例如，三角测试：观察伴侣对有魅力的异性的反应；耐力测试：制造困难让伴侣克服，以验证忠诚；分离测试：找借口与伴侣暂时分开，以观察其迎接自己归来时的反应；等等。

由此看来，在婚姻关系中取得自我表露和尊重隐私两者之间的平衡，才是维系亲密关系的最佳方式（Baxter，2004）。

同样，语言沟通的能力水平也是具有性别差异的。尽管总体来说，两性还是共同性多于差异性的，但确实仍然存在像《男人来自金星，女人来自火星》中所刻画的那种典型的工具性与表达性的沟通差异。例如，男性更看重语言的工具性效能，习惯通过语言给出指示和命令，女性则看重语言表达性的效能，常常用之表达关爱和情感；在谈话内容上，女性主要谈论情感、人物话题，而男性则主要讨论物品和活动（如汽车、运动）话题（Clark，1998）；在谈话风格上，女性较为间接而具有试探性、更多不确定性、更多为交谈，男性则更为直接有力、权威自信、有更多独白式讲演（Mulac，2006）。另外，女性也比男性有着更多的自我表露，只有女人参与的人际活动通常会比只有男性参与的交往更加亲密（Reis，1998）。然而在亲密关系的世界里，表达性是优于工具性的。这对于传统大男子主义的男性较为不利，由于缺乏表达，他们即使与最亲密的朋友也只能维持表层而肤浅的沟通，通常拒同性朋友于千里之外，并且往往依赖于从亲密女性那里获得温情和亲密才能避免孤独（Wheeler et al，1983）。

三、沟通障碍及其应对策略

至此我们都知道有效沟通与伴侣之间的幸福和满意度是息息相关的，这说明势必存在一些沟通不良的情况，主要有如下几种：1. 偏离主题，交流时往往不能精确表述重点，并常常由一件事情的引发而责难对方数件事情；2. 打断对方，不幸福的伴侣通常没有耐心倾听对方说话，主观臆测对方的意图并用消极的方式进行解读；3. 批评抱怨，不幸福的伴侣常常无视对方关注的焦点，总是从伴侣所说的事情上寻找缺点进行抱怨，有时直接用抱怨岔开话题，或者不集中讨论特定的消极事件，反而归因为对方的性格缺陷，加以指责；4. 轻蔑与对抗，在表达消极情感时，伴侣们常常会侮辱、嘲笑或者攻击对方的缺点，由此会激发另一方的激烈对抗，或者是愤怒的沉默，最终出现彻底的相互拒绝。有研究者观看了婚姻冲突录像的开头三分钟，即能以83%的准确率预测哪对夫妻在六年后会离婚（Carrere & Gottman，1999）。不过好在这些沟通障碍都可以通过努力而得到改善。

首先，就事论事、精确表述策略。在争吵时伴侣们习惯于“翻旧账”，并且把当下的问题看成是对方一贯的、固有的毛病，这样不激怒对方都难。因此，在发生争吵时，我们应当尽可能详细、明白地指出令人不愉快的具体行为（behavior description），把重点放在可处理的行为上比放在人格上更容易改善情况并使问题得到解决。尽量不用“你总是……”来进行表述。另外，在表述问题的时候，尽量用第一人称来说明自己的感受，这不仅有助于我们认清当下自己的状态，也有助于伴侣理解你当时的感受。例如，与“你总是到处乱扔脏衣服”相比，或许用“你刚才将脏衣服扔到沙发上，我很生气”会更有助于沟通。

其次，积极倾听、澄清事实策略。在沟通过程中我们需要完成两件事情，一是准确理解对方的意思，二是准确传达关注和理解。对此我们可以采用复述策略（paraphrasing），即在听完对方的表述之后，用自己的语言重复对方的意思，让对方判断是否是他要表达的意思，如此可以有效避免误解，并有助于对方反思自己的行为。除了澄清对方的意思，我们也可以检验自己的推断是否正确，对自己进行知觉检验（perception checking），例如：“你是不是对让你做家务感到不满?”

再者，保持冷静策略。在充满敌意、大发脾气的氛围中，事实上任何沟通即使准确也是改善不了情况的。面对嘲笑、蔑视、敌意，人们很难不予以反抗。因此，在被伴侣激怒的一开始便保持冷静就显得十分重要，最好是双方事先约定在愤怒冲突时都保持镇定有礼，可以暂停一下，以中断恶性循环；或者独自一人，多做几个深呼吸，等双方不再那么激动时再来进行讨论。定期地与伴侣进行谈话，在冷静时刻礼貌表达对对方的不满，或许是个好办法——至少我们知道冲突的问题是有机会解决的，这本身就会带来轻松和降低愤怒（Markman et al，1994）。

最后，尊重和认可（validation）策略。不管沟通过程如何，我们始终最在乎的是伴侣是否给予了足够的关心和尊重。因此，在沟通过程中我们应当对伴侣表达足够的认可，即尊重他们的立场，并承认他们观点的合理性。不过认可并不是一定要与对方的观点保持一致，我们也可以保留自己的观点，对之“持保留态度”。这种“求同存异”的相互尊重一直是人际交往的重要目标。

第四节　友谊

人们常常会“日久生情”，这让我们有一种错觉，似乎友谊和爱情只是亲密程度不同的两种关系而已。确实，友谊具备了爱情的一些成分，但却不是爱情的全部，并且友谊与爱情的构成成分及其比重也是有差异的，到此为止，我们已经对爱情是什么有了深入的理解，那么友谊是什么呢?

友谊是一种自发的人际关系，通常表现为亲密和互助，双方彼此欣赏，并喜欢对方的陪伴（Fehr，1996），具有接纳、支持、愉悦、关爱、了解和信任的属性，此外它还包括平等、真实和尊重等特征（Davis & Todd，1985）。友谊没有爱情那种充满激情的迷恋，也没有性的渴望，但它具备除此之外爱情的所有其他成分。例如，尊重，我们最亲密的朋友往往是我们尊敬的人；应答性，朋友之间会相互关注和支持、自我表露以及相互依赖；互利，我们常常与朋友分享好消息，而朋友的祝福会比一般人的祝福更为热心真挚，这样的反应又促进彼此更加亲近；社会比较，我们常常会将自己的观念和能力与朋友的进行比较，由此能更好地理解自己；社会支持，当我们需要援助时，朋友更有可能伸出援助之手，包括感情支持、建议支持和物质支持；等等。

友谊通常也具有特定的人际规则，尽管大多数规则只有50%的个体会遵守，但这些规则仍然重要，我们越是遵守，与朋友的关系就越是亲近满意（Kline & Stafford，2004）。友谊的人际规则具有文化共通性（Argyle & Henderson，1984），研究者调查了来自英国、意大利、中国香港和日本的成人，并由此总结出了一些普遍的友谊规则：1. 危难时主动提供帮助；2. 尊重朋友的个人隐私；3. 始终保持信任；4. 可以相互倾诉；5. 当朋友不在场时可以代表他/她；6. 不在他人面前相互攻击；7. 给予情感支持；8. 交谈时注视对方的眼睛；9. 努力使对方开心；10. 不嫉妒和批评彼此的关系；11. 对彼此的朋友保持宽容；12. 与对方分享成功的喜悦；13. 可以寻求私人事情的建议；14. 不能唠叨；15. 相互开玩笑、娱乐；16. 欠债必还，知恩图报；17. 向朋友表露隐私的情感。

两性个体的同性友谊是具有显著性别差异的，主要表现在以下方面（Fehr，1996）：女性朋友之间通过电话交谈的时间比男性更多；两性谈论的话题不同，女性更可能谈论人际关系和私人问题，男性更可能谈论客观事件，如球赛等；女性的自我表露多于男性；女性给予朋友的情感支持多于男性；女性在友谊中表达了更多的爱意和温情。总之，女性之间的友谊比男性之间的更为亲密，她们在爱情之外仍会向朋友寻求理解和支持，而男性则不然，如果他们与伴侣分手，大多数男性根本不知道可以向谁寻求安慰（Rubin，1986）。这并不是由于他们的表达能力造成的，而是他们不愿意这么做。

友谊也具有个体差异。首先，自我监控能力高的个体往往具有广泛的社交网络，但与朋友之间的共同点较少；低自我监控的个体其朋友数量较少，但彼此共同点更多，通常关系也更为亲密（Snyder & Simpson，1987）。其次，亲密需求高的个体注重人际关系的深度和质量，具有更高程度的自我表露和忠诚。另外，集体主义信念的个体由于认为自己与他人是相互依赖的，人际关系是其自我概念的核心，因此他们十分注重建立和维持与重要他人的亲密人际关系；个体主义观念的个体则相反。

一、友谊与爱情的差异

美国研究者鲁宾（1970）曾经制定了爱情量表和喜欢量表来鉴定爱情和喜欢的区别。在鲁宾看来，具有亲和和依赖的需求、欲帮助对方的需求、排他性和独占性的才是爱情。而友情仅仅在对方特别需要时愿意向对方伸出援助之手，并且包括自我袒露、彼此了解和信任。在斯腾伯格看来（1988），喜欢只有亲密成分存在，缺乏激情和承诺，感觉与喜欢的人在一起很舒服，这是朋友之间友谊的典型特征，说明喜欢或友谊并不等同于爱情。不仅如此，哈特菲尔德等人（Hatfield & Sprecher，1986）还在鲁宾的爱情量表和喜欢量表的基础上，编制了更为详细的反映爱情与友谊差异的量表。

友谊通常发生在同性之间，而爱情则相反。友谊与爱情的差异主要表现在了友谊承担的责任更少、情感强度更弱、一般不存在性关系、排他性更低，等等。而爱情也往往有着比友谊更严格的行为标准，即便是异性之间的友谊，也通常不如爱情那么忘我投入——如果是，那么就应当重新考虑这份友谊是否仅仅是友谊了（Connolly et al，1999）。有研究者总结了友谊与爱情的五点差异：第一，支柱不同。友情的支柱是“理解”，爱情则是“感情”。第二，地位不同。友情双方的地位是“平等的”，相互是独立的；爱情却要“一体化”，相互之间深深依赖。第三，体系不同。友情是“开放的”，广为接纳的，可在多人之间形成深厚的友谊；爱情则是“关闭的”，具有排他性的，不容第三者的存在。第四，基础不同。友情的基础是“信赖”，相互之间给予温暖的安全感；爱情则是纠缠着的“不安”，由于吸引力的存在而充斥着一系列的强迫性思考和冲动行为。第五，心境不同。友情充满“充足感”，以舒适的依恋为基础；爱情则充满“欠缺感”，以多巴胺奖赏系统的耐受性为特征。

二、异性友谊

异性之间成为知己密友无疑是普遍存在的，但异性之间的友谊却始终与同性之间的友谊存在区别。那么是否存在纯洁的异性友谊呢？这取决于我们对“纯洁”的定义了。如果它仅仅指行为上而非意图上的“非分之想”，那么异性之间的友谊就可能是纯洁的；如果连意图上的“歪念”也算是不纯洁的话，那么在绝大多数情况下都不存在纯洁的异性友谊。

通常，异性友谊在群体交往中更为常见，例如在大学时光里，大多数人都有过异性友谊（Sapadin，1988）。他们起初的目的和接近同性朋友的目的是一样的，即都需要有人陪伴、交谈和分享欢乐（Bleske-Rechek & Buss，2001），同样都遵循共同性原则，即相像的才能成为朋友，如较高表达性的男性和较高工具性的女性都更容易建立亲密的异性友谊（Lenton & Webber，2006）。然而在交往进行到一定程度以后，性吸引就会像一个不速之客突然闯进异性友谊之中，这时双方会面临一种选择：是继续保持“纯洁”的友谊呢，还是进一步发展为爱情？这种态度上的转变往往是一开始所不能预见的（K. Werking，1997）。通常男性比女性会更赞成发生性关系，他们往往也会误解女性对此同样感兴趣（Buss，2003）。然而，性吸引有时又是人们喜欢异性友谊的重要原因。看过有部叫做《朋友也上床》（*Friends with Benefits*）的电影吗？里边的男女主角是关系很亲密的异性朋友，但他们的主要共同“兴趣”都表现在了性关系上，他们是“发生性关系的朋友”。有研究也表明，约有一半的年轻人报告他们曾与并非恋人的异性朋友有过性关系（Afifi & Faulkner，2000）。然而大多数情况下，人们不会把异性友谊转变为爱情，而会尽量保持在精神关系上（Reeder，2000），这通常是因为存在以下几方面的原因：如果做不好恋人则有可能失去这段友谊，人们不愿冒风险失去有价值的友谊；相互之间根本没有性冲动（性魅力不足）；没有强烈的成为恋人的动机（或许各方面或者部分条件达不到成为恋人的更高标准）；存在第三方的反对（如现有恋人）；等等。

这一点受到一项最新研究的证实。布莱斯克－莱切克的研究发现（Bleske-Rechek & Somers et al，2012），男性更容易被自己的异性朋友所吸引，也更容易过高估计自己在异性朋友眼中的魅力。并且保持友谊时间的长短并不会影响两人对彼此的吸引力。对于男性而言，无论自己或者异性好友是否处于恋爱关系，异性好友在自己眼中的吸引力都所差无几，自己想和对方进一步发展的程度也几乎没有改变。然而对于女性来说，当她们处于恋爱中时，其异性好友魅力在她们看来并不高，也不会想与对方进一步发展；但是当她们是单身时，对异性好友的好感度会立刻上升，更容易期望和对方进一步发展。

如此看来，异性友谊比同性友谊要复杂得多，这也就难怪异性友谊保持起来十分困难了。有研究发现，一旦大学校园里的异性密友们离开校园，大多数通常都不能再维持亲密的友谊关系（Wright，1989）。而在婚姻关系中配偶之外的异性友谊则更难处理，夫妻间任何一方与潜在情敌之间的亲密关系都会对另一方构成威胁（Werking，1997）。

三、婚姻对友谊的影响

显而易见，异性之间是很难始终保持纯洁的友谊的——或是行为上的，或是意图上的。因此，一旦确立了婚姻关系，友谊与爱情的关系就非常明确，人们与爱人见面的频率越来越高，而朋友会面却越来越少（Fehr，1999）。婚姻使得友谊逐渐消退，而异性之间的友谊尤其如此。通常伴侣会视个体的异性朋友为潜在的情敌，所以婚姻中的个体很少再与异性朋友频繁来往（Werking，1997）。然而这并不意味着婚后社交网络变窄，因为个体会更频繁地见到他们的姻亲——不管是否喜欢。另外，婚后夫妻双方一般会发展共同的朋友——这样有助于维系夫妻之间良好的关系，否则会面临更多问题（Amato et al，2007）。

因此，如果你想与某位已婚异性维持友谊的话，与他们的伴侣成为朋友通常是很好的办法，不过通常不容易成功——人类进化而来的敏感性不允许你有任何“可乘之机”；同时，有着满意婚姻关系的个体不会那么迫切地想与异性保持亲密的友谊关系。因此，最明智的选择还是保持礼貌的距离吧。

第五节 性

发生性行为并不意味着存在爱情，但如果是爱情，它就理应包含性行为。性行为不仅是区别爱情与友谊的特征之一，从进化论角度来看，它也是爱情最终指向的目标。人们普遍认为爱情与性欲是共生的——我们既希望自己能够对伴侣产生强烈的吸引力，也希望能够激起他们的性欲望（Regan，2004）。因此，如果伴侣对自己的性欲望减少了，通常会被个体感受为对自己的爱情衰退了。

一、性态度

人们对待性行为的态度都会受到生物学因素、个人经历以及文化背景的影响。人们对人生的哪个阶段可以开始性行为，关系进展到何种程度可以发生性行为，与谁发生性行为，等等，都有着自己的态度。

社会和文化对我们的性态度产生着重要影响。就在短短的几十年之前，我们的父辈们对待性行为都是更为慎重的，他们之中的大多数人都不会像现今这样赞成婚前性行为，并且在几千年来的文化中，人类普遍是赞同女性在婚前守身如玉的。如今，整个社会对婚前性行为的态度发生了转变，婚前同居被认为是寻常之事，并且人们觉得这样有助于了解彼此是否真的适合生活在一起。这种性开放的态度是否会又转变回性保守呢？没有定论。但科学研究结果发现了社会性态度的转变至少是与社会的性别比率存在关系的，如果性别比率高，社会中男多女少，整个社会倾向于倡导保守的性态度；而当性别比率低时，社会中女多男少，社会鼓励妇女独立自主，对待性行为的态度也更为开放（Kreider & Simmons，2003）。根据中华人民共和国国家统计局2010年第六次全国人口普查主要数据公报的结果显示，我国男性人口占总人口的51.27%；女性人口占总人口的48.73%。总人口性别比率（以女性为100，男性对女性的比例）由2000年第五次全国人口普查的106.74下降为105.20。由此数据来看，我国的性别比率略微偏高，然而近十年来却出现了降低的趋势。尽管如此，我国较为均衡的性别比率是不能完全解释现今的性开放程度的。这另一方面还可能是文化传播所造成的。在当今西方文化全球化的趋势下，其性态度也会对我们产生潜移默化的影响，再加上社会中女性越来越独立自主，不再像过去那样依附于男性才能求得生存，成为未婚妈妈也不再那么为社会难容了，因此，我们的社会文化对待性行为也越来越开放了。这种开放不仅体现在婚前性行为上，甚至对于婚后的出轨行为也更为包容，尽管人们不提倡，但也默认了“小三”和“私生子”的存在。

人们的性态度也会受到生物学因素的影响。人们普遍对于男性较为随意的性行为更为宽容，对女性的评价则更为苛刻（Smith et al，2008）。对于男性，通常会用较为调侃但积极的词汇来表现这种接受性，例如“风流”、“多情”等；对待女性则不然，如果某位女性的性生活太过杂乱，性对象较多的话，人们普遍会将其评价为“水性杨花”、“淫荡”甚至“下贱”。更有趣的是两性对待彼此不忠行为的态度也与此一致，女性会更容易原谅性伴侣的越轨行为，并且对于伴侣之前的性伙伴的多少也更不计较；男性尽管喜欢性态度较开放的女性，却普遍要求自己的妻子越贞洁越好（Oliver & Sedikides，1992）。这种差异是与进化机制相一致的。根据进化论，由于整个妊娠行为由女性进行，并且具有隐蔽性，因此两性中女性对于自己后代的遗传性更为确定；而男性由于父权不确定性，在两性关系中又必须对后代长期投入资源，因此他们更在乎女性的忠贞行为。女性则不然，在繁衍过程中她们更在乎男性对自己资源投入的多少，这虽然一方面仍需要男性忠贞不出轨才能保证长期投入，但另一方面却也与男性自身能获取的资源的多少有关。因此，一些女性会不介意与其他女性共享一位资源丰富的男性。这在古代社会可以天经地义地发生，因为社会接纳一夫多妻制度；而在现今一夫一妻制度下又会如何呢？事实表明生物性是很难被道德所消除的，在当今社会中，占有资源较多的男性更有可能发生外遇，最终的结果无非是离婚再婚，或者包养情人，这样的事例在现实生活中数不胜数。而根据一些进化心理学家的观点（米勒，金泽哲，2010），这样的行为其本质上也是变相的一夫多妻制。另外，不管是否为道德所容，从历史上看，各个社会都是通过一夫一妻、一夫多妻（或变相的一夫多妻）制度来维持繁衍行为的发展的。所以，偏激的俗语说“男人有钱就变坏”还真是有根有据的。

另外，人们的性态度也是具有个体差异的，主要体现在性别差异上。男性对待性行为的价值观念和态度体验是比女性更为开放的（Hendrick et al，2006）。男女之间对待性行为最大的差异在于与性对象的心理亲密程度。男性比女性更可能坦然地享受彼此之间没有亲密感的性行为，而女性则坚持性生活是心理亲密的一部分（Baily et al，2000）。此外，在对待婚外性行为上两性之间也有些许差异，通常男性对待婚外性行为的态度比女性更为宽容（Oliver & Hyde，1993）。

需要强调的是，以上的论述并非是为男性的随意性行为找借口进行开脱，也并非说男性更为开放的性态度就是合理的。正如进化过程一样，只有适应环境的行为才能延续下来，如果这样的行为在历史进程中不再适应，那么就会被社会所淘汰。究竟合不合理呢？实践是检验真理的唯一标准。

二、性欲望

通常男性体内的睾酮水平要高于女性（详见第七章）。与此相一致，平均来说男性比女性有着更高的性驱力（sex drive）。他们通常能够体验到比女性更强烈、更频繁的性欲望，并且有着更强烈的动机。例如，有研究调查了两性的性体验，结果发现年轻男性平均每周会体验到 37 次的性欲望，而年轻女性只有 9 次；不仅如此，男性会比女性有着更频繁的性幻想，平均每周高达 60 次，而女性心中想到的次数则仅为每周 4 次（Regan & Atkins，2006）。当然，这其中不排除社会赞许性的影响，女性通常更羞于表现自己的性欲望。然而男性确如通常所认为的那样，是“视觉性”动物，他们是情色影片的主要观众，也是情色杂志的主要消费者，并且更经常手淫。有研究发现，有着固定性伴侣的男性约 50% 都仍然会每周手淫 1 次以上，而置身于亲密关系中的女性却只有 16% 会如此（Klusmann，2002）。理所当然，在性行为次数一样的情况下，男性比女性更有可能感到不满足（Sprecher，2002）。并且这种差异随着时间的推移会更为明显，女性一般到五十岁左右就绝经，随后多数女性的性欲会下降。德国一项对 60 岁老年夫妇的研究表明，没有任何一个妻子能够满足丈夫想要的性行为的次数（Birnbaum et al，2007）。综上所述，或许这种性欲望的差异也是为何男性比女性更容易接受随便的性行为的原因之一。

在一段浪漫关系开始之时，据说多数情况下男性会比女性更早说“我爱你”，因为他们更希望尽早发生性行为。确实如此，有研究表明男性希望发生性行为的时间通常会早于女性（Sprecher，1995），并且他们往往倾向于高估与女性之间的关系，例如一项研究中，53%的女性报告至少有一名男性曾经“高估了她们想要的性亲密度”，有45%的男性表示至少有一名女性曾经“低估了他们想要的亲密度”（Paton & Mannison，1995）。然而性关系何时发生，主动权并不在男性手中，女性才是最终决定的拍板人。因此，男性即使再急迫也必须等待，他们也会为此表现得更加殷勤；而女性则不然，当她们想要发生性行为时，通常其男性对象都会欣然接受。这样势必会带来一种实质上的“交换关系”：女性成了性行为的“卖方”，男性则是“买方”。根据性行为的价值，男性会相应地进行资源投入，如时间、金钱、情感等。由于女性控制着男性所期望的性行为发生的决定权，这就使得女性拥有了影响男性行为的力量。而男性们也会为了换取性行为而愿意作出各种付出（Vohs et al，2004）。因此，在男性向女性大献殷勤时，通常会付出代价如昂贵的礼物，奢侈的晚餐，等等。有时男性期望以最小投资获取性接触，他们守卫自己的资源，通常会留给长期配偶；而女性却采取长期择偶策略，在发生性接触前，她们通常需要男性表现出资源付出或者投资的信号。在这个相互博弈的过程中，男性通常认为如果女性接受了馈赠就有义务作出回报——增进他们之间的亲密关系；而女性则不然，她们并不认为自己应当为一些物质馈赠而以性来报答。如果最终两人成了情侣倒还好，不然这种认知上的差异只会让男性感到自己“上当受骗”，认为对方是“亏欠”他的（Mitchell & Sugar，2008），甚至理直气壮地通过暴力方式与该女性发生性行为。

此外，男性通常会比女性报告更多数量的性伴侣。美国国家健康统计中心（National Center for Health Statistics）在2007年的统计中发现，美国男性一生中平均会有7个性伙伴，而女性平均只有4个，并且男性报告的性行为数量要比女性更多。这种性行为数量上的不对应可能在于取样偏差，在调查中并没有将妓女包括在内（Brewer et al，1999）。另外一种原因则是男性有夸大性伙伴数量的倾向，而女性则相反（Willetts et al，2004）。

三、亲密关系中的性行为

（一）性满足

在亲密关系中，人们对性欲望满足的程度能够促进其主观满意度。与通常认为的同时保持多个性伴侣是为获得更大的快乐不同，事实上当人们只有唯一爱人时，比拥有多个伴侣的个体体验到的性生活满意度更高。例如，全美健康和社会生活调查（National Health and Social Life Survey）结果显示，约87%的个体感到与伴侣的性生活非常满意（Laumann & Michael，2001），而具有多个性伙伴的个体则只有约45%感到幸福。因此，只要人们保持忠贞就有可能对性生活感到满足（Waite & Joyner, 2001），忠诚于特定个体会让人产生成就感。研究者用自我决定理论（self-determination theory）的观点解释了这一事实，即人们都有自主（autonomy）、能力（competence）和交往（relatedness）的基本需要，如果某一活动能让我们可以选择和控制自己的行为（自主），感到有信心和能力来加以应对（能力），并且可以实现与他人的亲密关系（交往）的话，我们就会感到最大化的幸福（Deci & Ryan, 2000）。此外，性行为本身是有奖赏价值的，因此根据该理论，我们在对性伴侣保持忠贞，维持一个性伴侣时感到最幸福。

研究表明，人们发生性行为的频率也会影响到满意度（Blumstein & Schwartz, 1983）。研究者统计了夫妇们每周进行性行为的频率，并调查了他们对性生活的满意程度，结果发现每周性生活三次以上的夫妇有89%感到满足，而一个月仅有一次的夫妇只有32%感到满意。研究者对此有多种可能的解释，一方面有可能那些对性生活感到满意的夫妇本身会更频繁地进行性行为，也可能是对这种频繁性的认知会使人感到宽慰，尤其是在相伴多年、激情退却之后，频繁的性行为似乎是对伴侣仍有吸引力的一项指标。不过可以肯定的是，频繁的性行为确实能增加新婚男性的满足感（McNulty & Fisher, 2008），男性也确实有更频繁的性需求。而许多性功能障碍也确实与女性随着年龄增长性魅力的下降有关，男性时常会感到时过境迁以后，他们仍然魅力不减，而妻子们却在婚姻中消磨懒惰，人老珠黄了。

进行性行为的动机也会影响到我们的性满足。如果动机是积极的趋近动机，如增加亲密感会得到快乐，个体对其伴侣会有着更深刻而持久的性欲望，对性行为的满意度就会更高；相反，如果性行为是为了避免发生某些不好的结果，是一种回避动机，如避免伴侣对我们失去兴趣或者争吵，那么通常此种情况下的个体体验了大量的消极情绪，其性满足程度也是大为降低的。这样的伴侣也更容易分手（E. A. Impett et al, 2005）。

另外，性沟通也会影响到性满足程度。大多数伴侣之间通常都不会对性行为进行语言上的沟通，这样很容易产生问题。就性行为进行语言上的清晰沟通往往与较高的性满足感相联系。向伴侣告知自己的性喜好和性厌恶，以及对方该如何做才能取悦自己，这种讨论行为本身就非常亲密，因此经常进行性沟通的伴侣不仅有着更高的性生活质量，而且对其亲密关系也感到更加满意（Byers, 2005）。

（二）性背叛

在伴侣关系中常常会面临一个敏感的问题，那就是性背叛。大多数人都是反对伴侣关系中的不忠行为的。然而事实上不忠行为比我们想象的更为常见。一项重要的总结性研究分析了47项研究的调查结果（Tafoya & Spitzberg, 2007），总被试量超过了58 000人，所有被试取自于美国并且都已婚，结果却发现约21%的女性和32%的男性在婚姻关系中至少发生了一次出轨行为！

性背叛是存在性别差异的。从此项数据中还可以看出，男性比女性更可能会欺骗自己的伴侣，这与前文的结论一致——他们有着更高的性欲望，并且更能接受随便的性行为。与女性出轨行为不同，男性更有可能为了寻求更刺激的性体验本身而出轨，而女性则多数是为了寻求情感上的联系。与此相对应的，男性出轨通常不会选择离开现任伴侣，而女性则更容易离开原来的伴侣，与新配偶开始长期的亲密关系（Brand et al，2007）。这也难怪在现实生活中，女性往往为了情感而出轨，并且一出轨便容易作出决裂的决定。

性背叛最重要的还是具有个体差异——并非所有男性都喜欢乱交，也并非所有女性都忠贞不二。人们对待随意性行为存在态度上的差异，即社会性性行为取向（sociosexual orientation）的差异，它近似于稳定的人格特质，描述了个体对性行为的看法。研究者辛普森和甘杰斯塔德（Simpson & Gangestad，1991）还就此编订了社会性性行为取向量表（sociosexual orientation inventory，SOI），用以测量人们性行为取向的差异。对于具有“保守性”社会性性行为取向的个体来说，性行为是与爱情和忠诚联系在一起的，只有在忠诚和充满深情的亲密关系中与人发生性关系才是幸福的，而与自己不是很了解或不太关心的个体发生性行为是没有什么奖赏价值的；相反，具有“开放性”性行为取向的个体则对此更为宽容，没有那么多“苛刻条件”，即便没有足够的亲密和忠诚也不影响他们对性行为的享受。这类个体在该量表上得分较高，往往外向开朗、喜好交际、精力充沛、热衷于调情，并且千杯不醉（Clark，2004）。他们一生中的性伴侣数量更多，也更有可能欺骗爱人（Ostovich & Sabini，2004）。然而，与先前结论一致的是：总体上男性的社会性性行为取向比女性的是更为开放的（Schmitt，2005）。

【建议参考资料】

1. FEINBERG D R，JONES B C，LITTLE A C，et al. Manipulations of fundamental and formant frequencies influence the attractiveness of human male voices［J］. Animal Behaviour，2005，69：561－568.

2. APICELLA C L，FEINBERG D R，MARLOWE F W. Voice pitch predicts reproductive success in male hunter-gatherers［J］. Biol Lett，2007，3（6）：682－684.

3. TREAT T A，VIKEN R J，KRUSCHKE J K，et al. Men's memory for women's sexual-interest and rejection cues［J］. Applied Cognitive Psychology，2011，25（5）：802－810.

4. BURKE D，SULIKOWSKI D. A new viewpoint on the evolution of sexually dimorphic human faces［J］. Evolutionary Psychology，2010，8（4）：573－585.

5. LITTLE A C，APICELLA C L，MARLOWE F W. Preferences for symmetry in human faces in two cultures：data from the UK and the Hadza，an isolated group of hunter-gatherers［J］. Proc Biol Sci，2007，274（1629）：3113－3117.

6. MCARTHUR L Z，APATOW K. Impression of baby-faced adults［J］. Social Cognition，1984，2（4）：315－342.

7. CUNNINGHAM M R, ROBERTS A R, WU C-H, et al. 'Their ideas of beauty are, on the whole, the same as ours': consistency and variability in the cross-cultural perception of female attractiveness [J]. Journal of Personality and Social Psychology, 1995, 68: 261-279.

8. GANGESTAD S W, SCHEYD G J. The evolution of human physical attractiveness [J]. Annual Review of Anthropology, 2005, 34: 523-548.

9. KOŚCIŃSKI K. Facial attractiveness: general patterns of facial preferences [J]. Anthropological Review, 2007, 70: 45-79.

10. SHAW R B, KAHN D M. Aging of the midface bony elements: a three-dimensional computed tomographic study [J]. Plastic & Reconstructive Sur, 2007, 119 (2): 675-681.

11. KOEHLER N, RHODES G, SIMMONS L W, et al. Do cyclic changes in women's face preferences target cues to long-term health? [J]. Social Cognition, 2006, 24 (5): 641-656.

12. DIJKSTRA P, BUUNK B P. Sex differences in the jealousy-evoking nature of a rival's body build [J]. Evolution and Human Behavior, 2001, 22: 335-341.

13. WHITCHURCH E R, WILSON T D, GILBERT D T. "He loves me, he loves me not..." uncertainty can increase romantic attraction [J]. Psychological Science, 2011, 22 (2): 172-175.

【问题与思考】

1. 个体对他人的吸引力会受哪些因素的影响?
2. 影响个体性魅力的外表特征都有哪些?
3. 什么是自利性偏差?
4. 应对伴侣间沟通障碍的策略有哪些?
5. 异性友谊有怎样的特点?
6. 简述性态度的性别差异。

第四章　爱情的冲突

【本章提要】

本章介绍了爱情关系中常见的一些冲突形式，尤其是在长期伴侣关系中。这些冲突形式包括争吵、欺骗、暴力行为，以及分手或者离婚，爱情心理研究者们不仅总结了这些冲突行为的发生规律，而且还提出了一些相应的应对策略，希望能降低它们对亲密关系的破坏性。

【重要术语】

神经质　宜人性　依恋类型　表达性　工具性　性别认同　性嫉妒　攻击性　认知偏差　支配风格　情境性伴侣暴力　挫折吸引

张爱玲曾说：生命像一袭华美的袍，只是上面爬满了虱子。爱情能不能够经得起相濡以沫的现实，或是相忘于江湖的残酷？这是个令人伤感的话题。如果较为幸运，相濡以沫总是比相忘于江湖更令人欣慰的。心理学研究结论告诉我们，相爱的激情终归是会退去的。只是当吸引力退去之后，我们该如何面对年复一年，日出日落？正因为爱情上瘾（见第七章）时会让人固执地美化对方的一丝一毫，因此人们爱的或许只是自己的想象。而当两个人在对对方偏执的美化中醒来之后，该如何与真实的恋人相处呢？总会有各种争吵、欺骗和暴力。当我们对这一切消极的破坏行为有所了解之后，或许会更认真、更坚定地去维护爱情的长久，并且无怨无悔。

第一节　争执

没有不吵架的夫妻，在亲密关系中争执是不可避免的。还记得你与恋人初相识的时候吗？那时相互间互不了解却彬彬有礼，而往往随着了解的加深、关系的日益亲密，与恋人之间的摩擦却越来越频繁了。并且无论你与恋人相爱多深、何等般配，争执总是无可避免的。例如，一项大样本量的研究结论表明，已婚夫妇平均每个月都会经历一到两次争执，并且这一比率在历时三年的研究过程中始终稳定地未发生变化（K. A. McGonagle et al，1992）。这是为什么呢？

研究者认为这是由于个体在亲密关系中，始终持有一些矛盾的、既对立又统一的动机，而这些动机之间总会一不小心就失去平衡（Erbert，2000）。首先，是独立性与归属性的冲突（autonomy vs. connection），在亲密关系中个体既想保持自己独立的自主性，希望能够按自己的意愿行事，又希望与伴侣维持亲密的联系，并依赖对方；其次，存在开放性和封闭性的冲突（openness vs. closedness），亲密关系中的人们既希望推心置腹，相互间自我表露、分享情感和观念，又希望同时能保持自己的隐私，留有一席自我的空间；再者，个体在追求稳定性的同时又渴望变化性（predictability vs. novelty），人们希望维持快乐而富有安全感的持续关系，同时又对一成不变、呆板僵化的氛围感到乏味单调，既喜好新奇事物又想维持安全感；最后，是一体性与分离性的冲突（integration vs. separation），人们总希望与自己爱的人朝夕相处、长相厮守，然而这势必会减少在其他事情和关系上花费的时间，如与朋友相处或一起活动。并且研究者还发现，伴侣间的冲突中，约有 36% 都是属于这种对立与平衡的矛盾性质的。

既然争执是由于差异性而起，而且人们在相遇时相互间差异的大小就已然存在，那么对关系的满意度则更需要通过沟通进行协调。从这个角度看，这些冲突也并非毫无益处的，也并不绝对是从不争执的夫妇就一定幸福美满，而对于已经存在的差异避而不谈未必是件好事。如果你持有“冲突总是破坏性的”的观点，那么这种想法本身就是对亲密关系不利的。事实上有研究发现，伴侣们越是隐忍不发，有不满不表达出来，就越对自己的亲密关系感到不满意（Roloff & Cloven，1990），因为实际分歧根本没有得到解决。甚至那些对婚姻中的冲突不能直言不讳的女性，比起有事直说的女性来，前者死亡的风险是后者的四倍（Eaker et al，2007）。婚姻专家戈特曼（Gottman，1994）认为，婚姻中的争执本身就是促进亲密感必不可少的工具，冲突恰恰能够暴露伴侣之间存在的矛盾，从而有机会着手进行解决，不然只能引发更严重的问题。

一、争执的诱因

夫妻双方几乎在任何事情上都能创造出争执。如何花钱、如何处理与姻亲的关系、如何分配家务、如何分配时间……甚至早上刷牙挤牙膏是该从尾端挤还是中间挤这样芝麻绿豆大的小事也都能引发一场大争吵。因此，随着伴侣之间的亲密关系的日渐深入，相互之间也有充分的机会来相互摩擦。研究者彼得森（Peterson，2002）将导致争执的事件进行了分类，他认为通常有四种诱发原因：批评（criticism）、无理要求（illegitimate demands）、拒绝（rebuffs）和积怨（cumulative annoyances）。批评通常是对对方较为尖酸刻薄的贬低或诽谤，不管其内容是否合理，听者面对此种态度也会认为对方是在吹毛求疵。无理要求通常是对伴侣作出超出其预期的索取，包括金钱的、能力的、事务的，等等。拒绝不言而喻，通常是一方向另一方提出要求或发出邀请时，另一方却没有表现出所期待的行为。积怨指的是人们往往会因为伴侣不断重复、屡教不改的小毛病而表现出的厌恶、恼火和过度敏感，其恼火程度通常与这些小毛病相比会显得小题大做，例如，用完毛巾不随手清洗、做饭时倒完酱油不随手拧紧瓶盖、约会迟到、长时间逛街，等等。

二、影响争执的因素

争执通常因伴侣双方不同的视角而起，人们在解释自己与他人行为时容易站在自己的角度思考，从而出现自利性偏差。因此对待同一件事情，伴侣双方会有着不同的观点。如第三章所述，人们对伴侣行为的归因方式影响着双方的关系，如果将之归因为稳定的、一贯的、内部的原因，伴侣的行为就会显得十分恶劣、自私和愚蠢，个体就会感到遭遇了不公平的对待；相反，如果将伴侣的行为归因为外部的、不稳定的、偶然的原因，那么伴侣只是无心之过，不应当引起个体强烈的情绪反应（McDonald & Asher，2007）。另外，争执的产生还会受到如下因素的影响。

第一，争执行为与人格因素有关。例如，高神经质的个体神经敏感、更为多疑，情绪波动性大，容易冲动愤怒，由此会导致与他人更多的争执（Heaven et al，2006）。相反，宜人性高的个体性格随和温厚，容易相处也更富有合作精神，因此在伴侣关系中容易作出妥协，也更倾向于作出建设性反应，争执自然也会更少（Jensen-Campbell & Graziano，2001）。

第二，个体的行为往往会受到童年时父母的榜样作用的影响，会从父母那里学到应对争执的方式。有研究表明，个体对争执进行控制的敏感性和熟练程度是与童年经历有关的，并且存在明显的个体差异（Smith et al，2008）。更为明确的是，如果个体童年时期长期暴露在父母之间的暴力争执之下的话，其在成年后处理争执的能力是有缺陷的，他们往往比正常个体更为暴躁易怒，且尖酸刻薄（Halford et al，2000）。

第三，依恋类型与伴侣间的争执有着重要联系。争执通常与焦虑型依恋风格显著相关，因为安全型个体通常有着更具有建设性、有安全感的处事方式，而回避型个体则倾向于避免争执。焦虑型个体由于缺乏安全感，通常会对伴侣与自己的关系过度忧虑，总是杞人忧天地想到那些最糟糕的结果，他们通常也认为亲密关系中会存在更多的争执，于是造成一种期待效应；而当争执发生以后往往也会过度焦虑，他们认为由此造成的损害会比伴侣认为的更为严重，并常常感受到根本不存在的威胁和矛盾（Campbell et al，2005），而这种子虚乌有最终竟会让他们的臆测成为事实。

第四，伴侣之间的相似程度会直接影响到冲突产生的多少。争执往往是由于不一致所导致的。如前文所述，恋人之间的相似性（如工具性与表达性）越多越满意——除了支配性这一特征。相似性低的个体有着更不一样的思维角度，也更不容易体验到对方的感受与想法，因此争执更多也就不足为奇了。有着相似品位和价值观的夫妇确实比共同点较少的夫妻争执更少，婚姻也更幸福（Huston & Houts，1998）。

第五，人们所处人生阶段也与争执的多少有关联。有研究（Chen et al，2006）发现，人们与恋人之间的争执从十八九岁到二十五岁是逐步增加的，在此期间个体刚从大学毕业并步入社会工作，由此而来的生活事件都与爱情关系中的争执有关，但在二十五岁稳定下来之后，人们通常就能建立持久的伴侣关系，并从此开始职业生涯。而到了中年期伴侣之间的争执主要来源于孩子和金钱（Stanley et al，2002）。到了老年期则会更为平静。

第六，一些疾病以及物质作用也会影响到争执的发生。这些疾病包括阿兹海默症（老年性痴呆）等，物质包括酒精、迷幻类药物、某些精神疾病药物等。酒醉会让人更加有敌意、易暴躁，并且更加容易发生冲突（McDonald et al，2000）。例如，美国发生的“吃活人脸”事件，攻击者当时即服用了迷幻类药物。

三、争执的模式

你是否注意到，当男性和女性之间发生争执时，喋喋不休的那个总是女性，通常她们会将所有不满都表达出来，可无论怎么激惹，对方通常都不如她们那么“伶牙俐齿”，最终只得生闷气；当作为伴侣的男性忍无可忍时，他们通常会选择离开战场，一方面让自己消消怒火，另一方面让对方冷静下来——他们通常认为如此能解决问题。可恰恰相反，在对方极力想通过激烈的沟通来解决问题或寻求情感安慰时，他们却选择离开了！由此进一步增加了女性的怒火，并认为“他不爱她”了，因为他在她需要他在场时却离开了。男女两性之间这种不平衡的应对争执方式在传统男性和传统女性式组合的夫妇那里体现得最为典型，女方的加压使得男方更加沉默，由此导致了越来越多的误解，最终造成对伴侣关系越来越不满（Caughlin & Huston，2002）。

这种女方趋近、男方回避的冲突模式是具有跨文化一致性的，尽管两性在面对争执时大多数反应都是没有差别的，但唯独在接近和回避模式上差异显著（Christensen et al，2006），通常女性更能够完全表达，畅所欲言。对这种差异存在两种解释，一种观点认为，社会对男女两性的性别角色是具有规范的，女性应当是情感丰富而富有表达性的，当遇到问题时应当表达出来以寻求帮助；男性则不同，他们应当更加坚强，并且应当独立，遇到问题时更应该依靠自己寻求解决办法。由此造成了男女两性的性别认同差异（gender identity）。因此在争执发生时，女性想据此寻求亲近，而男性却认为应当独自忍受和承担。另外，这也与他们表达性较差，很多问题不知该如何表达，同时也对情感表达感到不自在有关（Swann et al，2003，2006）。另一种观点认为，男女两性的趋避模式是由权力的社会结构性差异造成的，通常男性在社会和婚姻关系中处于拥有更多权力的优势位置，因此在面对以争执方式的沟通带来改变时，他们通常拒绝改变，因为改变可能意味着不再能为所欲为（Eldridge & Christensen，2002）。而研究数据实际上对这两种解释都显示出了支持，表明争执过程中的趋避差异确实存在这两种原因，妻子更希望改变，而丈夫更宁愿保持现状（Sagrestano et al，2006）。

戈特曼（Gottman，1999）根据夫妻之间争执时互动方式的不同，将夫妻双方处理争执的方法分为了四类：爆发型（volatile）、校验型（validator）、回避型（avoider）、敌对型（hostile）。爆发型夫妻尽管经常发生激烈的争执，力图说服彼此，但他们并不认为这种方式会破坏他们的关系，并且他们通常能运用智慧进行和解，最终带来更好的伴侣关系。校验型夫妻在矛盾产生时表现出了更多的自我克制和冷静，同时也对对方的意见表现出足够的重视，并花时间彼此确认并努力寻找妥协的办法。回避型夫妻则不同，他们之间很少发生争执，倾向于将分歧看做无法改变的存在，认为彼此发泄愤怒毫无益处，讨论分歧只会恶化关系，因此放轻松并认同彼此之间的差异最重要。敌对型夫妻之间经常会发生激烈争吵，并且争吵的内容都是毫无建设性的相互辱骂、贬损和讥讽，他们根本不在乎对方的意见，只是一味发泄自己的怒火，相互之间只剩攻击和防卫，因此关系也是最消极的。

戈特曼认为前三种解决争执的方式都可以维持稳固的婚姻关系，但第四种模式由于主要表现出了较多的恶意相待，因此是对婚姻关系不利的。另外，夫妻双方处理争执的方式相互契合也很重要，前三种方式的互动之所以有积极作用，前提在于双方都属于此种处理方式，而当多变型个体遇上回避型个体的话结果也很不妙。

四、解决方法

鲁斯伯尔特（C. E. Rusbult，1987）将亲密关系中伴侣解决争执的方式分为主动性和建设性两个维度，即破坏性—建设性维度和主动—被动维度，并由此产生了讨论（voice，主动与对方讨论问题并进行改变，接受他人建议）、忠诚（loyalty，乐观等待改善）、离开（exit，威胁要结束亲密关系）和忽视（neglect，袖手旁观，减少与伴侣的相互依赖）四种应对方式，如图 4 -1 所示。

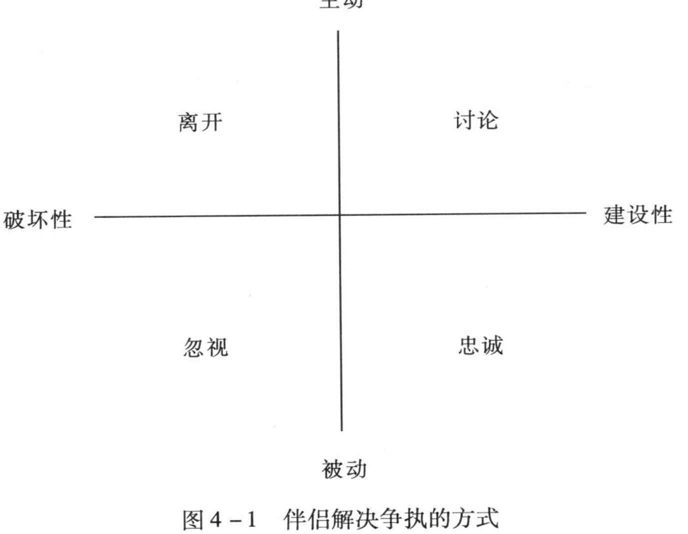

图 4－1 伴侣解决争执的方式

经过争执之后，伴侣之间一般会产生以下五种结果：分离（seperation）——双方不欢而散，在争执未得到解决时就退出冲突，尽管能够使双方头脑冷静，但却只是延迟了争执而已；支配（domination）——以一方达成意愿而另一方服从的方式结束争执，通常如愿的一方比另一方更为强大，有着更多的权力，但这只会加重接受的一方的不满与敌意；妥协（compromise）——双方都作出让步，寻找替代的办法来解决争执，最终双方都未能如愿；达成一致（integrative agreement）——双方通过创造性的、灵活的解决方法使彼此的意愿都得以满足，伴侣们通常会对自己的意愿进行调整并重新安排次序，表现出慷慨 合作；结构性改善（structural improvement）——不仅实现双方的意愿，而且还从中得到了学习和成长，这种结局通常发生在重大的剧变情况下，双方必须重新审视其习惯并进行改善，其结局通常是促使伴侣关系比从前更好。

最后一种结局当然皆大欢喜，但很多情况下却没能实现。对于如何得到更好的争执结果，婚姻专家戈特曼（1994）给出了他的建议。他认为在争执过程中双方最好表现出一定的自我克制，首先，当分歧发生时不要逃避争执，尤其是当伴侣已经抱怨不休时，即便当时情形不允许争执，也要商量好另行安排时间讨论；其次，不要表现出讽刺、轻蔑、厌恶和刻薄的敌对行为；最后，当伴侣做出讽刺、污蔑等敌对行为时，要果断停止争吵或者其他互动行为，花一些时间让彼此镇定下来，冷静以后再继续讨论，避免陷入攻击和防卫的恶性循环。

研究者卡纳里（Canary，2003）也就争执提出了一些善待彼此的办法。例如，表明解决该问题的意愿，如承担责任、作出让步及妥协等；通过复述表明支持对方的观点；用“我”开头的陈述来表达自己的感受；提供赞许和关爱；友好的幽默以放松心情；等等。

另外，马克曼（Markman et al，1994）也提出用说话者—听话者技术（speaker-listener technique）来处理争执，这种方法有助于打断误会的恶性循环。通常在争执时，伴侣们在未正确理解对方的意图下就急于作出回应，说话者—听话者技术则要求伴侣们轮流进行表达和倾听，表达时采用“我”开头的陈述来表达自己此刻的情感感受，而听者不能打断对方的表达，在表达结束时听者复述对方的信息来让表达者进行确认，当表达者满意听者复述的内容是自己表达的意思之后，双方交换表达和倾听的角色，重复此过程。这种耐心倾听和复述有助于伴侣们关注彼此的情感，并明了对方的真实感受与意图。

第二节　欺骗

当年卓文君义无反顾地与司马相如私奔时，期盼的是“愿得一人心，白首不相离”。然而“今日斗酒会，明旦沟水头”，司马相如高升之后想的却是纳妾，由此才有了这首流传千年的《白头吟》，才有令后代女性钦佩的“闻君有两意，故来相决绝”。

第三者，这是个当今社会很热门的话题。说到第三者，人们往往会想到那些妖媚放荡的女子，并认为她们通常非常擅长勾引男子。确实，斯密特等人（Schmitt et al，2004）的研究表明，约有60%的男性以及50%的女性都曾被第三者打动过。当然，第三者不会仅限于女性，但他们通常外表都较为性感，性格格外开朗，并且尽责性较低。第三者还与依恋类型有关，有研究表明他们一般都是回避型依恋风格，因此对自己与他人的信任及亲密关系较为淡漠，更在乎自己的主观体验（Schachner & Shaver，2002）。当女性在勾引别人的伴侣时，会炫耀她们美丽的外表以及对性开放的态度，男性则会炫耀他们的社会地位、经济财富等。那么被第三者勾引的一方又会如何呢？通常容易被第三者诱惑的个体自身往往与第三者十分类似：性感、好色而开放，并往往有着同样的回避型依恋风格，忠贞观念较为淡漠。第三者的性魅力越强，他们就越容易着迷。然而福斯特等人（Foster et al，2004）的研究表明，一旦有过出轨行为的个体，也往往会再次出轨。即便第三者最终成功地与已婚者结为伴侣，这种关系也是从一开始就带着背叛与欺骗的良心谴责，他们之间的关系总体是不如那些不涉及第三者行为的夫妇之间的关系好的。因为他们一开始便是在伴侣之外寻找更好的对象，当得到第三者之后他们仍然不会停止这种行为。

然而，欺骗不仅仅是指出轨，也不完全发生在亲密关系建立以后，事实上为了建立亲密关系，在相识之初欺骗可能就已经存在了。欺骗（deception）即故意传递误导性信息，给想要欺骗的对象制造一种虚假的表象，或是作出与事实相反的陈述，让其产生失实的看法（Buller & Burgoon，1994）。常见的欺骗行为包括说谎、性事不贞、感情不忠等，如吹嘘自己的收入、违背重要的诺言、在其他异性身上花费了过多的时间和资源、抛弃亲密关系，等等。这些欺骗行为通常是对说谎者有利的，可以避免尴尬、内疚，获取利益等。

一、求爱过程中的欺骗

在亲密关系建立之初，人们往往会“过度修饰”自己。为了博得对方的青睐，男性和女性都会夸大自己的吸引力，男性会过高地吹嘘他们的收入和未来成就，过高地报告自己对感情的忠诚程度；女性则会假装承诺与对方发生性关系，但却迟迟不肯兑现，或者是在性交过程中假装性高潮（Haselton et al，2005）。例如，巴斯（1994）的一项研究调查了大学生在恋爱关系中的欺骗行为，研究中约有71%的男性大学生承认曾经为了发生性行为而向一名女性夸大自己对对方感情的深度，并且97%的女性大学生都承认曾有一名男性为了性目的而向自己夸大过感情的深度。似乎两性在这个问题上存在分歧。而面对欺骗，两性也会有着程度不同的反欺骗意识。例如，女性通常会和好友讨论与交往对象的互动细节，好友则会对此进行敏锐的盘查，以此研究约会对象与其交往的真实目的；相比之下，男性则明显很少花费时间在讨论这类问题上（Buss，2003）。

确实，在求爱过程中，女性确实会比男性更为谨慎，因为一旦受骗，女性将会付出比男性高得多的代价。在进化历程中，如果一名远古男性选错了性伴侣，他顶多也就会浪费一部分时间和资源；但是女性如果轻易地被一名随随便便的男性所骗，那么她则可能会因此怀孕并独立抚养后代。由于欺骗带来的损失惨重，因此在进化过程中，两性就资源和性事进行着永无休止的博弈，不断上演着欺骗与反欺骗的竞赛——双方都有着对方想要的筹码，也都想使自己的利益最大化也最保险，于是运用“策略”获取对方的筹码也成为必然。通常风险更大的那方更为警戒，因此女性有着更谨慎的防骗策略。例如，在相识之初，她们会增大对方求爱的代价，在同意性请求之前会要求对方投入更多的时间、资源以及承诺。日久见人心，时间越长男性的意图就越容易暴露：是否忠诚、是否只是性欺骗或者是否已有家室等。对于欺骗者来说，如此漫长的求爱过程只会让他们厌倦而失去兴趣，从而将目光转向那些更容易受骗的女性。

女性在分辨追求者意图时通常会采用更为保守的策略，对于男性发出的与承诺有关的信息的不确定性，女性通常会采用较为严格的判断标准。男性则相反，他们通常更有可能高估女性发生性行为的意愿。对此，哈瑟尔顿与巴斯（Haselton & Buss，2000）提出了错误管理理论（error management theory），他们认为人们在解读异性心理时的正确与错误始终是具有不对称的代价与收益的，就像房屋的烟感器一样，它对任何烟雾都十分敏感，因为如果漏报信息会导致房屋火灾，后果严重；而误报的代价则要小得多，顶多使人们虚惊一场。这一原理同样也适用于解释两性判断彼此意图的代价与收益的权衡上，通常体现在对异性意图的认知偏差（cognitive bias）上，包括性的感知夸大偏差（sexual overperception bias）和承诺的怀疑偏差（commitment skepticism bias）。一般对于男性来说，他们更容易犯第一种错误，他们往往会高估女性对自己的性意图，这样能够使错误性行为的概率降到最低，因为如果错误地高估女性的性意图几乎没有什么损失，顶多失望而已，而错误地低估女性的性意图的话则会错过一次宝贵的繁衍后代的机会，因此这种偏差实际上也是追求奖赏的偏差，具有趋近性。而对于女性来说，她们通常会犯第二种错误，往往偏向于低估男性承诺的真实程度，这种怀疑偏差有助于女性避免上当受骗，识别那些意图利用承诺来骗取短期性关系的男性，这种偏差实质上是一种避免惩罚的偏差，具有回避性——事实表明，男性确实会在承诺、社会地位甚至对孩子的喜爱这些女性看重的方面欺骗女性，以此来骗取短期的性关系（Keenan et al，1997）。因此，男女之间对于交往的认知存在差异也就不足为奇了，例如，女性出于朋友之间的友善而对男性予以夸赞或者帮助时，男性通常会误解为对自己有意；而男性出于追求的目的而对女性施以援助时，女性则会认为这只是朋友间的正常帮助，自己不应曲解他的意思。

二、伴侣关系中的欺骗

大多数情况下，欺骗行为是会给亲密关系造成严重、持久的影响的，它甚至是婚姻治疗的主要原因之一（Amato & Rogers，1997）。当人们进入长期的伴侣关系之后，欺骗行为主要表现为性行为上的不贞或者情感上的不忠，即通常我们说的出轨。有一项美国研究（Jones et al，2001）甚至表明，当今美国社会中的亲密关系，约有一半都会发生出轨行为，由此可见其普遍性。欺骗行为不仅会使亲密关系贬值，并且会损害到相互之间的关爱和信任。背叛行为表明欺骗者并不如他们的伴侣那样珍惜他们之间的亲密关系，并且这种伤害只会是最信任、最深爱的个体才能够造成，这种伤痛是无法比拟的，这会让受骗者对其亲密关系的评价大为降低。此外，当欺骗者试图同多个异性保持亲密关系时，其义务就会出现重叠和冲突——对任何一方都有关爱和诚信的责任，这时竞争性就出现了，背叛亲密关系也就不可避免。

当人们进入亲密关系之后，随着时间推移，伴侣们往往越来越难识破对方的欺骗。这可能是因为在交往过程中，欺骗者会根据受骗者的反应不断调整自己的行为表现；另外，随着亲密关系的加深，伴侣之间会十分信任彼此，因此往往会表现出一些主观偏差，倾向于相信伴侣对自己是诚实的。不过这种对关系的自信却与他们对伴侣欺骗行为判断的准确性没有任何相关（De Paulo，1997）。然而，即使欺骗没有被识破也同样会产生不良后果。对于欺骗者本人来说，欺骗行为仍然不如完全诚实的交往那样令人感到轻松愉快，欺骗行为会让欺骗者本身感到不适（De Paulo & Kashy，1998）。并且这种欺骗行为还会妨碍到欺骗者对被欺骗者的信任（Sagarin et al，1998），欺骗者会自然而然地认为没有人会例外，别人也和自己一样会有着同样的欺骗动机，这反过来也能够维持他们对自我形象的肯定，因为他觉得大家都一样。

同样，由于人们在考虑自己行为时的这种自利性偏差，欺骗者还普遍倾向于认为，他们的欺骗行为带来的伤害性其实并没有那么大（Kaplar & Gordon，2004），他们往往会寻找一些客观的环境因素来减轻自己的罪状，从而原谅自己带给伴侣的痛苦（Cameron et al，2002）。然而他们的伴侣却恰恰相反，受骗者通常会将这些出轨行为的后果看得格外严重。例如，93%的受骗者都认为欺骗行为会严重损害伴侣关系，带来难以愈合的猜忌和信任破坏；而仅有50%的欺骗者会承认他们的出轨行为是有害的，甚至有20%的欺骗者认为这有利于促进他们的亲密关系（Jones & Burdette，1994）。

当然，在伴侣关系中还存在一些出于善意的、目的在于维持彼此良好关系的、无伤大雅的欺骗。例如，男性们常常会夸赞自己的伴侣迷人漂亮，尽管事实上许多女性够不上这个标准；女性们也常常会夸赞自己丈夫的厨艺，即便饭菜明显寡淡无味，但希望以鼓励来增加他们对烹饪的兴趣；在对方为取悦自己作出了许多努力后，伴侣也常常谎称自己很愉快，尽管由于劳累等原因并没有那么愉快；而在偶尔的性生活失败时，个体也会为了安慰伴侣而谎称自己很满足；等等。在亲密关系中的多数情况下，伴侣们都是不会主动去恶意欺骗自己的另一半的，我们仍然应当对我们的亲密关系抱有信心和积极的情感。

三、欺骗者的特征

研究者们认为，一些个体可能会比另一些个体更容易欺骗自己的伴侣。第一，欺骗与人格特质的外向性有关，一般好交际的个体，以及十分在意自己在他人眼中形象的个体更容易做出欺骗行为。而且巧妙而娴熟的社交技能，能够使欺骗者的谎言更有说服力（Burgoon & Bacue，2003）。第二，有着不安全型依恋风格的个体会表现出更多的欺骗行为。一般来说焦虑型个体通常对陌生人和朋友有较多的欺骗，而回避型个体则往往对自己的伴侣有着更多的欺骗，他们也更容易出轨（Ennis et al，2008）。第三，欺骗行为还与人们从事的职业有关，有研究采用人际背叛量表测量了大学生发生各种背叛行为的频率，结果发现社会科学、教育学、商务和人文科学类的学生的背叛得分显著较高，而理工科的学生普遍得分较低（Jones & Burdette，1994）。第四，年龄较大、受教育程度较高以及拥有宗教信仰的个体都会较少出现背叛行为（Jones & Burdette，1994）。第五，背叛存在性别差异，男性更容易出轨。这种差异性并非体现在背叛的可能性上，而是背叛的对象不同，男性更有可能背叛自己的伴侣和生意伙伴，女性则更容易背叛自己的朋友和家人（Jones & Burdette，1994）。

另外，那些经常欺骗别人的个体对他人缺乏信任，往往在生活中表现出适应不良。他们通常猜忌多疑且报复心强，愤世嫉俗且愤恨善妒；他们通常来自单亲家庭，并有着更高的罹患精神障碍的风险（Couch & Jones，1997）。

第三节　暴力

人类的暴力行为绝大多数发起于男性，并且多数发生在男性之间，这一点具有跨文化的一致性。例如，研究者调查了美国芝加哥 20 世纪 60 年代到 80 年代之间的所有凶杀案，约有 86% 的凶手都是男性，并且 80% 的受害者也都是男性。就暴力攻击的性别差异大小问题，心理学家海德（Hyde，1986）对已有的十几项相关研究进行了元分析，结果表明两性在攻击幻想、身体攻击、模仿攻击以及实验室情境下电击他人的意愿上都存在显著差异，并且每一种方式下男性的得分都显著高于女性。然而海德却发现两性在敌意量表（hostility scale）上的得分没有任何差异。这个结论表明，男女两性在敌意的产生上是没有差异的，但是男性更容易用身体暴力的形式表达出来。

关于这一结论最典型的证据来源于对犯罪的研究。研究者达利和威尔森对 35 项不同文化背景下的研究进行了整理，这些研究既有来自美国的多项研究，也有来自加拿大、英国、墨西哥、巴西、印度的研究，甚至还有来自刚果、乌干达、肯尼亚等国家的研究。研究者比较了各种文化背景下的男性同性凶杀率，即男性对男性的凶杀占所有同性凶杀事件（男性对男性、女性对女性的凶杀总和）的比例。结果表明，即使是在男性同性凶杀率最低的国家丹麦，这个数字也高达 85%；在墨西哥、爱尔兰、博茨瓦纳更是高达 100%。研究结果表现出了惊人的跨文化一致性。相反，那些女性发生的犯罪案件，一般都是源于盗窃行为。男性较女性更高的暴力攻击行为同样也体现在学校中。一项对 1 452 名高中学生的研究表明，在高中校园内，男性对男性的暴力行为要远远高于男性对女性、女性对女性或者女性对男性的暴力行为（Hilton et al，2000）。另外，研究者还发现女性的攻击形式一般是言语攻击以及关系攻击。例如，在女高中生之间的攻击中，她们通常会用“贱货”、“荡妇”等言语辱骂对方（Ahmad & Smith，1994）；也会表现出更多间接攻击行为，如背后说闲话、散播谣言、和某人绝交等，并且女性的这些间接攻击行为要高于男性（K. Bjorkqvist et al，1994）。

进化心理学家们认为（详见第七章），男性之所以比女性更具有攻击性，是因为人类两性在亲代投资上的最低责任存在很大的差异，女性承担了孕育和抚养的重担，这就意味着男性可以拥有比女性更多的后代，其繁殖上限要高得多。因此，对于男性来说，女性是非常重要的有限资源。而两性在繁殖成功率上也有很大差异，女性由于与生俱来的繁殖资源，她们尽管后代数量有限，但只要她们愿意一般都会有自己的后代，并且同性之间的后代数量差距不会太大；而男性则不同，拥有资源的多少直接能够决定其后代的数量，有的男性可能会拥有众多的后代，而有许多男性甚至可能没有后代，其同性之间的差距要比女性之间的明显得多。根据进化假设，如果某种性别的繁殖活动可变性越大，那么自然选择就会倾向于在该性别身上留下更加危险的行为策略。由此会造成繁殖活动可变性大的一方的同性竞争更加激烈，并且在与体型和攻击相关的能力上大于异性，由此表现出性别二态性（sexual dimorphism）。在人类社会中，对雌性资源竞争越激烈的社会，这种性别二态性就表现得越明显。例如，一夫多妻制社会使男性面临更大的性竞争压力，一些占有大量生存资源的男性由此也占有了大多数的女性资源，而另一些男性则失去了繁殖的机会，这使得男性之间的竞争更加残酷。与此相对应的，一夫多妻制社会的男性只有身材更加高大才能在同性竞争中胜出；而与此相反，女性只有更早地性成熟才能在同性竞争中胜出，而早熟同样也会让女性过早地停止在身高和肌能方面的生长，因此在一夫多妻制社会中的男性与女性的身高差异要高于一夫一妻制社会（Miller & Kanazawa，2010）。这种差异在其他物种身上也有体现，例如，在繁殖季节，约5%的雄性海象占据了高达85%的雌性海象，并且它们的性别二态性十分明显，雄性几乎是雌性体重的四倍（Le Boeuf & Reiter，1988）。

另外，进化压力也会淘汰那些极具攻击力（尤其是身体攻击）的雌性个体。由于女性必须更加珍惜自己的生命来抚育后代，而婴儿对母亲的依赖也要多于父亲，因此通常女性会对那些涉及人身伤害的场景更加害怕，在遇到问题时也更不会选择采用身体攻击的行为（Campbell，1999）。

因此，这种繁衍策略及体型上的差异，必然导致男性更加暴力，更擅长攻击性行为。而攻击性更强的男性可以赢得领导地位，从而能够接近大量的配偶，或者至少不会失去繁衍的机会。因此，“性别二态性和男性之间的同性竞争是人类进化史中非常古老而悠久的机制”（Daly & Wilson，1988），与其他哺乳动物一样，人类男性之间的暴力攻击是其受伤和死亡的主要原因。

一、暴力的诱发形式

男性之间的暴力攻击行为主要因以下情境因素而起，包括：缺乏资源，无法吸引长期伴侣，如未婚和失业状态（Daly & Wilson，1985）；维护自己在群体中的地位和名声，这是保卫资源、抵御进攻的重要手段（Buss & Shackelford，1997）；性嫉妒所引起的同性竞争（Daly & Wilson，1988）；等等。而女性之间的攻击行为则主要是争夺配偶的性嫉妒引起的（Campbell，2002）。

根据进化论，暴力攻击行为是生物适应性问题的一种解决方案。进化心理学家们认为暴力行为通常具备以下几种功能（Buss & Shackelford，1997）：1. 夺取生存资源；2. 抵御进攻；3. 与同性进行繁衍竞争；4. 获取社会地位和权力；5. 防止长期配偶的性背叛。因此，总结以上观点可知，暴力行为归根结底是由于繁衍竞争（如性嫉妒）和争夺生存资源（如权力）而引起。

（一）嫉妒

嫉妒是一种复杂的体验，有研究者（Guerrero et al，2005）认为嫉妒包含伤痛、愤怒和恐惧三个成分。不仅如此，在嫉妒时，个体会因为可能失去伴侣而感到悲观失望，也会因为自己的伴侣具有吸引力而自豪，还会因竞争者的存在而充满敌意。

嫉妒是痛苦的。然而这种痛苦体验有时是有事实根据的，有时却是子虚乌有。与此相对应，嫉妒分为反应性嫉妒（reactive jealousy）和怀疑性嫉妒（suspicious jealousy）。反应性嫉妒是指人们觉察到自己珍视的伴侣关系面临客观存在的威胁而产生的忧虑心理；怀疑性嫉妒则是指，并没有客观证据表明伴侣有出轨行为，个体仅出于自己的猜疑而产生的愤怒、恐惧等行为（Bringle & Buunk，1991）。从进化论的角度看，反应性嫉妒是有积极意义的，它有助于我们保护自己的伴侣关系，而怀疑性嫉妒则完全没有事实根据，并且能够引起这类怀疑性嫉妒个体产生嫉妒的情境也常常是根本不会对正常个体产生困扰的，这种行为也往往会给伴侣造成困扰，甚至是受到攻击和虐待。然而，在现实情境中这两类嫉妒类型的区分并没有那么明显。例如，反应性嫉妒可能会导致个体的怀疑性嫉妒，伴侣偶尔的一次出轨行为往往会给相互间的信任关系造成长久的伤害，久而久之则会产生怀疑性嫉妒（Guerrero et al，2005）。

嫉妒也具有性别差异。尽管男性和女性在嫉妒体验的程度和频率上都没有差异（Buunk & Hupka，1987），但他们在嫉妒的内容上存在差异，男性通常难以接受伴侣的性背叛，而女性则受不了伴侣的情感背叛（Buss et al，1992）。巴斯等人调查了 511 名大学生对“1. 伴侣和其他人发生了肉体上的关系；2. 伴侣和其他人产生了感情”的比较评价，结果发现 83% 的女性和 40% 的男性认为伴侣在情感上的背叛更严重；有 60% 的男性和 17% 的女性认为性背叛更为让人恼火。在两种比较中都存在 43% 的差异，这个结论是十分显著的。不仅如此，巴斯等人还通过生理实验来验证了这一观点。他们在生理实验室采集了 30 名男性和 30 名女性的肌电（皱眉肌）、皮肤电（右手第一、三指）以及心率（拇指脉搏）的数据，在此同时让他们想象两种情境：1. 想象伴侣和其他人正在发生性关系……清楚地想象当时的景象和情绪；2. 想象伴侣和别人相爱……清楚地想象当时的情境和情绪。结果同样证实了以上结论，男性对性背叛表现出了心率加快、皮肤电增强以及皱眉肌更强的收缩。女性则相反，她们对情感背叛表现出了更显著的生理反应。这种差异是具有跨文化一致性的（Buunk et al，1996）。

同样，进化心理学也对嫉妒行为提出了假设（Buss et al，1992）。两性由于在繁衍过程中经受了不同的进化压力，因此警惕的方面不同。正如在第七章中我们将论述的，在长期伴侣关系中两性都面临着繁衍压力，男性面临着父子关系不确定性的问题，而女性虽由于体内孕育所以十分确定自己与后代的关系，但却面临着伴侣能否长期为自己和孩子提供生存资源的问题。同时，在通奸或者短期性行为上，两性又是能够从中获益的，男性能够扩大自己繁衍后代的几率，而女性则能从外遇中得到资源、优质基因以及更好的配偶。因此，两性在配偶策略及其收益上是存在潜在冲突的。伴侣的通奸常常会使男性损失大量资源（对伴侣甚至别人的子女的资源投资），并且还会使自己的地位和名誉受损，这反过来又会损害他们获取资源的可能性。男性嫉妒行为的潜在价值在于阻止伴侣与其他男性发生接触。相反，女性面临的问题则是：自己的伴侣一旦背叛自己，就往往会把资源投向和他发生关系的女性身上，甚至完全断绝对自己的投资——男性通常是在决定与对方进入长期伴侣关系时产生这种资源转移。因此，女性会更警惕男性对别的女性发生情感投入。

另外，嫉妒也存在个体差异，一些人似乎更容易产生嫉妒。首先，在亲密关系中感到能力不足的个体由于对自身不太自信，因而对伴侣关系的长久性较为不确定，嫉妒心理会更强（Buss，2000）。其次，依恋类型也会影响到个体的嫉妒行为，通常焦虑型个体更容易嫉妒，恐惧型个体次之，安全型和冷漠型个体由于不担心被人抛弃，因此最不容易产生嫉妒；但如果十分珍视的亲密关系出现危机的话，安全型个体会比冷漠型更加嫉妒（Guerrero，1998）。再者，人格特质也会影响到嫉妒。高神经质个体经常会忧心忡忡；宜人性较高的个体对他人较为信任，通常不太会嫉妒他人（Buunk & Dijkstra，2006）；具有传统性别角色，即大男子主义和小女人性格的个体也都更容易产生嫉妒（Hansen，1985）。

最后，当嫉妒产生之后，为了防止失去伴侣，男性可能会采取各种策略，包括：隐藏伴侣以减少其与其他男性接触的机会，对情敌实施暴力，通过暴力来控制伴侣的行为，当然也包括加大对伴侣的资源投入等积极策略（Buss，1996）。女性则更有可能采取改善自己的外貌，对伴侣更加百依百顺的应对嫉妒策略（Buss，2007）。

（二）权力

社会权力是影响他人行为的能力，以及使自己不受他人影响的能力（Huston，1983）。从社会交换的角度来看，权力是对有价值资源的控制，通常拥有资源的个体对那些渴望得到其拥有的资源的个体持有权力。人际关系中的权力通常遵从最小兴趣法则：在所有关系中，对于维持目前关系兴趣较小的一方拥有着更大的权力（Sprecher & Felmlee，1997）。

由于权力的主要功能在于使处在支配地位的个体比受支配个体有更多的机会去接触生存和繁衍所需的关键资源，因此男性对权力的争夺更为感兴趣。一项对

700 人的调查结果表明，社会权力等级较高的男性比等级较低的男性有着更大的繁衍优势（Ellis，1995）。在原始社会中，男性常常通过暴力行为来提升自己的社会地位和等级，在战争中表现勇猛的个体通常会被公认为英雄，其社会地位也会随之上升（Hill & Hurtado，1996）。而在其他物种中，如大猩猩，攻击力最强的雄性大猩猩不仅占有着种群里的所有母猩猩，并且其他雄性大猩猩都必须臣服于它，它具有最高的种群地位（De Waal，1982）。不过有研究发现，灵长类动物的权力等级更多取决于个体的社会技能，即能否赢得朋友和同盟者的支持与合作（De Waal，1992）。

同样，与暴力行为的两性进化压力差异相一致，男性的繁衍活动比女性有着更多的不确定因素。通常，女性无论社会地位高低，只要具备生育能力就会拥有繁衍的机会，然而即便拥有非常多的繁衍机会，女性一生中能够繁衍的后代数量也是有限的；男性则不同，他们的繁殖几率最小可以小到一无所有，最大则在理论上是没有上限的——只要他们能够接触到足够多的女性，因此男性更愿意冒极大风险（如暴力攻击）去争取更多的繁殖机会。而权力地位可以省略激烈的战斗过程，而直接使对手愿意服从和受支配（如面对在先前战斗中胜出的雄性大猩猩，其余雄性大猩猩会甘愿臣服，贡献出繁殖和生存资源），因此，权力等级有助于男性获得更多的资源（Buss，2007）。它也有助于男性得到更多的性接触机会。一方面，他们不仅拥有丰富的生存资源，并且能够更好地保护女性，因此对女性更具有吸引力（Betzig，1986），例如一些女性宁愿共享一个位高权重的丈夫，也不要与地位低、资源少的男性共度一生。另一方面，地位较高的男性还可以赤裸裸地抢夺处于受支配地位的男性的伴侣（Daly & Wilson，1988）。对此最直接、典型的证据就是历代的君主们，他们往往利用权力挑选出全国最年轻貌美的女子，独享后宫三千佳丽，这一点在所有古老文明中无一例外（L. Betzig，1993）。迄今为止，世界上拥有最多后代的男性是摩洛哥的嗜血王（Moulay Ismail），他不仅拥有超过 500 名妻子，更是生育了 800 多个孩子（米勒，金泽哲，2010）。

1. 两性的权力与资源

在两性关系中，情感投入较少的一方通常有着更多的权力（Sprecher & Felmlee，1997）。男性有着更强的性驱力，性行为又赋予了女性权力；而女性需要更多的资源来抚育后代，因此这些又赋予了男性权力。对此最极端的是卖淫行为，女性用性来与男性交换金钱（Baumeister & Vohs，2004）。尽管这种关系看上去没有任何浪漫可言，但却微妙地存在于爱情关系中：如果男性在求爱过程中没有任何确定关系的表白（作出承诺），女性会同意发生性行为吗？多数不会。

在如今大力倡导男女平等的时代，那么两性之间的权力是否是平衡的呢？很遗憾，“在任何已知的社会中，很少有女性能够支配男性。在所有追求财富积累的社会里，男性平均享有的权力都比女性多得多，整个人类史都是如此”（Pratto & Walker，2004）。男女平等如此难以实现，主要有以下几方面原因。

第一，两性各自拥有资源的差异。不管怎样，在爱情关系中是存在男性为女性付出资源，而女性愿意与男性进行性活动的交换关系的。然而绝大多数社会对于赤裸裸地用性来换取社会资源是持否定的道德态度的，人们更赞成女性与特定的男性个体建立长期的性关系，因此男女两性所拥有的资源就存在普遍性与特异性的差异。男性所拥有的生存资源如金钱是具有普遍性的资源，在社会中具有更大的灵活性，能与社会中的任何人进行交换，因此拥有金钱或社会地位的个体对于他人自然也拥有奖赏的权力。而女性所拥有的资源如爱情和性，只对特定个体有意义（Foa et al，1993），具有特殊性而不能进行广泛的社会交换，在其他情境下女性的资源则不具有价值，因此，女性的资源只对其伴侣一个人有价值。

第二，人们的大多数社会活动都存在性别歧视。整个社会都是赞成男性居于支配地位的，并认为男性更有决断能力。这一点在与权力直接相关的政治领域尤为明显。其他领域也如此，男性往往占据着较高的领导职位，而职场女性多数处于受支配地位（Pratto & Walker，2004）。而当女性处于领导位置时，人们对她的行为评价又往往更为苛刻（Carli，2001）。

第三，女性生育活动的妨碍。也有研究者认为在获取普遍性资源的职场里，之所以会出现男性的收入和社会地位高于女性的现象，是由于女性的重要人生职责是抚育后代而不是争夺资源，而社会资源恰恰是男性繁衍后代的重要保证，因此他们会更加努力去获取资源。一方面，女性遗传了女性祖先的一些特质，如不具有侵略性和竞争性，不喜欢挑战和冒险等，爱惜生命有利于抚育后代；另一方面，大多数收入较高、地位较高的工作都需要投入大量的时间和精力，而女性由于必须分配必要的时间来孕育和抚养后代，因此，她们多数情况下是没有足够的时间和精力来兼顾繁重工作、争夺社会资源的。所以，她们往往只会选择一些收入一般，但较为稳定、投入较少的工作。

第四，进化造成的两性体型大小差异。男性由于体型更高大、力量更强、更具有攻击倾向等进化因素，有时在两性关系中还会表现出强迫权力，如家庭暴力行为等。

总之，进化似乎有意在两性之间制造制衡关系：伴侣关系由女性拍板，那么社会权力则是男性说了算。

2. 权力策略的性别差异

两性在支配行为上存在差异。首先，男性追求权力的动机更高。在一项调查两性支配倾向的跨文化研究（Whiting & Edwards，1988）中，研究者发现男孩更倾向于表现出打斗等攻击性暴力行为（Megargee，1969），更认同“自我中心式”支配风格；而女孩则更偏好表现出支持和鼓励，也更善于交往。还有研究者

(Pratto, 1996) 编制了量表来测量两性的"社会支配倾向"(social dominance orientation, SDO), 其基本假设为: 社会支配倾向较高的个体通常认为一个群体对另一群体进行统治是合法的, 这两个群体之间出现差别待遇也是理所应当的。例如, "有些人就是低人一等", "为了高人一等有时候必须踩在别人头上", "只有最优秀的人才能获得成功", 等等。研究结果确实证实了男性比女性有着更高的SDO 量表分数, 即男性比女性有着更高的权力追求动机。

其次, 两性表达支配行为的方式不同。男性往往喜欢那些自我中心式的支配行为 (egoistic dominant acts), 而高支配性的女性往往会表现出亲社会的支配行为 (prosocial dominant acts)。有研究者首先通过量表区分了个体支配型人格的高低, 并统计了他们一段时间内生活中的支配行为, 然后通过实验检验了高支配性男性个体与高支配性女性个体之间的差异 (Buss, 1981)。结果表明, 两性的实际支配行为与支配人格评估得分的高低存在显著关系, 较高支配型人格的个体在生活中确实采取了更多的支配行为。同时, 男性常常会从自己的利益出发去支配他人, 即支配他人是为了得到个人利益, 如"我让别人做那些次要性的工作"; 而支配型女性则常常从群体团结和利益出发去采取支配行为, 如"我解决了团体的内部矛盾"。然而, 当支配型人格高低不同的两性个体在一起时又会出现什么情况呢? 研究者 (Megargee, 1969) 发现, 当高支配性男性与低支配性女性在一起时, 90% 的男性最后处于领导地位; 当低支配性男性与高支配性女性在一起时, 却仍然有 80% 的男性担当了领导者! 研究者对此进行了进一步分析, 结果发现高支配性女性往往"任命"低支配性男性去担当领导者, 并且在决策过程中高支配性女性占用了 91% 的决策时间。由此可见, 两性在行使权力时是具有性别差异的。

另外, 两性在交往时, 向对方表达权力也具有不同的风格。通常来看, 男性较多采用直接、主动策略, 他们更多采用争辩、协商等能够成功影响伴侣的双边权力风格, 如直接邀请女性与其约会等。而女性则更多采用间接、被动策略, 她们通常会暗示自己的愿望, 或者通过消极抵抗如撇嘴、不高兴来表达不满等, 表现的是单边权力风格, 如被动地等待邀请。研究者认为, 双边权力风格通常是位高权重个体的策略, 而单边权力风格则是无权且不满的个体的表达方式 (Miller & Perlman, 2010)。

二、伴侣关系中的暴力

伴侣关系中的暴力行为涵盖范围较广, 研究者瑞根等人 (Regan et al, 2006) 编定的冲突应对行为量表按严重程度将暴力行为划分为八个等级, 从轻微到严重包括: 推搡或者扔东西, 愤怒地抓挠, 扇耳光, 猛推撞墙, 用拳头猛击, 痛打猛揍, 使用会造成身体伤害的工具, 使用刀和枪。伴侣之间的暴力行为实际上比我们想象的还要普遍。有研究表明，每六对伴侣之中就会有一对发生过某种形式的暴力行为（Williams & Frieze，2005），而20世纪90年代美国的一项权威研究则显示，有22%的女性和7%的男性曾遭受过伴侣的暴力攻击（Tjaden & Thoennes，2000）。

男性与女性之间的暴力行为存在严重程度上的差异。尽管女性也具有攻击性，但却不太可能给伴侣造成身体伤害，也不太可能以暴力为工具来支配伴侣的行为，并且她们的暴力行为通常是防御性的。在实施暴力行为时，女性通常只会采用扔东西、抓挠、嘴咬、乱捶等方式来惩罚伴侣，而男性则会掐脖子、扇巴掌、拳打脚踢地毒打伴侣。显而易见，在此过程中大部分受伤者都是女性。并且，男性表现出了更多强暴和谋杀伴侣的行为（Tjaden & Thoennes，2000）。另外，认为女性施暴的可能性与男性不相上下的研究的取样通常为普通的正常群体，在这些人群中男性表现出激烈暴力行为的可能性较小，但在那些异常群体中（如进行婚姻治疗的伴侣），往往都是由于丈夫向妻子施暴才造成问题的，因此，如果综合考虑这两种因素（极端暴力行为、异常群体），男性显然有着更强的暴力行为。

男性对女性的暴力行为大多发生在亲密伴侣之间，性嫉妒是其罪魁祸首。首先，它是家庭暴力的主要来源。一项来自家庭暴力救助机构的资料显示，他们接收的受虐妇女中有三分之二都来自己丈夫极具嫉妒心的家庭（Gayford，1975）。另一项研究则调查了家庭暴力案件的施暴者——丈夫们，他们中的大多数人都报告由于自己不能控制妻子而感到非常受挫，并且认为妻子都有不忠行为（Whitehurst，1971）。其次，性嫉妒也是配偶凶杀的关键因素。有研究者早就报告了其中的关联，约有69.4%的配偶凶杀案件都是由于性嫉妒引起的，并且绝大多数受害者都是妻子（Guttmacher，1955）。达利和威尔森（Daly & Wilson，1988）还认为这类配偶凶杀还具有跨文化的普遍性，并且认为这不是因为配偶存在或者怀疑配偶存在不忠行为，就是因为配偶提出离婚或者分手所引起的。另外，在性嫉妒引发的暴力事件中有一个非常显著的特征，即女性都很年轻。这一方面可能是因为年轻女性的繁殖价值更高，更容易引来男性竞争者（Daly & Wilson，1988）；另一方面她们的伴侣一般也很年轻，年轻的男性也更具有攻击倾向（Mesquida & Wiener，1996）。

尽管女性很少能够通过攻击行为对男性造成严重伤害，但是她们也会通过扇耳光、抓挠掐、骂脏话等方式虐待男性配偶（Buss，1989）。只在极少数情况下女性才会采取极端攻击行为，即便如此也主要是被动的攻击行为，她们通常不是为了抵抗因嫉妒心而疯狂攻击她们的丈夫，就是由于经受了长期的身心虐待，看不到逃脱的出路而作出的选择（Daly & Wilson，1988）。

因此，男性的性嫉妒既是丈夫杀害妻子、情敌，也是妻子杀害丈夫的主要原因。

三、暴力的形式及其影响因素

研究者约翰逊（2006）认为在爱情关系中主要存在三种形式的暴力行为，包括情境性伴侣暴力（situational couple violence）、亲密恐怖暴力（intimate terrorism）和暴力抵抗（violent resistance），这三种暴力形式的普遍性依次递减，这是因为：或许每对伴侣都有争吵失控的时候（如扔东西），但家庭暴力情形会相对较少，而在家庭暴力下进行抵抗的女性少之又少。

情境性伴侣暴力通常发生于伴侣之间的激烈冲突过程中，因此它是由客观原因造成的、伴侣双方交互攻击的、偶尔发生的激烈行为，往往也不太可能转变为伤害生命的攻击形式。通常此种暴力行为受激发因素（引发矛盾）、促动因素（暴力冲动）和抑制因素（克制冲动行为）的影响（Finkel，2008）。激发因素包括当下的环境氛围、个体的愤怒情绪或者矛盾的尖锐性等。促动因素和抑制因素与成长背景、个体特质、亲密关系状态以及即时环境有关。例如，促动因素包括成长于暴力家庭、高神经质、依恋风格不匹配或者伴侣的挑衅等；抑制因素包括男女平等的文化背景、尽责性人格、对关系满意且忠诚、当下没有失去理智等。

亲密恐怖暴力是伴侣中的一方将暴力行为作为控制另一方的工具的行为，通常都是男性单方面攻击女性，并且往往频繁发生，而受害者不太会还击。会如此暴力对待伴侣的个体通常分为两类，一类是能力不足型，他们往往由于害怕并防止伴侣离开自己而笨拙地采用暴力威胁行为；另一类是反社会或者自恋型，暴力只是他们达到目的的工具而已，具有恶毒和可怕的一面（McHugh et al，2008）。这类男性个体往往控制了较少的资源，各方面条件不如自己的伴侣，具有低自尊、无能感，可能在童年时期还长期目睹过父母之间的暴力行为（Kennedy et al，2002）；并且那些反社会性的个体还可能对女性相当仇恨，将她们视为与男性一样的对手或者是娱乐的工具等（Leibold & McConnell，2004）。此外，这类个体往往还会虐待儿童，他们的孩子长大后又更容易成为施暴者（Kennedy et al，2002）。

暴力抵抗是指伴侣对亲密恐怖暴力行为的抵抗，然而大多数亲密恐怖暴力情境下的受害者都不会表现出暴力抵抗行为。

四、暴力对受害者的影响

许多研究发现，在婚姻中发生暴力行为以后，许多女性仍然选择留在那个对她们拳脚相加的伴侣身边（Campbell et al，1994），这令研究者们非常不解。通常会带来此种结果的有如下原因。一是受害者的经济地位，她们往往不够独立，在经济上依附于施暴者，并且由于长期的身心摧残而往往缺乏自信，认为自己无法独立生存或者抚育后代；二是对婚姻关系的承诺，研究者发现维持了较长时间婚姻关系的个体更不容易选择离开施暴的伴侣；三是对已有关系投入较多而替代性选择又较差，这一点如第二章的投资模式理论所述。另外，这也与受害者自身的人格特质有关，如焦虑的女性更容易被有占有欲和控制欲的男性所吸引，并且这类女性受到的虐待越多，就越偏爱施虐的男性，而施暴的男性反过来也更偏爱焦虑的女性（Zayas & Shoda，2007）。尽管这种组合能够维持长期稳定的伴侣关系，但仍然是有巨大的伤害性的。

第四节 分手

进化论似乎总为人类不为道德所接受的行为提供一个存在合理性的解释。对于分手这个主题也是如此。在进化论看来，分手也是祖先的一种适应性策略。美国人口统计年鉴在 1947 年至 1989 年间对 58 项人类社会资料的统计表明，人类的离婚高峰期通常是在婚后的第四年（Fisher，1992）。进化心理家们认为，在原始的狩猎、采集型社会中，四年是典型的生育间隔时期。当时的孩子们在断奶后不久便会加入其他未成年的孩子所形成的混合型游戏群体当中，由群体中的年长个体以及亲属来照顾他们。因此，我们的人类祖先伴侣们通常至少要保证一起将孩子抚育到加入游戏型群体为止，此后伴侣间仍然需要共同生活的生态压力就会小很多，这时如果伴侣双方有更好的选择就可以选择分开——除非他们再次怀孕。

尽管早已时过境迁，但现代人身上仍然深深地烙下了祖先的影子，或深或浅，我们也有“七年之痒”——这一切尽显在我们的生理机制上。这一点将在第七章进行详细介绍，爱情的大脑回路与性驱力和依恋的脑回路皆不相同，这本身为人类的出轨行为提供了生理机制，即当个体对一个人产生了深深依恋的同时，他也可以对另一个人产生强烈的激情，并且也可以同时对很多其他个体产生性驱力。与人类保持长期伴侣关系相关的三个神经系统的相互独立性，为不稳定的伴侣关系所带来的出轨、性嫉妒、配偶虐待、情杀、离婚等行为的跨文化一致性提供了客观基础（Fisher，2004）。当然，人们的亲密关系出现问题并不一定是因为以上这几种原因，但在考虑放弃目前关系时，个体必然会先衡量自己的替代性伴侣如何，而离婚的过程也必然充斥着嫉妒、争吵、暴力、出轨等行为。无论是因为不幸而出轨或者产生暴力，还是因为暴力和出轨而不幸，反正所有这一切交织在一起，令离婚过程显得十分复杂而神伤。

同样，有研究者检验了被抛弃的伴侣失恋后的神经生理机制，结果发现个体表现出了非常明显的“挫折吸引”反应（Fisher，2004），这与物质成瘾者产生耐受性后进行戒断时的戒断症状（例如，长期饮酒会对中枢神经造成抑制，当戒断时会出现中枢神经兴奋、不眠，甚至癫痫样症状）有些相似。研究者们通常认为失恋分为两个阶段：抗议阶段、绝望阶段（Lewis et al，2000）。这个两阶段也对应了人们在应激反应时的生理活动规律：先是应激系统强烈激活以应对突发的情况；当应激事件过去以后，生理激活性又会降到较低的水平。

在抗议阶段，被抛弃的个体会表现出抗议反应：精力旺盛、警惕性强、强烈的挽回爱人的动机。fMRI 研究发现，这一过程与中枢神经系统的多巴胺和去甲肾上腺素的活性增强有关（其作用详见第七章）。在抗议阶段个体表现出了明显的挫折吸引，当他们被抛弃或者拒绝后，不仅不会令他们抑制自己对对方的情感，反而在最初阶段表现出对对方更强烈的爱恋（Fisher，2004）。这是由于被抛弃的个体通常会体验到强烈的愤怒情绪——当原本期待的奖赏（相爱的各种行为）迟迟未到时，期待奖赏的神经元会延长它们的活性（Schultz，2000），这种奖赏终止带给个体挫折情绪的最初，会通过愤怒系统通往前额皮层期待奖赏的部位，即外侧眶额皮层——与愤怒控制相关（Panksepp，1998）。由此，挫折攻击会令个体对没有实现的愿望作出加倍的努力，表现为多巴胺系统的活性增强，其精确激活的区域与高风险投资、身体疼痛、强迫性行为、仇恨等行为的神经激活区域相一致（Fisher，2006）。因此，被抛弃者最初阶段表现出来的抗议实质上是对伴侣又爱又恨的反应，而这种仇恨的根本动机在于挽回伴侣。此外，这也证实了爱与恨其实是相似的心理过程，如它们都具有注意力高度集中、强迫性思维、精力旺盛、情绪强烈等表现（Fisher，2004）。如果你的爱人说他恨你，说明他还爱着你；爱情真正的对立面不是憎恨，而是漠不关心。

绝望阶段是失恋的第二个阶段，此阶段被抛弃个体最显著的表现是抑郁。这与个体多巴胺系统的活性降低有关：当个体意识到期待的奖赏永远得不到时，多巴胺就会降低活性（Schultz，2000），在此过程中个体会产生沮丧、失望和抑郁的情绪。同时，此阶段个体在生理疼痛时会激活的脑区也被激活了，这说明情伤带来的心理疼痛其实与生理疼痛的体验是一样的（N. I. Eisenberger et al，2003）。因此，当人们说他为爱而撕痛，在某种程度上并不是个比喻，而是真的感受到了。同样，这种心理疼痛与生理疼痛一样会令人失去生命，一些心碎了的个体甚至因为抑郁而心脏病发作或者中风，最终失去生命（Rosenthal，2002）。另外，两性在应对绝望时也会表现出性别差异。男性更有可能采用暴力行为，例如，男性情杀的案件占了所有情杀案件的绝大多数（Melody，2001）。并且男性因为失恋而自杀的可能性是女性的三到四倍（Hatfield & Rapson，1996）。而女性则在失恋后会表现出非常严重的抑郁情绪（Mearns，1991）。

总之，失恋的痛苦是无法避免的，这是进化带给我们的适应机制。失恋的所有反应实际上是在向亲友发出求助信号，表明需要他们的支持；另外，它也会激发个体的洞察力，以改进自己的繁殖策略（Watson & Andrews，2002）。因此失恋的反应也是具有积极的进化意义的。

一、婚前失恋与离婚的差别

尽管被抛弃的人们在失恋后会有着同样的愤怒、疼痛和抑郁情绪，然而何时分手也会有很大的区别。尤其是结婚与否以及是否生育了后代。通常情况下，婚前的失恋与离婚的差别是巨大的，因为离婚涉及了更为广泛而复杂的过程，并且伴侣双方需要耗费更为旷日持久的时间来反复衡量、决策、讨价还价……不到万不得已，人们是不会如此自我折磨的。

（一）失恋

通常婚前恋人之间的分手会更直截了当一些。当伴侣的一方对已有的恋爱关系感到厌倦并开始注意到其他人时，这往往标志着关系结束的时刻已经到来了。这期间会伴随着一方的不满、冷漠、情感抽离，以及另一方为修复关系的不懈努力，由此又更为加重了厌倦一方的回避意愿，最终导致分手。婚前分手与离婚最大的不同在于，其大多数情况下人们不会进行认真而严肃的努力来修复关系。正因为婚前爱恋关系确实涉及了更少的承诺，所以人们在爱到深处时，才会选择进入更为长久而稳定的婚姻关系。许多研究者探讨了婚后夫妻与同居者分手率的差异，尽管如今离婚现象很普遍，但结婚的人们仍然比未婚的个体更不太可能分手（Blumstein & Schwartz，1983；Kurdek，2004；Balsam et al，2008）。这表明，婚姻能够增加伴侣关系的筹码。

此外，婚前分手的个体通常只需要克服自己的消极状态。年轻情侣们在分手时总会体验到“世界末日”般的感觉。然而研究结果表明婚前分手并不如恋人们想象的那么可怕。情侣们通常会高估刚分手时他们的痛苦程度，这种偏差具有普遍性（P. W. Eastwick et al，2008）。有研究者对恋情至少持续四个月以上的大学生分手后一个月内的情感体验进行了取样调查，被试在随身携带的蜂鸣器的提醒下每天记录当下的情感体验。结果表明，在一个月时间内，被试们的情感是在不断波动的，但总体看来爱意是持续下降的；痛苦的程度也保持了减少的趋势，在两周后他们就并不比周围人更痛苦了；愤怒在最初的五天里迅速退却，而他们的勇气和力量性情感体验在前两周呈波动下降，而后两周就开始恢复了。总之一个月后，他们明显地表现出了较少的爱意和较积极的体验（Sbarra & Emery，2005）。当然，从失恋中恢复的快慢也具有个体差异。通常焦虑型依恋风格的个体对前伴侣更痴迷，更容易恋恋不忘地沉迷在过去的恋情中，并且体验到更多痛苦和悲伤的情绪（Sbarra，2006）。

离婚的过程通常更为复杂。人们不仅要调整自己的消极状态，而且还要分割财产、抚养孩子、履行法律程序，等等。与婚前分手不同，离婚通常会使个体的状况变差。

（二）离婚

离婚后个体通常面临的问题是心理和社会的适应。德国一项研究对 3 万名离婚个体进行了为期18年的调查（Lucus，2005，2007），结果表明离婚使得人们对生活的满意度大为下降。人们往往会耗费数年来适应婚姻的结束，不过值得庆幸的是大多数人都能渐渐恢复。在此过程中，个体非常需要周围朋友和家人的社会支持，然而当婚姻结束时人们通常会失去将近一半的社会关系，并且离婚后的数年里，交往圈子还会变得更小。而剩下的这些亲朋也并非都能够提供个体所期望的支持，因为有相当一部分亲朋是不支持他们离婚的（Stewart et al，1997）。而从经济状况来看，由于女性通常承担了抚育孩子的责任，因此离婚后生活水平下降的一般为女性，部分原因在于有近一半的前夫不会支付他们本应支付的孩子抚养费（Meyer，1999），另外，女性自身的收入通常也较前夫为少。与此相反，男性由于离婚后只需要支付自己一人的花销，他们的经济收入通常是提高的。因此，有研究发现，离婚后一年内女性的收入下降了36%，而男性则上升了34%（Sayer，2006）。

另外，有的离婚个体还涉及对孩子的伤害问题。在中国的传统观念里，离婚对孩子是完全有害的，事实真的如此吗？与其生活在父母长期的激烈冲突中，离婚后的低水平冲突反而能够促进孩子的幸福感。研究者阿马图（Amato，2003）将双亲之间的冲突水平分为了“很低、低、一般、高、很高”五种水平，调查了在这五种情况下父母离婚和不离婚与孩子主观幸福感水平之间的关系。结果发现，生活在很低水平的父母冲突以及完整的婚姻家庭中的孩子感到最幸福；在父母之间有很高水平的冲突但却执意不离婚的情况下，孩子受到的伤害最大。从总体趋势上来看，在离婚的家庭中孩子的主观幸福感水平皆为负值，但随着离婚前双亲之间冲突水平的升高，孩子的主观幸福感是呈上升趋势的，即痛苦程度在减轻，这表明父母离婚前冲突越激烈，孩子越容易接受离婚，但总体变化程度相对较小。而在不离婚的家庭中，父母冲突水平在一般程度以下的，孩子的主观幸福感为正值，当冲突较高或者非常高时，孩子的主观幸福感不仅转为负值，并且出现水平急剧下降的情况；总体上看，随着冲突水平的加剧，孩子的幸福感持续下降，并且变化的起伏程度也非常大，即最幸福的孩子是父母未离婚的，最痛苦的孩子也是父母未离婚的。总之，离婚和双亲冲突这两项因素都会带给儿童痛苦的感受，但是否应当不离婚，还取决于夫妻双方能够和睦相处的程度。在相互剑拔弩张的伴侣关系下，“为了孩子而在一起”不仅是错误的，有时候甚至只是双方没有更好的替代性选择所给出的一种借口，带给孩子的伤害也是不可估量的。

当然，离婚也会给孩子带来其他伤害，主要是存在离婚后双亲在他们身上的投入水平会有所下降的问题。但也有研究者发现，如果双亲在离婚后仍然维持对孩子高质量的亲子关系，那么离婚带给孩子原本很糟糕的伤害也会很大程度地消失，他们的消极体验也会随着时间而逐渐消退（Sun & Li，2002）。因此，许多研究者认为，只要子女能够免受贫困、得到持续关爱和抚育、不受双亲冲突的伤害，就能够幸福成长（Amato & Sobolewski，2001；Miller & Perlman，2010）。

二、离婚的理论模型

离婚是一件复杂而又消耗巨大的事件。李的研究也发现，人们从发现问题到关系破裂平均要经历三十周的时间（Lee，1984）。而也有研究表明，结束婚姻的过程极其漫长，研究者发现在持续十二年的婚姻最终以失败告终的案例中，伴侣双方通常要消耗五年的时间来考虑分手（Stewart et al，1997）。事实上每对不幸夫妇的分手过程都非常特异化，有着各自不同的原因和过程，并且这一过程往往伴随着反反复复的矛盾，相互的关系也是迂回曲折的。不过研究者们也试图从中发现一些规律。

（一）场论模型

研究者莱文杰（G. Levinger，1976）基于相互依赖理论（本书第二章）的观点，同时从场论（field theory）中借鉴了相关概念，来解释了婚姻稳定或解体的原因。他认为主要有三种力量（forces）在制衡和影响着人们的伴侣关系，包括吸引力（attraction）、替代性选择（alternative attractions）和障碍（barrier）。伴侣关系中的积极体验如性满足、安全感、愉快的陪伴等都是提升吸引力的奖赏性成分，而投入的时间、精力、相互的争吵等代价则会降低吸引力。替代性选择包括可以获得的其他伴侣、单身的自由、事业的成功等，都能够诱导个体离开伴侣。不过个体很难摆脱许多障碍的牵绊，如法律和社会价值观的压力、离婚的经济成本、宗教和道德的约束等。

莱文杰的理论很好地解释了为什么许多伴侣明明不幸福却还要勉强生活在一起，因为离开的代价太大。不仅会有极大的经济损失，并且还会因为离婚而使他们感到自责和内疚，因此，即便双方有充分的经济条件离婚，伴侣们也宁愿凑合在一起（Poortman & Seltzer，2007）。

（二）阶段模型

一些研究者从离婚的发展过程出发，提出了阶段模型。例如，达克（Duck，1982）提出的模型有四个阶段；李（Lee，1984）提出了五个阶段；巴克斯特（Baxter，1984）认为有八个阶段。甚至还有研究者（Battaglia et al，1998）认为具有十六个步骤。尽管研究者们区分阶段的具体性不同，但他们普遍都涉及了如下阶段：出现问题、表露不满、协商、结束关系、自我修整。

出现问题阶段属于个体内部活动阶段，往往有一次诱发事件或者是当事人经历了长期忧虑之后逐渐清楚意识到问题，不满意的一方会独自评估伴侣的行为，考虑解除关系的成本、替代性选择等问题，并经常有沮丧、不悦等情绪流露出来。当一方决定结束关系时，通常就进入下一阶段。

当一方开始表露不满后，行为开始转变为双方的互动阶段。不悦的一方会直接表达他们的不满，并直接表达或者间接暗示脱离关系的愿望，如变得冷淡、回避伴侣等，而通常伴侣会表现出震惊、愤怒、痛苦等情绪状态。巴克斯特发现，如果表露不满的一方一直明确表示要终止关系的话，那么伴侣通常会直接接受这个事实，同意分开（Baxter，1984）。但是多数情况下人们离婚并没有这么直截了当，通常有太多的牵扯，因此一般会进入协商阶段。

协商过程较为持久。被抛弃的一方通常不愿结束关系，他们在协商阶段可能会积极地作出一些调整，或者仅仅是僵持对峙、互不相让，或者选择忍受和顺应。作出调整包括改变自己的某些行为，或者双方讨价还价、建立共同遵守的标准等；僵持行为包括通过言语和行为做出一些表达愤怒、加剧紧张关系的事情。这一过程有可能使关系出现转机，伴侣双方会努力修复关系。最终在筋疲力尽的时候，双方达成一致决定。

当双方决定脱离关系后，就会开始采取行动来结束关系，并进入社交阶段。这一阶段通常有一方要搬离住处，双方之间的互动交往活动也开始在频率、性质和持续时间上减少，双方的担忧也不再是放在共同的未来关系上，而是更多考虑自己的未来。同时，这一阶段个体最明显的表现是开始向周遭公开他们的关系变化，解释他们的遭遇，并宣扬自己的苦恼，以此寻求家人和朋友的支持和理解。

当关系彻底结束以后，他们会开始通过认知加工来克服自己的哀痛，会重新修整和解释记忆，创造出自己可以接受的事情“真相”，并努力向朋友和亲戚们“推销”自己的描述（Duck，1982）。并且他们还会告诉周围人，离婚令自己变得更加聪明睿智。总之，这一阶段个体的目的在于熬过伤痛，努力抛开过去的关系，使自己目前的状态合理化。

（三）不稳定婚姻模型

研究者卡尼和布拉德伯里（Karney & Bradbury，1995）在描述不稳定的婚姻关系时强调婚姻一开始的脆弱性、婚姻中的压力应激源以及伴侣相互间适应过程对离婚的影响，他们的模型又被称为弱点—应激—适应模型（vulnerability-stress-adaptation）。该模型认为离婚可能是一开始就注定的，可能源于童年时期的经历（Duck，1982）。

所谓脆弱性即易受伤害性，指有一些个体是带着一些缺陷进入婚姻的。这些脆弱性包括个体童年家庭中的不幸经历、人格缺陷、人际交往技能缺乏等因素，它们对婚姻具有破坏性的可能，但并不必然发生。如果婚姻生活永远一帆风顺，这类个体也能幸福地相伴到老。但生活总归是有磕磕绊绊的，不出现压力事件很难。

应激是指生活中出现的压力事件。有些压力事件具有偶然性或者特殊性，并不是在所有婚姻中都出现，如失业、重病、不孕不育等；而另外一些压力事件则是几乎每桩婚姻都普遍存在的，如怀孕、抚养孩子等。通常在压力事件下，个体的脆弱性就会暴露出来，他们在处理应激时常常无法成功应对。

面对生活中的应激个体进行应对的过程即为适应。然而脆弱性个体的表现常常较差，应对不成功势必反过来会加重应激本身的压力程度，从而导致婚姻质量和满意度的下降，由此具有脆弱性的个体又会进一步遭受挫折和损害，缺陷之处更加严重（Neff & Karney，2004），如此恶性循环不仅必然使得婚姻极不稳定，最终走向破裂，而且还可能会令个体的缺陷之处更加严重。当然，如果个体具备较好的适应能力，其与伴侣也是能够顺利渡过难关的，然而这种适应能力反过来是受婚姻质量影响的。

总之，婚姻是否稳定，是受个体本身的特点、婚姻所处的环境以及个体的适应能力三个因素的影响的，并且这三个因素是相互作用的。

三、影响离婚的社会文化因素

根据民政部2011年公布的全国民政事业统计数据显示，2011年一季度，我国共有46.5万对夫妻办理了离婚登记，较2010年同期增长17.1%，相当于平均每天有5 000多个家庭解体。据中国民政部门统计，1980年中国离婚对数为34.1万对，1990年为80万对，2000年为121万对，2003年为133.1万对，2005年为161.3万对。从绝对离婚对数的数据可以看出，中国离婚人数增加趋势迅速。其中，离婚率最高的前三个城市依次为北京、上海、深圳（新华网，2011）。实际上从20世纪70年代末开始，我国的离婚人数和离婚率就一直是在持续上升的。1979年，中国的粗离婚率为0.3‰，此后持续递增，1990年上升到0.7‰，到2000年的粗离婚率近1.0‰，最近10年的增速则更为明显（《法制晚报》，2010）。

从以上数据我们可以看到，整个社会文化背景的变化是导致离婚率上升的主要原因，社会处于转型时期是重要因素。近几十年来，随着西方个人主义文化在全球的传播以及经济环境的迅速发展，尤其是互联网的迅猛普及，人们与周围朋友或者亲戚的交往也越来越少。鉴于我们从朋友那里得到的社会支持可能减少了，因此我们对配偶的依赖也变多了（Magdol & Bessel，2003）。这就使得我们在寻找长期伴侣时，择偶标准变得更为挑剔，期望伴侣能够满足我们更为多样化的人际需要。另外，随着全球化的发展，人们的流动性越来越大，这一点在我国体现得尤为明显。研究表明，经常四处漂泊的人比固定居住在一个地方的个体更容易离婚（Magdol & Bessel，2003）。

女性社会地位的改变对婚姻的影响不容忽视。新中国较以往最大的改变之一，即女性越来越普遍地在社会中参与工作，并且对社会产生着重要影响。首先，由于女性需要将更多照顾家庭和后代的时间分配到工作中去，这势必会造成家庭矛盾，事实上妻子每周的工作时间越长，其婚姻质量就越低（Amato et al，2007）。其次，随着女性独立性和自由度的增加，她们有更多机会接触更合适的替代性伴侣，这在一定程度上影响了婚姻的稳固性（South et al，2001）。再者，如今的女性较以往任何时候的经济能力都更为独立，她们中的许多人都能够靠自己赚取金钱来养活自己，这在一定程度上使得她们不愿在失望的婚姻中委曲求全，不像从前的女性由于必须在经济上依附于男性，而不得不在失败的婚姻中忍气吞声。许多研究表明，女性的经济收入与其离婚的可能性有着显著的正相关（如 Barber，2003；Rogers，2004）。

性别比率也是影响离婚率的一项重要因素。根据中华人民共和国国家统计局 2010 年第六次全国人口普查主要数据公报显示，我国的性别比率正在下降，即原本男性人口多于女性的状况正在趋于平衡。这种女性相对于男性增多的趋势也会带来离婚率的上升。当社会中男性可以选择的女性更多时，对于原本更容易接受随意性关系的男性来说，更加大了婚外性行为的可能性；而如果发展到女性多于男性，社会中男性的数量不足以分配时，势必会增加未婚先孕、私生子、单身母亲的可能性（Gaughan，2002）。由此可见，社会中性别比率偏低对于婚姻来说是不利的。

此外，如今人们对待离婚的态度也不像过去那样保守了。在过去，离婚是一件非常可耻的事情，离婚的个体及其后代往往要承受很大的社会压力和心理压力。如今却不然，只要夫妻双方在财产分配和抚育后代上达成一致，法律即允许离婚。尤其是 2003 年 8 月 8 日，国务院在颁布的新修订的《婚姻登记条例》中简化了婚姻登记手续，这无形中从立法上也显示出了对离婚的宽容，并且使得婚姻的解除更为容易。也正是从这一年开始，我国离婚的夫妻数量开始明显递增。

四、影响离婚的个体因素

离婚也会受到个体自身因素的影响，主要包括：第一，个体的社会地位（如职业地位、受教育程度等）和经济收入因素，美国一项统计显示，年收入低于 25 000 美元的夫妇的离婚率是年收入 50 000 美元以上夫妇的两倍（Popenoe & Whitehead，2004），并且受过良好教育的女性比起受教育程度低的女性婚姻更稳固、离婚率更低（Orbuch et al，2002）。第二，个体第一次结婚时的年龄，许多研究表明，25 岁前结婚的个体比 25 岁后结婚的个体更容易离婚（Popenoe & Whitehead，2004）；当然，这不包括二次婚姻在内，事实上尽管第二次婚姻时个体年龄通常较大，但是第二次婚姻比第一次婚姻更容易以离婚结束（Bramlett & Mosher，2002）。第三，是否生育孩子，研究表明没有生育孩子的夫妇更容易离婚，而生育了孩子的夫妇婚姻关系相对较为稳定，尤其是在孩子还未长大成人之时，通常到了孩子少年时期，夫妻的离婚率又会有所提高（Waite & Lillard，1991）；这也不包括婚前生育的情况在内，婚前生育小孩、婚前同居都与较高的离婚率存在相关（Heaton，2002）。这一点对于我国目前的离婚率状况特别有启发意义，自从实行计划生育国策以来，我国的生育率持续下降；当如今的第一代计划生育子女开始步入婚姻以后，很多选择了不生孩子，这无疑对 80 后的离婚率有显著影响。第四，个体的童年经历，童年经历过父母不幸婚姻的个体，其婚姻往往也更容易不幸福，尤其是童年时期经历过父母离婚的群体，其离婚率也比一般人更高（Wolfinger，2005）。第五，个体的稳定特质的影响，如相似性较少、神经质较高，或者回避型依恋的个体更容易离婚（Karney & Bradbury，1995）。第六，夫妻之间在一起相处的时间越少、性生活满意度较低、相互之间的积极互动越少，越有可能离婚（Poortman，2005；Karney & Bradbury，1995）。第七，对婚姻的观念，结婚前对婚姻抱有美好、浪漫等不切实际的乐观幻想的个体，容易随着时间的推移而对婚姻和伴侣幻灭，因为在任何婚姻中都存在浪漫的消退（Kayser & Rao，2006）；而对婚姻持有悲观看法的个体也不太可能维持稳定的婚姻关系（C. Segrin et al，2005）；另外，对目前婚姻的满意度越低，对婚姻的稳定性越不利（Karney & Bradbury，1995）。

【建议参考资料】

1. HASELTON M G，BUSS D M. Error management theory：a new perspective on biases in cross-sex mind reading [J]. Journal of Personality and Social Psychology，2000，78（1）：81－91.

2. ERBERT L A. Conflict and dialectics：perceptions of dialectical contradictions in marital conflict [J]. Journal of Social and Personal Relationships，2000，17（4－5）：638－659.

3. GOTTMAN J M. The marriage clinic：a scientifically-based marital therapy [M]. W. W. Norton & Company，1999.

4. GOTTMAN J M，LEVENSON R W. What predicts change in marital interaction over time? A study of alternative models [J]. Family Process，1999，38（2）：143－158.

5. WHITING B，EDWARDS C P，HANDEL G. A cross-cultural analysis of sex differences in the behavior of children aged 3 through 11 [J]. Childhood Socialization，1988：281－297.

6. LEVINGER G. A social psychological perspective on marital dissolution [J]. Journal of Social Issues，1976，32（1）：21－47.

7. BATTAGLIA D M，RICHARD F D，DATTERI D L，et al. Breaking up is (relatively) easy to do：a script for the dissolution of close relationships [J]. Journal of Social and Personal Relationships，1998，15（6）：829－845.

8. KARNEY B R，BRADBURY T N. The longitudinal course of marital quality and stability：a review of theory，methods，and research [J]. Psychological Bulletin，1995，118（1）：3－34.

【问题与思考】

1. 恋人之间争执的模式都有哪些类型？

2. 如何处理与恋人的争执？
3. 两性存在怎样的权力与资源差异？
4. 婚姻关系中影响暴力行为的因素有哪些？
5. 离婚一般会经历哪些阶段？

第五章　爱情的维护

【本章提要】

本章介绍了维护爱情关系的一些策略与方法，包括：一般策略，如保持忠诚、共同成长、共同活动、谦让与付出、欣赏与感激、宽恕以及预防性训练等策略；专业治疗方法，如行为婚姻疗法、认知行为疗法、整合行为疗法、情绪取向婚姻疗法、精神分析婚姻疗法等。希望能够通过这些非专业干预策略的研究结论以及专业治疗方法的原理及操作过程，来帮助人们较好地维持长久的伴侣关系。

【重要术语】

自我概念　积极错觉　认知优越感　预防与关系促进教程　行为婚姻疗法　认知行为疗法　整合行为疗法　情绪取向婚姻疗法　精神分析婚姻疗法

长久性似乎是爱情圆满的重要标准。假如后来宝玉是与黛玉而非宝钗终成了眷属，他们的爱情是否会长久？如果结局不至于家破人亡，而仅仅是那些替他们承担责任的人，如凤姐、贾政不再替他们去算计和经营之后，生活的责任由他们自己来担，爱情又会怎样？宝玉是个用情极深的，黛玉又是个极聪慧的，当日日浸泡在生活的庸俗和琐碎之中时，情深的会不会处处多情？聪慧的又会不会尔虞我诈？而当两人连相互之间的最后一丝神秘都熟悉到麻木之后，黛玉会不会看清宝玉的无用，宝玉又会不会看到黛玉的刻薄？任何事物在得到之后，维持起来总是不容易的。

都说情深不寿，慧极必伤。然而在漫长一生中为了维护当初的爱情，深情与智慧总是必不可少的，或许这样才能保证爱情在流年的消磨中淡始见长吧。

第一节　一般维持策略

经过前几章的讲述，我们知道当爱情转变为伴侣关系之后，并非如童话中“王子和公主从此幸福地生活在了一起”那般简单。相反，这反倒像新开张的店铺，仅仅是经营的开始。面对爱情关系中可能出现的问题，人们想要维持理想的伴侣关系就必须积极地作好准备加以应对。研究者们发现，通常忠诚于伴侣关系、对亲密关系保持满足感，并且对伴侣的背叛行为能够宽恕的个体，其伴侣关系会更加持久。另外，也有研究项目致力于伴侣关系的预防性提升训练，并且效果显著。

一、保持忠诚

对伴侣忠诚的个体会更加期待亲密关系的长久。研究者发现，忠于伴侣关系的个体通常对其亲密关系会有以下几种认知上的特点。同时，这反过来也是通过保持忠诚来维持亲密关系的可用方法。

首先，他们表现出了对伴侣的认知相互依赖（cognitive interdependence），即在意识或者潜意识里不再将自己视为单独的个体，而认为自己与伴侣是一个整体，或者说个体已经将自己与伴侣的关系纳入了其自我概念（self-concept）之中。由于人们普遍存在自利性偏差（self-serving bias；Kruger & Gilovich，1999），因此当伴侣关系被纳入自我概念之后，个体较难与伴侣发生分离，或者否定与伴侣的亲密关系。例如，这类伴侣通常会用“我们”、“我们的”而不是“我”、“我的”来进行表达（Agnew et al，1998）。他们对伴侣的需求和感受更加敏感，也更为感同身受。这种认知上的相互依赖性决定了积极错觉和优越感的存在。因此，在认知上将自己的伴侣关系纳入对自我的概念中，是一种增进个体对伴侣关系保持忠诚的好办法。

积极错觉（positive illusion）即个体对伴侣的理想化，并以最好的眼光来看待其亲密关系。积极错觉并不是对伴侣无根据的幻想，而是夸大了伴侣身上的优点，并且忽视他们身上的缺点。它是混合了伴侣的现实特点和个体的理想的一种知觉（Holmes，2004）。事实上对伴侣产生积极错觉的个体很多时候并不是无视伴侣缺点的存在，相反，他们能清楚地意识到伴侣的缺点，只是认为这些缺点并不如其他人认为的那么重要（Murry & Holmes，1999）。并且这些缺点只是小瑕疵，与伴侣的优点比起来，远不如后者那么有影响力（Neff & Karney，2003）。另外，对伴侣忠诚的个体还往往认为其亲密关系比大多数人都好，并且越是感到幸福就越觉得自己的关系比别人的优越（Buunk，2001）。这种认知优越感使得个体将自己的伴侣关系看得更加特别（Buunk & Ybema，2003），由此促进亲密关系的维持。由此可见，对伴侣适度的积极错觉对维护好亲密关系是十分有益的。只要不是自欺欺人，硬要在伴侣身上虚构出不存在的品质，而是在全面了解伴侣的各方面以后，以一种善意、宽容的方式看待其缺点，愿意以带有积极偏差的方式来看待伴侣，这样的个体往往更愿意致力于维护好自己的伴侣关系（Murray et al，1996）。这是因为，当我们认为自己被如此优秀而称心如意的伴侣所爱时，这本身会提高我们的自尊，而对伴侣的高度评价也会提高对方的自尊，久而久之，这一相互作用过程会带来更多的满意、爱意、信任等促进长久关系的关系品质（Miller et al，2006）。因此，在了解伴侣的优缺点基础上，对其优秀品质的积极错觉有助于关系的持久。

对伴侣关系忠诚的个体还会无视替代性选择（inattention to alternatives）或者贬低诱惑的替代性选择（derogation of tempting alternatives）。在第二章关于爱情的社会交换理论中，我们阐述了个体所拥有的替代性潜在伴侣与个体亲密关系稳定性的关系，总体看来，当个体所拥有的替代性选择价值越高、越容易获得，而现有伴侣的价值越低的话，其伴侣关系越不容易长久。然而忠诚于伴侣关系的个体会对此出现认知偏差，他们往往根本意识不到自己能够从替代性选择中获益什么，并且也毫不关心潜在的替代性伴侣（Miller，2008）。因为忠诚的个体认识到伴侣一旦知道有情敌的存在，就可能会再采取一些扰乱亲密关系的行为，他们更害怕因伴侣的离开而失去亲密关系。与忠诚的个体相比，不忠诚的个体会怀着更多的好奇心和热情去关注他们可能获得的替代性选择，例如，在大学里不忠诚的爱人常常会更仔细地寻找更理想的伴侣，并且在学期结束的时候往往不太可能与同一个恋爱对象保持情侣关系（Simeon & Miller，2005）。而忠诚的个体还会对诱人的替代性选择表现出消极的认知偏差，即贬低替代性选择的价值。他们尽管确实注意到了对亲密关系构成威胁的潜在伴侣的存在，但却认为这些替代性选择根本不如别人认为的那样有价值且令人称心如意，也不如自己现有伴侣那样有吸引力——尽管事实并非如此，并且还会蔑视能将自己吸引走的潜在伴侣（Lydon et al，2003）。因此，要想保持忠诚，不妨不理会那些可能的替代选择，或者多想想替代选择的缺点吧。另外，多向伴侣强调自己的忠诚，使其相信相互间的亲密关系有着美好的未来，能够增加伴侣维持亲密关系的愿望（Canary & Stafford，2001）。

二、共同成长

共同成长是一项有效的维持关系机制。当伴侣双方都十分支持对方成为其想要成为的那个形象时，亲密关系也会变得更加亲密。例如，支持对方去学习新的技能，鼓励和赞同对方去接纳更有前途的新角色并承担相应的责任等，最终让对方能够实现自我成长，那么伴侣关系中双方的幸福感和亲密感都会得到提升（Drigotas，2002）。亲密关系发展的最大阻碍之一便是伴侣双方因为对方的束缚而都停滞不前，这也是许多关系出现问题的重要原因之一。爱情关系十分微妙，因为个体既需要与对方融为一体，又渴望能够保持自我的独立，因此，进入婚姻中的爱情关系并非像童话里所说的那样“王子和公主从此过上了幸福的生活”，也不像有人所认为的那样“婚姻是爱情的坟墓”，这两种态度都是静止的、结果性的评判，相反，爱情关系本质上是一种过程——与许多事物的本质一样，无时无刻不在发展，融为一体与自我独立的矛盾也是时时变化的，因此，以成长的眼光看待爱情关系，并且以成全对方发展意愿的方式来求得融合，是更为有效的亲密维持方式。

三、共同活动

亲密是需要时间来培养的，如果两个人之间一切都十分般配合适，却没有时间来共处的话，他们之间的关系是不可能持久的。亲密关系需要伴侣双方共同参与各种活动，如一同玩耍、日常活动、分担家务、建立共有的社交网络，等等。人际沟通专家卡纳里和斯塔福德（Canary & Stafford，2001）在数百篇研究中总结出了维持亲密关系的一些比较容易控制的行为，这些行为最大的特点在于增进彼此自我开放和自我表露程度，培养积极愉快的交往，以及相互之间的谦让和尊重。他们发现，亲密的伴侣们往往有着共同的朋友和社会关系，并且愿意花更多的时间与伴侣的家人或者朋友相处或者做事；他们还会公平地分担需要完成的任务，完成好属于自己的那一部分家务责任；等等。另外，伴侣一起参加一些新鲜的、有挑战性的、兴奋的活动时会增加对彼此关系的满足感，并且研究者发现，那些在生活中热衷于徒步旅行、骑车、跳舞等的个体，比那些只待在家里看电视的个体认为他们的婚姻质量更高（Strong & Aron，2006）。因此，想要促进亲密关系，就增加与伴侣之间的相处时间吧，除了深入彼此的内心和人际网络之外，还需要多进行一些富有创造性的玩乐活动。不过需要注意的是，这些维持活动的时间效果是短暂的，一旦停下来满足感就会下降。所以，要维持理想的亲密关系，我们必须持之以恒。

四、谦让与付出

幸福的伴侣更倾向于表现出对伴侣妥协和谦让（accommodation），以及为亲密关系作出牺牲的意愿（willingness to sacrifice）。谦让是指面对伴侣的攻击，个体能够控制冲动，避免用同样的方式应对伴侣的挑衅，并且用具有建设性的积极行为进行反应（C. E. Rusbult et al，1998）。例如，用平静、信任、宽容来应对伴侣的消极情绪、指责批评、冲动鲁莽等令人不愉快的行为。谦让不是一种单纯的忍耐行为，它更多是出于情感理解和理性认知，是一种智慧的处理方法，能够有效避免无谓的冲突。当伴侣双方都能保持理性冷静时，他们一般会拥有幸福的亲密关系（C. E. Rusbult et al，2001）。另外，忠于伴侣关系的个体常常愿意为维护关系而作出各种自我牺牲并克制自己的欲望，做一些自己不愿做的事情。或许只是小小的付出，例如，不爱逛街的男性陪同自己的伴侣逛街购物；也有可能是为了保持和维护关系而付出巨大代价，例如，妻子因为丈夫繁忙的事业，而甘愿放弃自己的事业做全职家庭主妇等。因此，为了维持长久的伴侣关系，不妨对伴侣多些谦让，给予付出。

五、欣赏与感激

研究者发现，提高对亲密关系满足感的一项重要秘诀是：对伴侣心存欣赏，并对伴侣表达感激（Floyd，2006）。当愉悦幸福的环境过于稳定，人们往往会习以为常，身在福中不知福。这非常不利于亲密关系的维持。有研究者认为，幸福的人可能生来就更容易注意到自己的幸福之处（Tucker，2007），这可能正是其幸福的来源。因此，人们有必要去注意伴侣所付出的关爱、仁慈和慷慨。当个体向伴侣表达自己的感激时，伴侣会感受到个体所给予的价值认可和关爱；同时，这种欣赏能够减少伴侣在帮助个体时感到所付出的代价，从而也更愿意做出这样的付出行为，并感到快乐（Berger & Janoff-Bulman，2006）。因此，有意识地注意伴侣的优点，并把你的感激传递给伴侣，不断重复这一行为能够增加双方的幸福感。例如，每隔一段固定的时期即向伴侣表达你欣赏他所做的一些事情。

六、宽恕

如果亲密关系中伴侣出现了出轨行为，这本身是非常令人痛苦的。但如果还想继续维持伴侣关系的话，受害一方就必须进行宽恕。宽恕是对于曾经不公平对待自己的个体，放弃报复的决定（Friesen & Fletcher，2007），当个体宽恕别人时，即放下了指责和怨恨。这是关系修复的基础。宽恕通常能改善伴侣关系，当人们得到宽恕时一般会对自己的行为更加悔恨，并且宽恕还能促进建设性、开放性的沟通，这有助于问题的解决以及日后良好关系的维持（Perrier et al，2008）。总之，令人满意的亲密关系中宽恕更容易发生，而宽恕反过来也能增强伴侣对相互关系的满意度。

宽恕的实现一般需要三方面的条件。一是背叛者谦卑、真诚的道歉。当出轨的一方承认所犯下的错误，并表示羞愧、自责和悔恨时，受害者通常会更有可能宽恕他们（Tabak & McCullough，2008）。二是受害者的共情。更容易站在伴侣的角度思考并想象伴侣为什么会那么做的个体，更有可能宽恕伴侣的出轨行为（Tsang & Stanford，2007）。三是受害者不沉溺于出轨一方给自己带来的伤害。这样的个体不会对出轨行为念念不忘、耿耿于怀，不会对此进行过度的沉思，因而也不会继续激发愤怒情绪（Ysseldyk et al，2007）。

宽恕行为会受到许多因素的影响。首先是人格特质。例如，宜人性较高的个体更容易做到宽恕他人（Koutsos et al，2008）；而神经质较高以及自恋的个体则很难做到，神经质会令人将怨恨维持很多年（Maltby et al，2008），自恋者则更容易进行报复（Exline et al，2004）。其次是依恋风格的影响。焦虑型和回避型个体都较难宽恕他人，他们更容易产生愤怒情绪，并牢牢记住伴侣的出轨行为。另外，宽恕也受到之前伴侣关系质量的影响。拥有亲密而忠诚的伴侣关系的个体更容易宽恕伴侣，这一方面由于受害者更容易表现出共情，另一方面也因为背叛者更有可能进行诚恳的道歉（Couch et al，1999）。

因此，为了将已出现危机的关系继续维护下去，受害的一方需要表现出足够的宽恕来，当然出轨的一方更应当进行诚恳的反省和道歉，双方真正做到将伤害放下，才能继续维持令人满意的关系。在亲密关系中，宽恕比报复更有价值。

七、预防性训练

婚姻预防性干预训练的目标在于，帮助伴侣们在婚姻问题发生之前就改善他们之间的关系，即在伴侣们对彼此的关系还算满意时，就通过非预测性、非针对性的干预，来防止未来出现的问题恶化的可能。致力于研究婚姻的预防性干预的研究者通常认为伴侣之间的关系是一直处于发展变化之中的，它会受到婚姻发展过程中一些常规的和非常规的事件的影响，常规的事件如结婚、生子、孩子入学、老人辞世等，往往是人生和婚姻重要的转折点，并且通常会带来伴侣们角色上的一些转变；非常规的事件一般都是出人意料的，个体往往毫无防备，如失业、不能生育、意外灾害等。婚姻的预防性干预训练主要是针对常规事件的一些措施，并认为对于这些事件的干预处理越早，其带来的长远效益越大。在这些必经的婚姻过渡阶段中，伴侣们通常会经历以下六项发展任务：1. 发展建设性的关系；2. 发展对婚姻关系现实的、建设性的态度和期望；3. 发展能够满足双方情感和心理需求的行为方式；4. 视彼此为获得快乐、减少忧虑的源泉；5. 发展依赖性与独立性相结合的建设性心理机制；6. 发展调节关系转变进度以及转变方式的建设性心理机制。

相关的较为著名的关系技能课程是预防与关系促进教程（the prevention and relationship enhancement program，PREP），其价值在于，在问题发生之前即对伴侣的期望和沟通技能进行深入而细致的调整，从而为未来亲密关系的新阶段作好准备（Markman et al，1994）。

（一）干预过程

PREP 课程现有两种训练形式。第一种方式应用较为广泛，其中伴侣需要参加为期约 6 周、总共约 10 小时的课程训练，在每周一次的课程中，4—10 对伴侣组成一个小组，一起聆听关于关系调节技巧的简短讲座。之后培训者还会给每对伴侣指派一名沟通顾问，并让每对伴侣在单独的房间进行技巧练习，而沟通顾问则像教练那样对他们的沟通活动给予反馈，从而使伴侣们更好地掌握技巧。除此之外，PREP 课程每周还会给伴侣们布置家庭作业，以促使他们理解和学会使用这些技巧。

第二种训练方式则较为特别，培训者会在指定的周末将 20—60 对伴侣集中在一家宾馆进行课程培训。首先是伴侣们一起聆听课程讲座，然后伴侣们在各自单独的房间里进行技巧练习。此方式的优点在于能够让伴侣们在短时间内集中精力促进彼此的关系。

此外，PREP 教程还将课程内容录制成了音像制品，便于伴侣们在家中使用。

（二）课程内容

PREP 课程每部分内容都包含了 15—45 分钟的课程讲座，剩下时间则让伴侣们进行练习，以便从中学会运用与其关系相关的新技巧。PREP 课程内容一般分为六个部分。

第一部分内容主要包括如下几方面：1. 介绍教程的程序和结构及其实证有效性，使伴侣们了解课程如何进行，以及主要内容是什么；2. 介绍性别角色的相关内容，重点在于两性在沟通行为上的重要差异；3. 介绍信息的传送和接收过程，以及其中可能发生的误会，重点在于介绍如何准确、有效地传递和接收信息。

第二部分首先会详细介绍哪些沟通方式具有破坏性，以及哪些沟通方式具有建设性，同时鼓励伴侣们采用具有建设性的沟通方式进行技巧练习，并对破坏性的沟通方式进行恰当的调整。此过程重点在于强调倾听技巧的掌握，即倾听并非为了等待下一步的自我情感表达，而是为了真正听懂对方的表达。其次，本部分还会介绍人们对伴侣关系的期望的作用，以及它与沟通的关系；鼓励伴侣们深入观察自己的期望，尤其是那些会伤害伴侣关系的期望；强调主观期望对于信息的过滤作用，由此导致的偏差和误解会直接伤害到伴侣。

第三部分则进一步帮助伴侣们找出关系中潜在的问题。这些问题通常与沟通过程相联系，表现为表面化的问题争论，如那些永远解决不了又不断出现的琐碎争执，或者是一方对另一方一些“屡教不改”的错误行为的“证据”列举，等等。由此通过运用沟通技巧去发现更深层次的问题，并加以解决。另外，此部分还会建议伴侣们多进行一些共同的娱乐活动，以及介绍增加乐趣的方法。

第四部分集中阐释问题的解决方法。首先会展示问题的解决模式，并让伴侣们进行实践练习。该模式通常包括如下结构，先是充分而全面地讨论问题，只有伴侣双方都认为对方认真倾听并理解自己时，才有利于下一步的进行，即解决问题。而问题解决的难点在于情感问题，沟通顾问的反馈在此阶段发挥了重要作用。其次，对如何创造和维护良好的亲密关系提出一些针对性建议，目的在于增进情感亲密程度。

第五部分重点在于两项因素的介绍：义务和相同的价值观。首先介绍并讨论伴侣关系中双方应承担的义务，以及这些义务对相互关系的影响，练习重点在于让伴侣们对自己和配偶的各方面义务进行定位。其次，基于基督教文化，向伴侣们介绍影响亲密关系的四项精神价值：荣誉、尊重、亲密和歉意。并强调共同的精神价值信仰对伴侣关系的影响，旨在帮助他们确认和调整自己的精神价值观念。

第六部分强调了身体沟通的重要性，即性行为在改善、维系和提高伴侣关系质量中的作用。课程首先会介绍肉体接触、性格缺陷以及二者之间的联系，然后会对伴侣们进行感觉集中训练，如按摩手和脚。此部分旨在增进伴侣们身体交流的技巧，如改善对按摩和接触的感觉。另外，课程最后还会阐述如何将在课程中学到的内容带回到伴侣们的生活中去，并强调他们具有使用这些技巧的义务。

（三）干预效果

关于 PREP 课程的多项研究结果均表明其具有很好的效果。例如，有研究发现，参加该项目训练的普通个体比没有参加过的个体的亲密关系发展都要好（Carroll & Doherty，2003）。再如，接受 PREP 训练的新婚夫妇比没有接受的新婚夫妇在婚后前三到四年中普遍感到更加满意（Freedman et al，2002）。

第二节 专业治疗方法

通常，进行伴侣关系治疗的大多数是婚后的夫妻。对于这一点不难理解，婚前出现任何严重的伴侣关系问题，两性双方都可以选择分手而另寻新欢，除非他们主观认为有某些原因使得他们无法分离。在第四章我们解释了为何婚前分手更容易也更普遍，以及为何婚后出现问题而选择离婚一般会大动干戈，因此不到万不得已，多数人不愿选择离婚。而面对无法逃避的婚姻问题，最佳的选择就是进行夫妻治疗。这也是为何临床治疗主要是针对婚后夫妻的原因。

在心理治疗领域，普遍存在理论与技术两大趋势。理论并非独立的治疗学派，也不是一种可以明确界定模式的特殊治疗技术，它是一种具有普遍意义的心理学观念和立场，对众多具体的心理干预技术来说是一种态度取向上的支持，具有指导意义。近十年来最重要的变化似乎体现在了心理治疗的理论上，首先，临床工作者们开始注重人与人之间的关系尤其是医患关系，临床医生们对于信息的获取也不再局限于来访个体的主观报告，也开始通过现场的互动观察来获取材料，如个体咨询中对医患关系的观察，夫妻治疗中对夫妻互动的观察，以及团体治疗中对人际互动的观察等。其次，在婚姻治疗中，专家们也开始重视情感的作用。长久以来，人们把过多的注意力放在了婚姻中的互动行为上，而仅仅将情感视为附带现象，并认为只要改变行为情感也就会得到平复。然而随着依恋相关研究的深入，人们开始认识到个体对外部和内部的区分并非如我们表面划分的那么明确，如个体躯体以外的任何事物都被人为地划为外部，事实上不同依恋个体的划分并非如此明确，而在个体心理层面联结这些事物的正是情感。由此，专家们更倾向于将人与周围事物视做一个系统，从系统相互作用的角度来检视家庭关系。另外，临床工作者们越来越清楚地认识到人们的价值观念、社会文化等因素对伴侣关系的影响，如种族、性别、性取向、年龄等，并且意识到夫妻治疗最根本的目标不是改变伴侣任何一方的价值观念，而是促使他们正确看待和评价这种价值观念的分歧，由此促进他们之间的相互交流和真正了解，发生结构性变化才是最终目的。

当今心理治疗技术依然延续着20世纪一些流派的理念，如精神分析、行为矫正等流派，并且在原有基础上与其他领域相融合，发展出了新的技术，如行为疗法开始与认知、情感等进行融合。总体上心理治疗技术越来越具有灵活性和针对性，更加强调干预措施的专业性和可操作性，治疗的效果也越来越被认可。另外，各种流派的疗法之间表现出趋于整合的态势。例如，行为疗法开始结合认知和情感等因素，而精神分析的心理动力学疗法也越来越多地采用行为主义的训练方法来改进伴侣间的沟通以及问题解决能力（Robin & Foster，1989）。以下主要对几种较为重要的治疗流派新进展进行介绍，包括行为取向婚姻治疗、情绪取向婚姻治疗和精神分析婚姻治疗的最新进展。

一、行为取向婚姻治疗

行为婚姻疗法（behavioral marital therapy，BMT）源于针对个体行为进行的心理治疗模式，后被研究者们演变为一套用在夫妇身上的技术。行为取向的婚姻治疗方法最早由斯图尔特（Stuart，1969）在其公开发表的一篇文章中明确阐述，并且确立了BMT的基本原则，即强调伴侣之间的强化交换行为（reinforcing exchanges），强调通过强化来改变伴侣之间的一些行为，包括减少具有消极功能的行为频率以及增加具有积极功能的行为频率。因此，BMT一直以来的重点在于努力提升伴侣之间积极行为的强化性交换水平，以及降低消极行为的惩罚性交换水平。

BMT经过长期发展又出现了许多变式，其中最为重要的是强调认知的作用的认知—行为婚姻疗法（cognitive-behavioral marital therapy，CBMT），以及强调在注重行为改变的同时也要注重情感接受的整合行为夫妻疗法（integrative behavioral couple therapy，IBCT）。

（一）认知行为治疗

1. 理论简介

研究者埃利斯最早提出了CBMT的核心理论，并且他与哈伯还就通过改变认知观念来解决婚姻问题提出了自己的观点（Ellis & Haber，1961）。然而认知因素对婚姻问题的影响及干预的真正兴起，则是发生在20世纪80年代掀起的“认知革命”中。随着认知因素在心理学各个领域的兴起，人们开始对认知因素在心理治疗中的作用产生了兴趣，尤其是习得性无助以及归因方式对抑郁与婚姻关系的影响，使人们意识到了认知因素在临床婚姻治疗中的重要作用（如Epstein，1982）。由于行为婚姻治疗与认知因素的结合越来越普遍，因此许多研究者将其称为认知—行为婚姻治疗。在认知—行为取向的婚姻疗法看来，个体的认知、行为、情感因素三者是无法完全分开的，某种重在改变夫妻行为方式的干预有可能会进一步影响夫妻之间看待彼此的方式，并由此产生新的情感态度；反过来也如此。不过该取向将情绪视做是其他因素的附带产物，并且认为改变夫妻关系的核心和关键还在于认知的改变；但是它也同样看重之前行为疗法的一些技术，如训练伴侣之间的积极行为，增进沟通和问题解决技巧，以及伴侣双方制定一些协议，等等。

认知—行为婚姻疗法的研究者们（如 Baucom & Epstein，1990；Gurman，2001）大都认为，在夫妻关系中至少存在五种认知因素，包括选择性注意、归因方式、期望、设想、价值标准。选择性注意即伴侣们通常只会注意到那些会影响双方关系和感受的事件，并且不同的个体注意的焦点不同。归因则是对已经发生的事情的解释和评价过程，对同一件事情的归因方式不同，带来的行为结果也就不同。期望是指伴侣们通常都会基于过去的经验，预先认为某些事情更有可能会发生，包括对未来、对伴侣以及对自己的一些预期。另外，人们对于婚姻关系会有一些自己已有的主观设想，即对事物的运行方式和规律的假定，如伴侣关系应该是怎样的，伴侣应该表现出怎样的行为等。而价值标准则是涉及了人们的价值观念，它能够决定人们对婚姻抱有怎样的设想。而婚姻问题的产生往往是由于个体对自我或者伴侣抱有不合理的想法导致的，这些想法通常是完美主义的或者灾难性的，并且这些不合理观念还会触发个体的愤怒和绝望情绪，以及针对伴侣的不断升级的不理智行为（Brehm et al，2009）。

2. 干预模式

在对婚姻问题进行认知—行为干预时，治疗者通常会采取认知评估和结构性治疗两种方法。为了更全面地了解伴侣之间的关系，认知—行为疗法通常会首先进行认知评估，并由此确定治疗的结构。在评估过程中临床工作者通常会采取多种策略和方法。最典型的常用策略是让伴侣们进行自我报告，或者对他们进行访谈，在此过程中治疗者进行笔录，以便更好地收集信息，如会采用一些结构性的信息评估量表以及问卷等。其次，治疗者也会在特定的情境下要求夫妻双方进行相互交流，由此对他们的互动情况进行直接的观察和评估。另外，评估者还会将自己对问题的理解向伴侣们进行反馈，在此过程中通常可以澄清大量信息。在信息收集结束之后，治疗者还需要对之进行整合，最终从中归纳出解决问题的突破口，并由此形成一到两个主题，选择相应的干预策略。认知—行为的干预策略既包括 BMT 的传统行为改变策略（对此将在整合行为疗法中阐述），也包括一些认知改变训练。值得注意的是，这两种改变策略并非相互独立进行，而是相互融合搭配的结构，共同、同时地对夫妻问题的解决产生作用，如技能训练与认知重建同时进行。

CBMT 的认知改变策略主要包括两部分，一是对认知的鉴别或者监控技术，二是修正潜在错误认知的技术。为了促进伴侣们的认知自我监控，治疗者们通常会提高伴侣对选择性注意、归因方式、期望、设想和价值标准的自觉意识，而在修正潜在错误认知并进行认知重建时也主要从这五个角度入手。

（二）整合行为治疗

1. 理论简介

整合行为疗法最早由雅各布森和克里斯坦森提出（Jacobson，1992；Jacobson & Christensen et al，2000），源于这两位研究者的临床经验。在对传统婚姻行为疗法的实践中，他们发现了其中的一些局限性，因此提出了整合行为疗法。它与传统行为疗法最大的不同之处体现在两个方面：一是 IBCT 不仅仅是针对婚姻关系中的伴侣，而且将治疗对象扩大到了所有类型的爱情关系中，包括同居情侣、同性恋者以及已婚夫妇；二是与传统行为疗法强调行为改变不同，IBCT 认为仅仅注重行为改变是有偏颇的，并且效果并不持久（Gurman，2001），因此 IBCT 还注重伴侣之间的情感接受。

传统的行为疗法一直采用两种改变夫妻关系的策略，一种是行为交流策略（behavior exchange strategies，BE），另一种是沟通/问题解决训练（communication/problem-solving training，CPT）。BE 是直接强化积极行为频率以及减少消极惩罚性行为的一种方法，即强调对伴侣多采用积极的奖励行为，减少消极的惩罚行为，由此来改善婚姻关系质量。CPT 则是一种夫妻间的沟通交流技巧训练，认为沟通的工具价值在于它能够有效解决问题，因此 CPT 通常会训练伴侣们采用缓和的和非强迫性、攻击性的交流方式来讨论相互之间的矛盾冲突，并且以改善关系和解决问题为目的。总的来说，这两种改变策略都是通过制定并执行夫妻双方共同遵守的规则来实现的。例如，关于家务活动的矛盾，治疗者会让伴侣之间制订家务计划表，并指导双方如何共同遵守这个计划表。

情感接受（emotional acception，EA）与行为改变正好相反，行为改变强调一方改变自身让另一方无法接受的行为，包括减少过分的行为和增加欠缺的行为等，而情感接受则是要求另一方接受过去无法接受的行为，尽管这要求这一方付出更多的忍受，但是这种接受是建立在理解的基础上的，尊重对方自身的行为逻辑。因此，IBCT 通过这种对伴侣矛盾双方的共同调整来实现平衡，而事实上接受也是一种改变，只是它强调对行为不满的一方在情感态度上的改变，即改变对伴侣行为的反应。

2. 干预模式

IBCT 的治疗过程通常分为三个阶段：评估阶段、反馈会谈和实施治疗。在评估阶段中，治疗者通常需要弄清楚以下六个问题：（1）伴侣之间关系的紧张程度怎样？（2）伴侣之间的婚姻约束力如何？（3）是什么问题导致他们分开？（4）这些问题为什么会困扰他们？（5）是什么力量促使他们仍然在一起？（6）应该采用何种方法来帮助他们？这一过程通常需要三到四次访谈，当研究者收集到足够的信息以后，就进入下一阶段。在反馈会谈阶段，治疗者会根据上一阶段六个问题所发现的相关信息向伴侣们进行反馈并提出相应的治疗计划，以便伴侣们决定是否继续进行治疗。当治疗过程真正进入治疗实施阶段后，治疗者与伴侣们需要首先确定好问题的讨论顺序，因为通常伴侣之间的矛盾不会只有一个问题。通常治疗者会选择需要改变较少或者是亟待处理的问题入手，然后再切入较难改变以及更为长久的问题。接下来，治疗者会综合采用行为改变和情感接受策略，使之相互搭配来同时进行治疗。改变和接受策略的顺序或者重点要视具体情况而定。并且往往是：当伴侣们认识到并接受了问题的必然性之后，改变策略也会顺理成章地获得成功。

IBCT 治疗技术的具体操作方法包括传统行为疗法的行为改变策略、交流能力训练策略，还包括 IBCT 特有的促进情感交流策略等。如前所述，行为改变策略通常包括行为交流策略和沟通/问题解决训练。BE 通常包括三个步骤：（1）辨别能激励双方的行为；（2）增加这些行为的频率；（3）训练伴侣双方认识和承认对方为自己所做的行为改变。

与 BE 旨在对具体问题进行直接的解决不同，CPT 的重点是系统地训练伴侣们的交流能力，因此它尽管不能用立竿见影的效果来使伴侣们感到满意，但是这些系统的交流训练是必需的，它有利于增进伴侣之间解决未来不可避免的问题的能力。CPT 所需时间通常比 BE 更长，在此过程中通常遵循三项原则：一次只讨论一个问题；避免语言攻击以及单方面宣泄和谈论自己的不满，双方轮流表达和倾听；从解释和总结，即复述对方的观点开始，进行自己的陈述。另外，在 CPT 训练中治疗者会让伴侣们在发生争吵时分两个阶段进行解决：解释问题、解决问题。

IBCT 一般通过四种方法来促进伴侣之间的情感接受。第一，通过促进伴侣对问题的理解和同情来实现情感接受，即通过使伴侣一方对对方的行为产生情感，从而消除责备。第二，通过将问题分离成为客观事件来实现情感接受，即让伴侣双方对问题进行客观理智的分析，对问题进行陈述性的、独立客观的、不带情感的阐述。第三，通过忍受痛苦来实现情感接受，即让伴侣一方增强对对方行为的忍耐力，当个体不再企图改变对方或以逃避对方来进行防御，心平气和地体验对方的行为的，忍耐就会产生。体验对方的行为以及放弃改变对方的斗争是关键。第四，通过自我照顾来实现接受，当伴侣的一方不能满足另一方的需要或者容纳另一方的脆弱时，另一方即需要增强自己的自信和独立性，即使不需要对方的给予，也能过得很好。

二、情绪取向婚姻治疗

情绪取向婚姻疗法（emotionally focused couple therapy，EFT）是最近才出现的一种新疗法，与依恋理论密切相关（详见第二章）。它关注的重点在于伴侣们在尽力满足依恋需要时所体验到的情绪。研究表明，在 EFT 治疗完成时，70% 的伴侣克服了他们之间的不满（Johnson，2004）。

（一）理论简介

情绪取向婚姻疗法最早由约翰逊和格林伯格（Johnson & Greenberg，1985）创立，并且该取向对于婚姻问题的疗效十分明显（Johnson，2004）。EFT 被命名为情绪取向体现了此流派把情绪看做是婚姻或者个人改变的根本动力，并希望将治疗重点由行为层面转变为情绪层面，不再将情绪视做是婚姻问题的附属部分。它认为内心感受尤其是情感体验控制着个体对待伴侣的方式，伴侣之间的这种相互作用和影响决定了各自在关系中所处的习惯性位置，如附属或亲密、控制或依赖，而当这些习惯性位置日趋僵化之后便会充满消极情绪，由此导致相互攻击或者自我保护性疏远。EFT 认为伴侣交往中之所以会保持习惯性位置，是由他们各自童年的生活经历所决定的，是他们对自己生活的原型相互作用模式的强迫性情感体验和自我强化的结果。这些原型相互作用模式束缚了彼此的亲近和回应，而这些恰恰是情感联结以及安全依恋的基础。

EFT 从一开始就是从情感联结的角度来看待亲密关系的。随着其理论的日益精练，依恋理论（Bowlby，1988）在其中的重要性也日益突出。而社会心理学家们也越来越认为依恋理论对于爱情关系的研究来说最为适合。EFT 认为人们需要并会向伴侣寻求情感安全，如果其需求得不到伴侣的保证和接纳，就会以沮丧、苦恼等负面反应体现出来。因此，EFT 的根本目的在于重新建构伴侣之间的互动模式，由此形成安全、亲密的情感联结，并帮助个体建立正向的自我概念。EFT 通常会令伴侣双方经历如下转变过程：1. 从情感疏离变为情感交流；2. 从警戒防御和自我保护转变为敞开心扉并愿意为促进关系而尝试新的经验；3. 由被动无助、任由消极情绪主宰发展，变为主动创造自己的生活；4. 从对对方的绝望指责转变为能够觉察反省，认识到双方是如何共同造成这种相互无法关心和积极回应的境地的；5. 从专注于对方的缺点转变为发掘自身的恐惧和渴望；6. 从疏远隔离转变为情感联结（Johnson，2001）。

（二）干预模式

EFT 一般会进行八到十二次访谈，不适用于分居中或者有家庭暴力问题的伴侣。它最适用于那些想建立深层的真挚情感联结，以及因消极的互动关系而变得疏离的伴侣。EFT 的治疗过程一般包括三阶段九步骤（Johnson，2004）。

第一个阶段为评价问题阶段，治疗者需要识别出伴侣双方互动中的冲突模式，指出因各自固有模式的相互作用造成的结果，帮助伴侣们认识到各自没有得到满足的接纳和安全需求，并鼓励他们将自己与伴侣视为团结一致同相互间冲突进行斗争的合作者。此阶段共四个步骤：1. 治疗者与伴侣建立关系，让伴侣们描述他们的问题，通常是详细描述近期的争斗；2. 界定消极的互动模式；3. 辨别出隐藏在伴侣们争斗背后的、未察觉到的深层情感恐惧和需求；4. 从深层情绪和依恋需求的角度重新界定问题，由此让伴侣们重新认识彼此受到的伤害。

第二个阶段的主要任务在于帮助伴侣们建立培养安全感和亲密的新交往风格。伴侣们开始建立建设性的互动新模式，承认对方的需求并提供更多的保证和安慰。此阶段分三个步骤：1. 增进伴侣们对一直被否定的个人需求和特性的了解，并将这些新认识应用到互动中去；2. 增进伴侣们对新的彼此的承认和接纳，对新的互动模式的接受以及体会；3. 鼓励伴侣们表达各自的需求和渴望，进一步建立情感联结。

第三阶段为练习和维持新交往风格阶段。伴侣们进一步练习和加强对彼此情感需求的应答性，并依靠这种新建立起来的安全感，毫无畏惧地寻找解决旧问题的新方法。此阶段分为两个步骤：1. 应用新的互动模式去寻找解决旧有婚姻问题的新方法；2. 巩固新的互动模式和依恋行为。

三、精神分析婚姻治疗

精神分析婚姻疗法（psychoanalysis marital therapy，PMT）源于弗洛伊德的精神分析理论和其创造的治疗，并吸收了其他疗法的许多优点，因此与传统精神分析的方法差别较大，但却有着共同的理论形态。精神分析婚姻疗法是广大精神分析治疗者在临床实践过程中发展起来的，因此它并不像其他疗法那样有着明确的提出者和治疗模式。这是由精神分析疗法特殊的、灵活的工作模式所决定的，因此它较难被治疗者们毫无困难地广泛应用到各种相似的情境中去。它较难作为主要的治疗模式被广泛迁移，但由于它重视从个体深层结构进行改变，尽管较为费时费力，却一直都是一种非常重要的、有价值的疗法。

（一）理论简介

PMT 强调个体不同意识结构层的冲突，即意识与潜意识的冲突，以及思想与情感的冲突；重视治疗对象的阻抗、防御、潜意识思想、移情等。对于伴侣关系，它重视过去和现在经历的影响，但更看重原因而不是发生的形式。这种疗法相对来说没有固定的治疗结构模式。也正因为如此，各位精神分析学家们的观点也差别较大，他们各自侧重了精神分析领域里的不同概念。

但研究者们大都重视伴侣之间无意识交流的作用，即伴侣在相互适应过程中，他们的无意识相互补充而形成了其共有个性。在健康的婚姻中，这一相互补充作用能够使个体内部的受压抑部分不再有压抑感，而在不健康婚姻中这种适应会加强先前的压抑。这一点可以通过伴侣间无意识交流的投射自居作用来说明。投射是指个体将自己不喜欢或不能承受但又是自己具有的冲动、动机、态度和行为转移到他人或周围事物上，认为他人或周围事物也有这样的动机和行为。自居是个体无意识地将某一客体的某些方面或属性同化的心理过程，用以掩盖自己的缺点或不足。投射和自居作用都是正常的发展机制，也是防御机制。婚姻关系为伴侣双方提供了一个奉献、承诺、亲密和肉体的关系，它诱发了个体对童年发展过程的回归（见第二章弗洛伊德的发展阶段理论），同时对于过去发展中受压抑的部分也开始向伴侣寻求满足和表达。在此过程中相互间的投射自居作用就发生了。PMT 即提高伴侣双方对于投射自居的控制能力的过程。伴侣们学着修改对方对自己的投射，将它们与自我区分开来，并且收回自己对对方的投射，由此才能将对方真正看做是他们选择去爱的独立的个体，而不是其自我受压抑的那一部分，爱对方也不是对自我压抑的满足。最终双方才能找回自我，成为更加成熟、快乐、自主的个体。因此，挽救婚姻不是 PMT 的基本目的，其理想目标是将婚姻从投射和自居作用的束缚中解脱出来，这两者是有区别的。

（二）干预模式

PMT 的治疗目标只有一个总体的态度，即通过症状穿透个体的层层防御和焦虑。在任何案例中，当治疗者引导伴侣们挣脱束缚去体验他们的关系潜力时，目标都会随着进程而改变。因此治疗者们都倾向于不对目标进行确切描述。PMT 的平均治疗持续期为两年。

1. 治疗步骤

同样，在 PMT 治疗过程中也并没有固定的治疗步骤，但治疗者通常需要完成如下任务：（1）设置治疗框架，包括治疗目的、时长、次数、工作方式等；（2）在伴侣双方进行陈述过程中保持中立立场；（3）治疗者通过倾听和表达自身的感受来创设一个心理空间，让伴侣们能够自由表达自己的焦虑，感到自己是被理解的；（4）倾听无意识，在治疗过程中治疗者要将个人陈述和伴侣之间的交流当做完整的系统去倾听，并且不但要倾听有意识的交流，还需要倾听无意识的交流，如辨别沉默的含义；（5）对治疗者本身的运用；（6）处理移情和反移情，如伴侣们有时会无意识地将治疗者当做是家庭中的新成员，而治疗者有时候也会在无意识中产生一些“不舒服”的感觉，这些都是需要发觉并加以解决的；（7）治疗者从自己的情感经历出发对伴侣的防御、焦虑、幻想等进行释义；（8）调控全程。

2. 操作技术

PMT 有以下几种重要的治疗技术。第一，倾听无意识。如伴侣是以何种顺序进行叙述的，沉默和身体姿态表达了何种含义，治疗对象的思路是如何转换的，等等。同时治疗者也要进行自我分析，将自己的潜意识从治疗对象的潜意识材料中分离出来。第二，保持中立。这意味着不要抱有任何偏见，如治疗者不偏爱伴侣中的任何一方，不推崇任何一种行为方式和治疗结果等；同样，治疗者也不对伴侣继续维持婚姻或者是离婚抱有道德偏见。治疗者将注意焦点放在伴侣们的内心深处、他们的交往过程以及与治疗者的互动过程上，以及伴侣之间婚姻关系成长和发展的可能性。第三，创造心理空间。PMT 治疗过程为伴侣们提供了一个包容与被包容的治疗环境，让他们能够开放自己的潜意识。第四，治疗者的自我利用。所谓自我利用即治疗者将自己作为诊断和治疗的工具。例如，治疗者避免过分强求地进行潜意识探索，而是保持间接的、宽松的接受态度，即保持不置可否、不急于知道结果的交流方式，并且保持理解自己的内部体验。再如面对治疗对象的移情，治疗者要分析自己的反移情反应。治疗对象主要有两种移情反应，一是对情境的移情，即对治疗环境的反应，表现为对治疗的无意识抵制；二是对治疗者的移情，即将对重要他人的情感反应转移到治疗者身上。对此治疗者通常需要通过积累临床实践经验以及与其他治疗专家进行讨论等来进行应对。

【建议参考资料】

1. RENICK M J，BLUMBERG S L，MARKMAN H J. The prevention and relationship enhancement program（PREP）：an empirically based preventive intervention program for couples［J］. Family Relations，1992，41（2）：141 –147.

2. HALFORD W K，MARKMAN H J，KLING G H，et al. Best practice in couple relationship education［J］. Journal of Marital and Family Therapy，2003，29（3）：385 –406.

【问题与思考】

1. 爱情的一般维护策略有哪些？
2. 预防与关系促进课程的课程内容主要有哪些？
3. 什么是情绪取向的婚姻治疗？

第六章　爱情观的演变

【本章提要】

本章主要介绍了人类文化发展史上，人们对爱情的态度与观念的演变，主要从集体主义文化与个体主义文化两种文化背景出发，分别简述了东西方爱情观的演变。并在此基础上进行了综合比较，澄清并阐述了浪漫之爱的跨文化普遍性，以及人们对待爱情的某些观念的跨文化差异性。

【重要术语】

柏拉图式爱情　典雅爱情　乱伦　性别比率　一夫多妻制　女权运动　浪漫之爱　集体主义文化　个体主义文化

根据爱情进化理论的观点（Buss，1988），人类称之为爱情的情感现象，在某种程度上是繁衍与亲代投资的承诺问题的一种进化解决办法（详见第七章）。简而言之，巴斯认为爱情具有以下几种进化功能：1. 展现与繁衍和生殖相关的资源；2. 诱发性接触；3. 是忠诚于彼此关系的标志；4. 通过配偶监护行为来提升相互关系的独有性；5. 表现出承诺和承担的义务；6. 改善繁殖行为，提高成功几率；7. 是提供亲代投资的信号。由此可知，爱情是在人类适应自然环境过程中逐渐打磨出的一种精密装置，它是解决生存和生殖等问题的复合工具。

一个时代的爱情观如何，离不开当时的社会背景，以及两性在社会中的相对地位和关系，并最终体现在对待婚姻的态度以及婚姻的法律关系上。然而，在漫长的历史发展过程中，男女各自的繁衍价值并不总是都被世人同等珍视。早在《诗经·小雅·斯干》中就有这样的句子：“乃生男子，载寝之床，载衣之裳，载弄之璋。……乃生女子，载寝之地，载衣之裼，载弄之瓦。”大多数时候，女性在社会中的地位都是较为低下的，她们必须受到男性的监护与管制。这种两性社会地位的不平等性是具有普遍性的，在历代文化中处于强势位置的始终是男性。进化论者认为，这是因为他们往往能够获取更多具有普遍性意义的社会资源所致，如金钱与财富，这些社会资源能够与他人进行广泛的社会交换。在历史上女性靠自己获取社会资源多数时候是不被允许的，而在繁衍活动中其资源更重要地体现在生而有之的孕育功能上，只是这种资源是具有特异性的，它只能与特定的个体（丈夫）进行交换，毕竟绝大多数社会对于赤裸裸地用性来换取社会资源是持道德否定态度的，人们更赞成女性与特定的男性个体建立长期的性关系。因此，在社会中拥有普遍意义资源的个体的地位总是相对较高，而拥有特异性资源的个体由于在其他情境下其资源并不具有价值，因此，在漫长的历史过程中女性的地位总是低下的。而社会对于两性情感的价值观念也大多是持现实而轻视的态度的。

第一节　西方爱情观的演变

从文明有记录以来，就会在文字上有一些爱情与婚姻的蛛丝马迹。例如，早在公元前十八世纪古巴比伦王国时期，汉谟拉比王便颁布了一部系统的法典《汉谟拉比法典》，其中第一百二十七至一百九十五条即是关于婚姻家庭与财产的。现代西方文明主要受益于古希腊、古罗马文明，而古希腊文明又是对古巴比伦、古埃及文明的传承。因此，说到西方的爱情观念，就不可不追根溯源古文明中的思想。现存有关爱情思想的最早文献是古希腊柏拉图的论述，这从一个侧面反映了爱情作为一种思想和价值观念并非在每个时代都是被提升为一种明确的思想而存在的。因此，我们需要更多地从社会关系层面，去间接发掘当时人们对于爱情的态度。

一、古埃及的爱情观

女性的社会地位直接体现了人们对待男女感情的态度。埃及学家盖伊·罗宾斯（Gay Robins，1993）认为："如果说古希腊男性从来就没有喜欢过女性，那么，古代埃及的情况则并非如此，充满性别优越感的古代埃及男性充分认识到了女性之美，并对女性充满了恐惧。从古代埃及保存下来的大量考古以及文献资料来看，古代埃及男人真正爱过她们，而且尊重过她们。"（王海利，2009）

（一）女性的婚姻地位

在那个资源相对匮乏、女性地位普遍低下的时代，埃及女性的社会地位却是很令人意外的，她们享有较多的权利。尽管在那个男性统治的时代，女性始终没有与男性平等的地位，但学者们普遍认为古代埃及女性所拥有的社会地位是同时期其他文明区域的女性，甚至之后几千年来的女性无法企及的。他们的证据主要来自三个方面：一是古代作家对古代埃及社会风情的描述；二是古代埃及王室女性在王位传承过程中扮演了重要角色；三是从古代流传下来的文献中的记载。

例如，尽管当时男女结婚没有明确的法律程序或是宗教仪式，两个人住到一起便是成婚的基本标志，但是法律却有规定：已婚女性有权自由支配自己结婚时带入夫家的嫁妆，她们可以拥有一定的财产，被迫离婚时可以得到夫妻共有财产的三分之一，她们有权提出离婚，等等（金寿福，2009）。可见，当时的法律是十分保护寡妇和离婚女性的人身权利的，并且在女性没有过失的前提下，一次离婚的各项代价甚至足以让男方倾家荡产。另外，古埃及女性结婚后仍是具有完全民事权利能力和行为能力的人，她们可以自己的名义参与诉讼、签订合同、收养孩子、介入信贷等，能够独当一面参与商业活动，甚至从事繁重的户外劳动，这可能是她们赢得社会认可和尊重的重要原因（张晔，刘洪采，2004）。

然而古埃及仍然有着强烈的“男主外，女主内”观念，家庭的经济来源仍然主要依靠男性的收入，他们有义务赡养妻子，不仅如此，丈夫死后或者离婚后，仍然对前妻承担一定的经济责任。而现有的这些文献证据也仅仅表明只有少数的女性接受过教育，大多数女性由于教育的缺乏而不能脱离家庭，她们一生的主要任务仍然是生儿育女以及照顾家庭（张晔，刘洪采，2004）。例如，有学者考证古代埃及留传下来的十多篇教育男性青年顺利进入职场并在职业生涯中飞黄腾达的说教文写道：“当你能够自食其力并有了自己的住所的时候，就要娶一个安分的女子，以便她给你生个儿子。”“当你功成名就而且有了自己的住所以后，你就要按照习俗结婚成家。你要保证你的妻子的吃穿，不要忘了给她膏油，那是护理她肌体的药物。只要你活着，就要让她的心快乐，因为她对她的丈夫来说是一块取之不尽的耕地。”（金寿福，2009）尽管其中的内容具有功利性，将女性视为生育的工具，但与同时代的希腊女性相比，其中倡导关爱与保护女性的部分，仍是显而易见的。

（二）王室的乱伦婚姻

以上的婚姻制度以及当时的一些主流观念从某个侧面反映出了当时人们对于男女感情的态度。首先，女性是有从事社会活动的能力的，她们承担一定的社会劳动责任也是为法律所认可的。其次，女性仍然处于依附和从属地位，她们的主要职责仍然是传宗接代，管理家庭。这在一定程度上也反映在当时王室的婚姻状况上。在那个年代，王室乱伦不仅是合法的，而且是神圣的，古埃及王室的女性承担着传递王位和维持家族血脉的重任。为了保证王室血统的纯正，同时防止外人借助婚姻关系进入王室、威胁王权，法老绝不轻易把自己的女儿嫁给外族，因此兄妹之间通婚十分常见。这也使得古埃及王室的婚姻制度呈现出“母系世袭”的特点，王位的法定继承人首选的是有皇族血统的皇后所生的嫡子（通常都会与公主结婚），其次是迎娶了公主的王室成员。在法定继承人没有能力行使国王权力的时候，其母亲或者妻子则有权摄政监国，这也体现了古埃及女性在社会关系中具有一定的重要地位。另外，古埃及的公主成为女王也是受到认可的，如哈舍普苏特和克娄巴特拉七世（郭子林，2009）。但女性成为君主却并不是第一选择。

古埃及这种近亲通婚的乱伦现象是维护王权稳定的重要手段，在当时具有重要的政治意义。王室要维持统治的稳固，就必须获得埃及民众的认可。在埃及民众的传统观念中，法老是神的子女，是神在人间的化身，因此他们的婚姻也应当按照神的模式进行。而在埃及的古老神话中，近亲通婚是十分常见的。例如，奥西里斯神和伊西斯女神就是兄妹结婚；“埃尼阿德”九神团当中互为兄妹的八个神结合成四对夫妻创造了世间万物（郭子林，2009）。因此，古埃及的历代法老都严格遵守着这种婚姻制度。例如，埃及第十八王朝的阿美诺菲四世，他的第一任妻子是他的母亲，第二任妻子是他的表妹妮弗瑞，第五任妻子则是他和妮弗瑞生的女儿。

（三）乱伦

乱伦现象实际上是一种退化行为，它最早出现在远古人类群居乱婚的时代，当时人们并没有固定配偶的意识，也并未认识到异族女子具有更好的繁衍价值，因此乱伦现象十分常见。然而经过一代代的重复选择，人们渐渐意识到亲属近交而繁衍的后代，其身体健康程度和生存能力都具有很大的缺陷，而与从临近部落抢来的女子所生的后代却十分健康，这也是原始抢婚的由来，至今的婚姻嫁娶仪式中对此仍有体现。一般来说，近亲结婚会导致对病原体易感性的增高，而个体携带的致病隐性基因传递和发病的概率也更高，因此会导致较多先天畸形儿的出生（Bittles et al，1991），以及新生儿的死亡率更高（Jimenez et al，1994），而存活的个体其认知功能也是极易受损的（Deckard et al，1989），并且缺乏性吸引力（Hoglund et al，2002）。这类个体也更容易被自然选择所淘汰。

由于近亲乱伦会产生严重的繁衍后果，因此自然选择会偏向那些非近亲生育的个体。经过长期进化，人们渐渐产生了选择配偶的乱伦回避机制。这个机制由两部分组成（Liberman & Hatfield，2010），一个是亲属检测系统，另一个是性交回避程序。

例如，童年的早期经历会提供个体关系的信息，对评估亲属关系起着重要作用。同胞之间由于童年时期的早期接触，由此发展出了对彼此的性厌恶。对此的证据来源于两项著名实验。谢泼（Shepher，1983）对 211 个以色列集体农场里没有近亲基因但从小一起被扶养长大的孩子进行了追踪研究。结果发现，在这些孩子成年后，211 个集体农场中共有 2 769 对夫妇，其中仅有 14 对是小时候在一起长大的，而这 14 对夫妇中没有一对是在 6 岁以前就被同时扶养长大的。因此谢泼推论，如果孩子在 6 岁以前被持续暴露在共同生活的情境下，这会对彼此之间的性厌恶产生关键性的影响。另一项研究来自于沃尔夫（Wolf，1995）对中国台湾“童养媳”文化习俗的研究。沃尔夫花了 40 年时间收集和分析数据，共调查了两万多对夫妻，结果发现童养媳婚姻中的女性的私通数量是其他类型婚姻的两倍，童养媳的离婚率是其他类型婚姻的 3 倍，而生育率也比其他类型婚姻低 40%。此外，沃尔夫还发现如果童养媳是在 3 岁以前被收养的，其离婚率和婚外恋概率都更高，生育率更低。而 3 岁以后收养的童养媳，则与其他婚姻模式中的女性差异不显著。由此沃尔夫得出结论：个体若在 3 岁以前和未来的配偶毫无掩饰地生活在一起，那么这会造成他们彼此之间的性厌恶。

而性厌恶则是一种性交回避程序。亲属关系评估越亲近，性交回避程序的激活则越强烈。厌恶是一种基本情绪，情绪是对进化中反复出现的情境的一种自动化的调节反应，是一套特殊的认知生理机制（Rosenberg & Ekman，1994）。作为基本情绪之一，厌恶最初的作用是让我们的祖先自动避免各种有害物质，如厌恶粪便、死尸、蜘蛛、蛇等；因此，厌恶情绪同样可以回避因近亲性交而带来的繁衍恶果，是避免近亲乱伦的有效方法。而如果没有如此自动化的厌恶情绪作为调节的话，那么在彼此共同生活的大量时间中，与近亲发生性关系的机会也随处可得。因此，当成员之间的线索指向近亲性交时，性厌恶程序便会被激活。

二、古希腊的爱情观

（一）女性的婚姻地位

与古埃及女性的平等生活不同，古希腊女性的地位十分低下，这与她们毫无经济地位是分不开的。如西蒙·波伏娃在《第二性》中所说："女人受到压迫的根源在于，家庭要恒久存在并保持着世袭财产。"在希腊最早的史诗《荷马史诗》中，便把给男性冠以女性的形容词视为奇耻大辱，父亲可以为一点赠品而卖掉自己的女儿（郭云莹，2007）。欧里庇得斯的《美狄亚》更是将女性的这一悲剧地位体现得淋漓尽致。古希腊女性在经济上依附于男性，在法律上无权拥有或控制人和财产，她们被称为"未成年人"，一生都受男人监管，更没有政治权利。诸多的不平等，使得古希腊女性只能被束缚在女儿、母亲这两个单一的社会角色上，成为生育的机器，更没有受教育的机会，因而在那个崇尚理性与思想的社会中，是不为价值观所赞赏的。

（二）柏拉图式爱情

古希腊人对于爱情是什么有着明确的哲学思想。在西方文明中，现存最早的有关爱情的文献就是柏拉图（Plato，公元前 427—前 347 年）的论述。然而，提到柏拉图式爱情，人们往往想到苏格拉底与柏拉图之间的一段轶事。

有一天，柏拉图问他的老师苏格拉底："什么是爱情？"

苏格拉底微笑着说："你去麦田里一直往前走，不能回头，摘一株最丰硕、颜色最为金灿灿的麦穗回来，但你记住，只允许摘一次，并且不能回头。"

于是，柏拉图按照苏格拉底的话去了麦田。

回来时，苏格拉底问他："摘到没有？"

柏拉图摇了摇头："您告诉我的时候，我觉得很容易。然而当我充满信心地一直向前走时，最后却一无所获，空手而归！"

苏格拉底听完问道："为什么会一无所获呢？"

柏拉图很无奈："我在麦田里一直仔细寻找，走了很久才能看见一株不错的，然而我却无法确定它是不是最好的。由于您交代只能摘一株最好的，所以我只好放弃；想再往前走走看，有可能会有更大更好的。于是我继续向前，边走边寻找。然而越往前却越觉得找到的麦穗不如之前的好，所以我也没有摘。不知不觉地，我就这样走到了尽头，才发觉原来最饱满最金灿灿的那颗麦穗早已遇见，可惜错过了，只好空手而归!”

苏格拉底听完以后，意味深长地说：“这就是‘爱情’。”

后来，就有了我们所知道的柏拉图式爱情。在那个哲学如花似锦的时代，思想被认为是最真实最美好的东西，而肉体，则是一种表象，是世俗的，是肮脏的。因此，柏拉图式爱情是一种追求纯粹精神的爱情观。就像他的“理想国”一般，他对爱情的定义也是理想化的，难以实现。

柏拉图式爱情是摒弃肉体的。人之所以区别于动物而可称之为高等动物，是因为人具有思想，具有道德。人性中美好而又高尚的一面是人称之为人的根本。精神交流是美好的、道德的；当心灵抛开肉体的表象而追寻真理的时候，产生的思想才是最好的。如果灵魂为肉体的罪恶所羁缚，人们追求真理的愿望就不会得到满足。爱情与情欲是相互对立的两种状态。情欲是人性中兽性的表现，是一种生物本性。当一个人内心存在真正爱情的时候，他是不可能想要同他所爱的对象在肉体上结合的。因此，当人类抛开了对肉欲的强烈需求，心境就会平和，这种状态下爱情是一种持之以恒的情感，才是真正的爱情，才能经得起时间的考验。

柏拉图式爱情主张爱情具有平等性，不存在强迫或被迫、依附或占有关系，相爱的双方是相互独立的，因此，柏拉图式爱情也是一种男女平等的爱情观。爱情是高尚而美好的、勉强不来的事情，相爱的双方都是发自内心的，爱一个人是无怨无悔、不掺杂其他目的的。并且柏拉图式爱情是忠诚的，它认为在这世上有且仅有一个人，对你且仅对你而言是完美的。在精神的世界里，任何人都有其完美的对象。只是他（她）就存在于世界的某个角落，等待着，也在寻找着你。

柏拉图式爱情主张自由。从现代社会心理学的角度来看，这是一种人与人相处的智慧。爱情需要有足够的空间和时间才能健康地发展。爱情既不是为对方牺牲自己，也不是强烈地想要占有对方，融为一体。爱情是一种成全和接纳，需要给予对方足够的自由。没有自由的爱情，会慢慢趋向自然死亡。保持一定的距离和神秘感，才是爱情得以长存，不为时间所变的最好方法。因此在某种程度上说，这种没有情欲、强调独立自由的精神恋爱，也是远距离恋爱的意思。从具体操作上说，由于人性的存在，距离太近是无法完全保持没有情欲、相互独立并给予对方自由的。

然而美国学者伊拉·瑞斯（Ira Reiss，1971）却对柏拉图的这种爱情观提出了新的见解。瑞斯经研究后认为，柏拉图推崇的精神恋爱，最早是指苏格拉底与其学生之间的爱慕关系。这种精神恋爱实际上指的是同性之间的一种爱，表现为两位男性之间不带性欲色彩的爱慕。不过迄今为止社会学界对于柏拉图式的爱情是只有精神交流的纯粹爱情，还是同性恋式的爱情也众说纷纭。实际上这种所谓同性之间的爱情也与现代的同性恋含义并不完全相同，它强调精神而非身体的交流，它事实上是一种摒除性别“大同”化了的爱慕关系。这种爱情观念的出现是有原因且具有适应意义的。因为女性在古希腊社会中地位低下，常常被当做是生育后代以及解决性欲的角色，同样，女性也很少有机会接受教育，因此男性很难找到能从精神认知上与其相匹配，能与其进行当时所提倡的精神交流的女性。在古希腊推崇思想和真理的价值观念里，男女之间的世俗关系自然不如两个有思想之人的爱有价值。这势必导致能根据该爱情定义进行相互爱慕的个体多为男性。这种爱情观在当时来说，是婚姻关系之外的一种有意义调节（May，2000）。从这个角度来看，这也与中世纪出现的典雅爱情的社会功能相同。

精神第一性，物质第二性。由此可以见得，古希腊人对于爱情与婚姻有完全不同的观念。婚姻与爱情无关。

据说柏拉图在知道爱情是什么之后，有一天又问苏格拉底：“‘婚姻’是什么?”

于是苏格拉底又让柏拉图去附近的一片森林，这次他要求柏拉图带回一棵最高大、最茂盛的树。与上次相同，柏拉图只能选择一棵树，一直向前，且不能回头。

按照老师的要求，柏拉图走进了森林中。这次他没有空手而归，但是只带回了一棵普普通通的树，并不算高大，也不够茂盛。

苏格拉底问他为什么带回这棵其貌不扬的树?

柏拉图说：“由于上次我走过了大半路程也一无所获，所以这次我遇到这棵树时，感觉它不算差，为了避免两手空空的结局，也不确定以后是否会遇到更大更茂盛的，于是便砍下来。虽然在随后的路途中我遇见了比这棵更为合适的树，可我只能砍一次，所以就把它带回来了。”

于是苏格拉底说：“这就是‘婚姻’。”

由此可见，即便是在对爱情有着明确定义的古希腊，爱情与婚姻也是相互独立的，婚姻不需要以爱情为前提。

三、古罗马的爱情观

（一）女性的婚姻地位

古希腊文明后来为古罗马所取代。古罗马于公元前九世纪从意大利半岛兴起，总共经历了王政时期、共和时期和帝国时期三个阶段，于一世纪前后扩张成为横跨欧亚非的庞大帝国。古罗马人对待爱情的态度以及关于婚姻的制度，是与其不断扩张掠夺的历史过程分不开的。由此古罗马的婚姻制度经历了重视宗族利益和宗教基础的“有夫权婚姻”，到后期注重婚姻当事人自由和利益的“无夫权婚姻”。而整个婚姻制度的转型的根源在于古罗马每进行一次对外战争都会有大量的财富涌入，加上扩张所带来的动荡不安、男性长期在外征战，以及受东方文化的影响，在此过程中，女性的社会地位有所提高。“有夫权婚姻”与“无夫权婚姻”的最大差别即在于女性是否拥有支配财产的权力。

所谓“有夫权婚姻”即罗马市民法婚姻，是罗马合法公民的结婚方式。当时男女如果同居一年以上（时效式），或者男子向女方监护人出资买入新娘（买卖式），或者采取以宗教形式举行仪式的“麦饼式婚姻”，都被法律认可为正式婚姻。婚后女方受男方全权监护。

而“无夫权婚姻”又称万民法婚姻、自由婚姻，是在罗马帝国时期出现的，适用于当时被帝国所征服的外国人的结婚形式。自由婚姻没有宗教仪式，只要男女双方同意，女性住到男性的家中，婚姻就被认可。该方式重在双方结合的意愿，而非实质，即使女子住到男方家中而男方却常年在外，没有实质上的结合，甚至仅仅通过远距离的书信来往，表达结合的意愿即可缔结婚姻。在“无夫权婚姻”下，女子出嫁后不受丈夫支配和监护，其嫁妆仍归自己所有，双方的共同花费由男方负担，相互地位平等。若女方父亲健在则受父权监管，在这种情况下，父亲往往替女儿包办婚姻，由此来达成自己事业上或者经济上的目的；然而在父权监管制度下，父亲毕竟年纪较大，一旦去世财产则由女儿在监护人的协助下自己进行管理，名义上受监护人监护。在此情况下，女子的行为往往只需要得到监护人形式上的认可即可，所以她们甚至可以聘用监护人，从而成为财产实质上的支配者。这从本质上提高了女性在家庭和社会中的地位。

造成这种婚姻制度转变的原因主要在于战争。随着战争而流入的财富使得女子的嫁妆越来越丰厚，而婚后嫁妆归丈夫所有，离婚不得返还，这令古罗马贵族父亲们心疼不已。为了保障妇女的经济利益，更重要的是为了使父权能够对女性的嫁资有所控制，在古罗马帝制初期，奥古斯都颁布了《茱莉亚法》，规定丈夫需要详细说明对嫁妆的管理和使用情况（何立波，2008）。由此“无夫权婚姻”开始在罗马帝国盛行。导致这种状况的另一个原因是随着古罗马长年征战和版图扩大，男子不得不长期在外服役或者经商。而长年对外征战，使得许许多多的罗马男子死于疆场或者被俘，如三次布匿战争，这不仅使得大量女性成为独身，也使得她们从父权的控制下得以解放，并且还拥有男性从战场上掠夺回来的大量财富。

（二）奇特的性开放

拥有了婚姻自由，又有大量的财富资源，古罗马女性的享乐之风越来越浓。她们对待婚姻的态度变得十分随意，开始频繁地离婚结婚。甚至由此出现了古罗马世界的一个奇特现象：女性大胆追求婚外情、一夜情，卖淫盛行。罗马人原本是一个务实而艰苦朴素的民族，然而连年征战带来的大量财富使得罗马人成了暴发户，随着东方被征服民族华丽的衣食传入之后，奢侈糜烂越来越成为一种流行时尚，享乐之风日盛。在这种社会风气下，女性开始追求性爱享乐。女性们空前地注重自己的美貌和形体，化妆之术由此兴起。有的女性为了保持紧实的身材甚至不惜堕胎。例如庞贝古城就曾出土过两件堕胎用的子宫扩张器（何立波，2008）。

在古罗马，卖淫是合法的，但是必须履行必要手续并在政府登记。于是当时的贵族女性为了性爱自由而自愿向政府申请合法执照，根据当时的制度，她们只需要交纳一定量的罚金。直到公元 17 年，一个行政长官家庭出身的女子维斯提莉娅到营造官那里申请公开卖淫。营造官鉴于她的贵族身份而把问题提交到了元老院。由此元老院通过了严厉的法令，申明贵族女性不得卖淫外，还规定凡是父亲、祖父或者丈夫曾是罗马骑士的妇女，一律不准卖淫（何立波，2008）。然而即使如此，也阻止不了罗马贵族妇女想要坠入青楼享乐的决心，一些贵族女性甚至不惜主动放弃贵族地位，也要公开宣布自己为妓女，以此来免受制裁。更为令人惊叹的是，在她们的生活圈子中，成为妓女的行为并不受人鄙视。

（三）《爱经》

值得一提的是古罗马出现了一位著名诗人奥维德（Ovid），他写下了诸多与爱情有关的作品，包括《恋歌》、《列女志》、《爱的艺术》、《论容饰》、《爱的医疗》等，反映了当时罗马人的爱情观和社会现状，可以称得上是罗马人的恋爱导师。他最著名的作品是《爱经》（又称《爱的艺术》），写作于公元前 2 年左右，当时正值奥古斯都推行《婚姻法》、《惩治淫乱法》等（总称《茱莉亚法》），力图整饬一下罗马淫乱风气的时期，这无疑是对该法令的公开对抗。加之奥维德与当时罗马名流茱莉亚（奥古斯都的女儿，以淫乱著称）的关系，最终他被奥古斯都以两条罪状——参与淫乱行为、写作淫秽诗篇，流放到了寒冷偏远的地方。从此奥维德的作品被禁止传播，公共图书馆的藏书也一律销毁，可以说是开了禁书的先河。

《爱经》是一本专门教导人如何去爱的书，用诗一样的语言以古代神话为例，总结出一条条爱情的技巧。他在书中说到："假如有人不懂得爱的艺术，如果他读了这篇诗，还没读完，他便会爱了。"《爱经》分为三卷，第一卷旨在告诉男人如何获得爱情；第二卷是告诉男人如何保持爱情；第三卷则是告诉女人如何追求爱情。如果把《爱经》放在当时的社会情境中来看就会发现，它教授的其实就是如何引诱和私通的技巧，迎合了当时罗马淫乱的社会风气。这也难怪它会成为奥古斯都的眼中刺了，可惜诗人本人却认为自己为当时年轻人做了一件大好事。值得一提的是《爱经》中的一些关于爱情的态度却是十分先进的。例如，在讲解男性如何追求女性时，不应见一个爱一个，应当选择一个自己最爱、也最适合自己的女子，用诚意去追求；强调了男人应当呵护和照顾女性，要学会浪漫；男性的魅力不在于外表，而在于内涵和智慧；并且从女性的角度教授女人如何打扮自己、识别男人等，这无疑是将女性放到了与男性平等的位置之上。

（四）性开放的社会根源

纵观历史，古罗马是为数不多的赞同短期交配的社会。根据进化论的观点，在生存资源匮乏的社会中，女性往往会忠于婚姻，由此能够获得更多的亲代投资。而在资源丰富的社会，由于女性本身容易获取亲代投资资源，因此并不拘泥于社会对性关系的限制，从而更愿意从短期交配中获取好处（Gangestad & Simpson，2000）。这一点在古罗马社会中体现得尤为充分。古罗马由于连年征战而源源流入的财富，是当时社会中享乐主义和糜烂生活的物质基础。随着帝国时期的女性在实质上对财产的掌握，这一进化规律被演绎得淋漓尽致。不只是古罗马，在古埃及以及后文将会提到的中国唐朝，人们对待婚姻态度的宽容与开放，也正是由社会资源的丰盛和富足带来的。此外，当今社会也正有这样的发展趋势。

古罗马社会的性开放态度还与社会中的性别比率有关。所谓性别比率即社会中男性数量与女性数量的比值。如果性别比率高，则社会中男性较多，社会主流观念也更赞同传统的两性关系，男性外出工作获取社会资源，女性则在家抚育孩子，在这种文化观念下，人们对于性关系的态度也更为保守，离婚也不被赞同（Pedersen，1991）。毕竟，社会中女性资源较为稀缺，男性若是得到了某个姑娘，自然愿意长相厮守，占有资源。因此，行之有效的方法自然是鼓励妇女成为家庭主妇，并且不提倡离婚。相反，低性别比率意味着社会中女多男少，这样的社会更倾向于颠覆传统，鼓励女性外出工作、经济独立，尽管不提倡，但是对婚姻之外的性关系是默许的，更为开放和宽容。在这种前提下，男性不太愿意被一个女性束缚住，由此女性就必须自食其力，推迟结婚，还可以离婚。古罗马由于不断的扩张与战争，大量的男性长年在外，死于战场和沦为俘虏这两大原因使得社会中的男性数量低于女性。因此，古罗马以骄奢淫逸而闻名于世。相反，在维多利亚时期的英格兰，社会中的性别比率较高，因此那个时代也以贞洁守礼而著称。再如，第二次世界大战后，由于战争导致了美国社会的性别比率非常低，从而带来了20世纪60年代晚期的“性解放”和“女权运动”。而自20世纪60年代以来，社会的性别比率也逐年升高，于是社会中的政治人物们又开始关注“家庭价值观”，青少年对性的责任感又有所增加（Miller & Perlman，2011）。

四、中世纪典雅爱情观

尽管古罗马人对待爱情与性十分开放，但那时的婚姻始终是以物质和财富为第一考虑目标的。这种观念在欧洲无疑是一脉相承的，爱情并不是婚姻的理由，家长包办婚姻仍然是社会的主流。中世纪也不例外，婚姻是为了各种政治和经济利益，这促使了家长直接干预子女的婚事，亲自为子女挑选配偶。然而基督教文化下，男女之间的婚姻被视做是上帝的旨意，是“圣事”，因此结婚以后是不能离婚的。即使有迫不得已的原因，也只能分居。“这是一个妇女的地位不比一件动产好的时代，没有一个贵族为爱而结婚。实际上，他结婚是为了财富和安全，为了陪嫁和社会关系，这些都是希望妻子能带给他的。”（Charles T. Wood，1970）因此，典雅爱情的出现，在中世纪社会现实下是具有意义的，它是不幸婚姻的一种补偿。

典雅爱情与柏拉图精神恋爱一脉相承。柏拉图曾经说，对活得高尚的男人来说，指导他行为的不是血缘，不是荣誉，不是财富，而是爱情。这也正体现了典雅爱情的精神。典雅爱情是11世纪末在欧洲兴起的一种爱情形式，相爱的男女双方是地位较低的骑士与地位较高的贵族女性。这种爱情形式与婚姻无关，也不以婚姻为爱情的目的。它甚至被认为是：如果相爱双方结婚，那么其爱情将不复存在，贵妇人应当接受其他骑士的爱情。

（一）女性的婚姻地位

似乎在古代爱情观念里，男女双方从来不平等。一直以来女性被看做是生育的工具，是不具备理性的低等人，是男性的附属和财产，是引诱男子堕落的罪恶根源。然而在典雅爱情中，这种男尊女卑的关系被颠倒了过来，它甚至与同时代的普通婚姻差别巨大，在当时的普通婚姻里，普通女性仍是男性的附属和财产，她必须对丈夫绝对忠贞，男性甚至有权打自己的妻子，只要不把她打死就行了（赵立行，于伟，2001）。而在典雅爱情里，骑士是粗鲁、谦卑的，女性是优雅而高贵的，骑士往往会疯狂地爱着他的贵妇人，对他的贵妇人顶礼膜拜。值得注意的是，在这种关系中，双方一般都是具有各自的婚姻关系的，“如果骑士听从了妻子的劝告，那他就会为人诟骂不已”（Elias，2000），而贵妇人在婚姻之外与骑士的精神恋爱在当时是为世人所认可的，并不像要求普通妇女那样要求贵妇人对自己的丈夫绝对忠贞。

典雅爱情始终贯穿着效忠的观念，骑士要对情人永远忠诚，一旦骑士被其情人接受，会举行一个正规的仪式，在证人和圣物之前，骑士会跪下来宣誓他会为他的情人赴汤蹈火直到死亡，誓死捍卫她的名誉。事实上这种爱情并不仅仅意味着爱一个女人，其中渗透着封建骑士的冒险精神。当骑士们有了爱情的时候，这是一种精神的升华，在这种情况下，爱情事实上是为了他们自己，这种行为使他们获得了提高自己身份的途径。骑士与情人之间的差距越大，骑士付出的努力就越大，从而提高自己的高度就越高。由此，爱情成了一种自我完善的途径，是实现道德完美、文化完善的途径，由此达到一种精神化的境界。诚如柏拉图所言：“对活得高尚的男人来说，指导他行为的不是血缘，不是荣誉，不是财富，而是爱情。”同时，典雅爱情对于当时的封建贵族女性来说，无疑是无爱婚姻生活的一种有效补充。她们优越而闲适的贵族生活由此而丰富，并且大部分情况下她们都能将这种爱情生活控制在调笑嬉戏的范围之内，至多以微笑、亲吻和喜爱作为回报，由此而达到“把女人抬到一个纯洁无瑕的境界，从而把一切肉欲的污点从她们的爱情中清除出去，让爱情自由地翱翔，上达精神领域”的境界（坦娜希尔，1989）。

（二）典雅爱情产生的社会背景

典雅爱情的出现有着特定的历史背景。典雅爱情的产生与十字军东征以及流行于拜占庭的圣母崇拜西传有关。无论是古希腊还是古罗马，女人的一生都是必须依附于男人而生存的，即使在罗马帝国时期，大量贵族女性因为战争而失去丈夫或者父亲，从而真正独立支配财产，但是在形式上她们还是必须具有监护人的，而且那时候的贵族女性对于财产支配多以享乐为目的。而 11 世纪后由于十字军东征，青壮年男子纷纷离开了家园，加入这场历史性的战争，这无疑给女性提供了展示自己才华的机会。留在家园的大多是女性，她们由此负担起了管理家园、经营财政税收甚至处理政治问题的重任。事实证明女性完全有能力胜任这一切工作，从而提升了女性在法律和政治上的地位。

典雅爱情价值观的传播也离不开一位女性的大力推动。她就是被称为“欧洲的祖母”的爱莲诺（Eleanor），她先后成为法国国王路易七世和英国国王亨利二世的皇后，她的后代有两个儿子成为了英国国王，三个女儿嫁给了欧洲君主。是她将法国南部的大领主宫廷生活方式带到了北部和英国，那里正是典雅爱情的发源地。爱莲诺不仅提倡典雅爱情的生活方式，而且还与自己的女儿玛丽一起创办了“爱情法庭”，并邀请卡普里纳斯（Andreas Capellianus）写了一本名为《宫廷爱情艺术》（*The Art of Courtly Love*）的书，为典雅爱情制定了规则，总共三十一条原则，成为了当时骑士必读的爱情指南，从而使得典雅爱情作为一种宫廷生活方式也成为一种时尚风潮，在西欧流行起来。

典雅爱情是后世浪漫之爱的文化源头，它对后世西方产生了深远的影响。它不仅促进了女性地位的提高，以及欧洲贵族礼仪的进步，从而产生了后来西方的绅士礼仪，而且还将罗曼蒂克的爱情观念传递给世人，从那时起，罗曼蒂克的爱情故事就成为欧洲文学的创作主题之一，爱情成为了当时及后世文学歌颂的对象，创作的主题。这不仅影响了欧洲文艺复兴时期的创作，而且影响了现代人对于爱情和浪漫的崇尚。在现代人的爱情观中，爱情的完美程度仍是与愿意为对方牺牲和付出为价值标准的，爱情更重要的是一种精神体验，而恋爱中的人们何尝又不是将自己爱慕的对象理想化了呢？可以说典雅爱情的思想仍是现代文化的一部分。

第二节　中国爱情观的演变

像世界上其他国家一样，男女间的爱情也是中国历代文学作品的重要主题，可惜也如大多数文学作品那样，如古希腊的《美狄亚》，自由相恋的结果总是悲剧，如《梁祝》。尽管《诗经》中描述了大量男女相恋的情事，而事实却是婚姻并不是以爱情为前提的，这一点与欧洲中世纪别无二致。因此，在中国传统文化里，爱情总是与悲观体验相联系的。于是，在古代的文学作品里总会有“父母之命”的影子，相爱的男女双方一般都因父母的反对、婚姻的无望而最终以悲剧收场。由此可见，在中国爱情必须与婚姻相关。

中国封建社会的伦理规范认为：“昏（婚）礼者，礼之本也。”“男女有别，而后夫妇有义；夫妇有义，而后父子有亲；父子有亲，而后君臣有正。”现有资料表明我国古代婚姻制度是在西周时期形成的。婚姻被看做是社会稳定的基石。此外，《礼记·昏义》认为，“昏礼者，将合二姓之好，上以事宗庙，而下以继后世也。”可见古人将婚姻看做家庭与家庭之间的事情，涉及各种复杂的关系，而婚姻最重要的职能就是要传宗接代，延续香火。

因此，与西方国家一夫一妻制不同的是，中国古代一直是实行一夫一妻多妾制度的，这种制度更有益于保障家族的延续。与世界上其他国家一样，中国古代女性同样没有独立的社会地位，她们被要求从一而终，对丈夫绝对忠贞，而男人则不受法律或者道德约束，可以同时娶几个女人。这种强调一夫一妻的婚姻制度在农业封建社会下具有维护家庭和国家稳定的作用，它的存在具有合理性。根据一夫一妻多妾制度，妻为嫡，妾为庶，嫡为家族的正宗，由此确立了妻、妾在家庭内的尊卑地位，从而保证家庭秩序的稳定，如汉律将“乱妻妾位”定为犯罪。区分妻妾的尊卑更重要的作用在于决定合法继承人，是嫡长子继承制度的前提条件，只有嫡妻所生的儿子才是王位和爵位的继承人，这种明确的规定可以在一定程度上避免后代之间的权位之争，正所谓“立嫡以长不以贤”（《春秋公羊传·隐公元年》）。此外，在封建社会中娶妻讲究门当户对，其根本在于政治与经济地位的联合，因此嫡长子制度对于维系这个更为广阔而复杂的关系具有积极作用。因此，在封建社会中实行一夫一妻多妾的制度，不但有利于家族后代的延续，同时也保障了政治地位和财产的继承，权力的和平移交，从而有利于维护整个社会的政治稳定。

一、父母之命，媒妁之言

中国有文字记载的关于婚姻伦理的制度始于西周，周公制定了《周礼》。到春秋时候，孔子因眼见“礼崩乐坏”的社会现实，而对《周礼》进行了发展和充实，从而建立起了更为完备的儒家伦理思想体系。然而在先秦百家争鸣的时代，儒学不过只是诸子百家学说中的一门，在当时来说，其地位甚至不及墨家学说，因此对社会并未产生重大影响，对婚姻制度及男女道德的制约作用并不明显。因此，自西周到秦朝，社会上认可的仍然是《周礼》中的婚姻制度。婚姻的缔结讲究“父母之命，媒妁之言”。孟子曾说：“不待父母之命，媒妁之言，钻空隙相窥，逾墙相从，则父母国人皆贱之。”这说明了我国很早就有“父母之命，媒妁之言”的习俗，它是婚姻关系成立的前提条件。父母等直系尊亲属是儿女婚姻的主婚人，由于古代婚姻一般由男方主动提亲，因此男方的尊亲属拥有绝对的主婚权。《礼记·曲礼》上说“男女非有行媒，不相知名”，《诗经》中也有“娶妻如之何，非媒不得”的句子，这说明媒人在封建婚姻中的地位非同小可。

然而由于从奴隶社会向封建社会转变的巨大冲击，婚姻礼仪对社会的约束日渐松弛，人们对于婚姻和爱情的观念也相对开放。根据《礼记·昏义》，男女结婚只是为了繁衍子嗣，这是婚姻的根本目的；而在当时统治阶级中十分常见的政治联姻，更是巩固政权、维护利益的必要手段，所谓“合二姓之好”。然而在那个资源匮乏而艰苦的时代，繁育人口对于国家至关重要，因此周王朝也有规定“仲春之月，令会男女，于是时也，奔者不禁”（《周礼·地官·媒氏》），意即在每年二月间，青年男女们可以自由恋爱，自主选择自己想要结婚的对象，尽管拘于《周礼》，男女自由恋爱“必告父母”以示尊重，但却不必完全受父母之命的约束。如果父母反对也无济于事，政府是认可私订终身的。于是，当时的花前月下、河边林间都是男女幽会的场所。《诗经》中那些大胆的情诗，真挚的爱情，很多都是对这种场景的反映。男女两情相悦充满了浪漫气息。在此情况下，未婚男女难免会肌肤相亲，而社会对于女性的贞洁也是相对宽容的。若相爱的男女双方自由分手了，在来年的二月仍然是可以进行自由恋爱的。此外，从“奔者不禁”也可以看出，当时的女性在婚姻关系中是可以自作主张的，即使父母反对，仍可以与情人私奔。这在一定程度上也鼓励了性开放的行为。女性这种在爱情和婚姻关系中的主动性，体现出了先秦女性较高的婚姻地位。这一点，在《诗经》大量描述女性大胆泼辣的诗歌中有所体现，如《诗经·卫风·氓》中诗句：“氓之蚩蚩，抱布贸丝。匪来贸丝，来即我谋。送子涉淇，至于顿丘。匪我愆期，子无良媒。将子无怒，秋以为期。”然而这种松散的婚姻形式对于女性来说并非好事，相对于一夫多妻制的社会现实以及男子休妻的优越权力来说，女子最终很容易被遗弃。

然而秦朝对于儒家学说并不买账，甚至“焚书坑儒”。自商鞅变法开始，秦朝就已经建立起了一套比较完备的法律制度。商鞅在变法时就很注重婚姻家庭方面的法制。由于商鞅以法家思想来治国，因此秦朝的婚姻制度与后代各朝有所区别。根据秦律，尽管妻子的地位较丈夫要低，但秦朝妻子的法律地位较后世要高，法律对于夫权的限制也更多一些。例如，秦朝实行一夫一妻制辅以一夫多妻制，夫妻同为家庭之主；法律明确保障妻子不受家庭暴力，丈夫殴打妻子是违法行为；夫妻双方都应当对对方忠诚，如果与他人通奸，男女同样会受到法律的制裁；等等。

二、三纲五常

到了西汉时期，汉武帝采纳董仲舒“罢黜百家，独尊儒术”的思想，从此奠定了儒家学说在中国长达两千年的文化统治地位，包括婚姻制度。儒家思想认为，“男女有别，而后夫妇有义；夫妇有义，而后父子有亲；父子有亲，而后君臣有正。故曰：昏礼者，礼之本也”（《礼记·昏义》）。所谓“夫妇有义”即“男帅女，女从男，夫妇之义由此始也”（《礼记·郊特牲》）。董仲舒在此基础之上，进一步提出了“三纲”，规定君为臣纲，父为子纲，夫为妇纲。除了君权神授，他还提出了父权、夫权同样是上天所授，从而确定了夫妇之间在家庭中牢固的尊卑地位，强调丈夫对妻子具有支配权，由此开始了后世愈演愈烈的封建礼教和对女性自主性的剥夺。确立三纲五常的伦理观念，其根本目的在于维护和巩固封建统治阶级的利益。因此，婚姻中的等级观念也同样反映了社会的政治、经济关系。其中最典型的就是婚姻讲究门当户对。门第观念在汉代以前就已经存在，如历朝各诸侯、卿大夫、皇亲贵戚之间常常相互通婚。到了两汉时期，门第观念就十分普遍了。不仅是统治阶级注重地位和政治、经济实力的匹配和相互联结，就连普通百姓也开始在婚姻中强调双方政治、经济地位的相配。直至魏晋南北朝时期九品中正制的建立，门第观念愈发深入人心，以至于会影响到世人对当事人的看法，以及个人的前途。例如，据《晋书·杨佺期传》记载：“时人以其晚过江，婚宦失类，每排抑之。”此外，儒家还强调女性的贞洁观念，认为“男女授受不亲”、“男女大防”，由此提出隔离男性与女性之间的接触，以此为保证女性贞洁的手段。汉朝以来更是将贞洁观念扩大，提倡女性还必须从一而终。例如，汉朝刘向编著的《列女传》中的《贞顺》和《节义》篇就收录了一些节烈妇女的事迹，以之作为妇女的典范。东汉班昭的《女诫》就主张“夫有再娶之义，妇无二适之文”，提出“从一而终”的准则。这也成为后世贞洁观念愈演愈烈的依据。

三、七出与和离

然而唐朝却是个例外。在那个古代封建社会的鼎盛时代，经济文化全面繁荣，时人的观念摆脱了关于婚姻刻板礼教的束缚，展现出“开放型”社会的特征来。这一点直接体现在唐代女性的社会地位有所提高上。例如，她们可以自主婚事，离婚后也有改嫁的自由，具有财产继承权，能够“抛头露面”郊游，参加许多社会活动，甚至还可以参与政治。唐朝之所以会有如此颠覆的变化，是有着深刻的社会背景的。首先，儒家学说在唐朝并不十分受推崇。其次，唐朝是各民族大融合的时期，由此带来了少数民族开放的思想和价值观念。再次，唐朝对外开放的社会氛围，呈现出海纳百川的气度。因此，在这样的社会环境下，唐朝盛世放松了对妇女的束缚，女性地位得到空前提高。

唐朝的法律规定是承认妇女有再婚的权利的。《唐律》中规定了各种解除婚姻关系的方式，包括四种：七出、和离、义绝以及违律强制离婚。七出是对传统男权婚姻的继承，是一种仲裁离婚形式，规定妻子如果犯了无子、淫泆、不事姑舅、口舌、盗窃、妒忌、恶疾中的一条，丈夫有权休妻。但同时相对于七出，又有三不去的限制，包括曾为公婆服丧三年、娶时贫贱但后来富贵、无家可归三条，虽犯七出，夫家也不能提出离婚。所谓和离即协议离婚，如果男女双方感情破裂，可自愿提出离婚。由此可见，唐朝婚姻的离合是自由的。所谓义绝，包括夫对妻族与妻对夫族的殴杀罪、奸杀罪和谋害罪，即夫妻间已经恩断义绝了，一旦经官府断定，则不顾夫妻二人本意如何，法律也会强制他们离婚。所谓违律是指，重婚、同姓为婚、娶了在逃妇女等法律不允许的状况，也必须强制离婚。而在唐代，妇女离婚以及再婚，是不会被世人非议的，因此再婚普遍。

四、贞洁与殉夫

婚姻制度时至宋元明清后，儒家思想成为无上的正统权威，对于婚姻自由以及女性的限制日趋苛刻。宋代理学非常重视儒学传统，重新强调夫为妻纲的观念。北宋的理学家程颐更是将贞节观念发展到了十分严格的程度，极力主张从一而终。程颐的弟子曾经问他："孀妇于理，似不可取，如何?"程颐回答："然，凡取，以配身也。若取失节者以配身，是已失节也。"弟子又问："或有孤孀贫穷无托者，可再嫁否?"程颐答道："只是后世怕寒饿死，故有是说，然饿死事极小，失节事极大。"(《河南程氏遗书》卷二十二下）南宋朱熹在程颐守节主张的基础上，借助政治力量大力推行，如要求地方官推举节妇、提出改嫁妇女死后的牌位不能入宗族祖庙中供奉、做儿子的也应当督促母亲守节等，由此将丈夫要求妻子守节，发展到儿女要求母亲守节。贞节观念由此全面确立起来。

在此基础上，元明清进一步强化了贞节观念，妇女守节开始成为社会的共同意识。明代还实行了一系列表彰守节妇女的法律制度，如免除差役，并开始为节妇树立贞节碑，由此开了贞节牌坊之风。然而社会对妇女的限制并未就此打住，对女性的贞节又发展出了新的要求。不仅丈夫死了要守节，即使订了婚但未出嫁的女子也要守节；甚至女子受了调戏也要结束生命。到了清朝更是明确界定节妇是指从三十岁以前开始，一直到五十岁以后都在守节的妇女；另外，未到五十岁，但三十岁以前守节，五十岁以前就去世的，也算是节妇。而许嫁未婚，夫死而闻讣自尽，或夫死而哭往夫家守节的，算是贞女（清钱大昕《潜研堂文集》卷四十七）。由此可见，当时甚至提倡殉夫。

在日趋变态的封建礼教束缚下，这一时期的普通男女之间是很难说是否产生爱情的。而绝对男尊女卑的等级制度下，要谈浪漫的爱情更是奢侈至极。有趣的是，中国古代大量的淫秽作品也都产生于此时，足见对人性的压抑。这说明了封建时代已经走到穷途末路，是时候该换换新空气了。所以，随后出现的激烈思想颠覆并不奇怪，是一种必然。

五、总结与解析

中国历史中关于爱情与婚姻具有两个显著特点：一是两千年来，社会越来越强调男女关系应守礼有节，态度十分保守；二是中国历朝一直实行一夫多妻制度。

（一）女性的婚姻地位

社会规范总是体现掌握经济、政治和立法权力的强势群体的利益。而历史上的绝大多数情况下，强势人群总是男性，不仅是身体机能上的，也是数量上的。根据性别比率的观点，越是保守有礼的社会越鼓励女性安于家室、相夫教子，不主张女性参与社会活动，女性也不能凭自己的劳动获取生存资源，从而只能依附于男性。这些特点十分恰当地描述了中国古代社会的状况。中国历来社会性别比率高是具有特定原因的。

首先是战争。战争是男性的事情，它是快速降低社会性别比率的一大重要原因。例如，古罗马帝国由于连年发动对外战争，致使国家中男性的数量大为降低，从而出现了当时骄奢淫逸的社会风气，对待性关系十分开放。再如，美国上世纪 60 年代的“性解放”运动以及“女权运动”，其发生的时间正好是第二次世界大战以后，美国社会的性别比率大为降低。而纵观欧洲的发展历史，相对于亚洲其面积较小，而且岛屿众多，深处于海洋的地理环境之中，通过航海比较容易到达其他地方，因此西方人崇尚个体主义与自由精神，表现出蓝色海洋文明的特征。欧洲的战事也是较混乱的，于是社会中的部分经济生产有些时候也需要依靠女性来实现，所以中世纪以来，女性的社会地位有所提高。而中国拥有幅员辽阔的土地，海洋仅仅是一道天然屏障，因此中国人主要通过农业生产来自给自足，崇尚安稳与合作，形成了黄色农耕文明的特征。在这样的社会环境下，战争相对于欧洲是较少的，如此宽广的地域竟然能一统天下，不得不说是社会较为安定的一种体现。因此，相对来说中国较少有急速降低社会性别比率的机会。

中国人历来具有传宗接代的思想，认为“不孝有三，无后为大”，重男轻女的思想使得社会价值观念十分重视男孩的出生。例如，早在《诗经·小雅·斯干》中就有这样的观念：“乃生男子，载寝之床，载衣之裳，载弄之璋。”这就导致了人们千方百计地为家族增添男丁，甚至在经济条件较差的情况下，如果生下的是女儿，严重者还会被选择遗弃或者溺死。这种重男轻女的思想也有一定的历史根源，如女性没有财产继承权，女性出嫁必须有嫁妆，这在贫穷人家无疑是一笔非常大的损失。另外，生男孩是确保家庭稳定、夫妻和谐的重要前提。从进化心理学的角度来看，在生育繁衍过程中，男性的价值主要取决于他能够获取的社会资源，如财富、地位和权力等，而女性的价值则主要取决于她的生育能力，如年龄、美貌等。因此，为了家族的延续，父亲必须确保他的资源用于子女将其基因顺利传承下去，由于女儿的青春是难以采取有效措施来保证的，因此对女儿的投资的回报不大。相反，儿子的繁衍价值同样在于资源的多少，父亲传递给儿子的资源越多，其繁衍成功的概率就更大。因此，对儿子的投资是能够有效获得回报的。此外，在古代社会只有男性拥有参与社会活动的权利，所以大多数情况下，男性才具有振兴家族的可能性。因此，在夫妻的生育过程中，父亲会更加看重男孩的出生，而为了确保自己的地位，妻子也会更加努力地生育儿子。因此，在两千多年来的中国社会中出现重男轻女思想就毫不奇怪了。然而经过这种人为的努力之后，结果便是中国社会中的性别比率较高。

（二）一夫多妻制度

与西方不同，中国历朝的法律制度都是支持一夫多妻制的。据统计，人类社会有 84% 的文化允许一夫多妻制，但在绝大多数文化中，只有 10% 的男性同时拥有两个以上的妻子（Fisher，1992）。婚姻制度的一个重要决定因素即为男性获取社会资源的分配程度。在贫富差距较大的国家和地区，由于富有的男性比贫穷的男性拥有的社会资源多得多，其富有程度完全可以令许多女性优裕地繁衍后代，而贫穷的男性甚至为一位女性提供资源都捉襟见肘，女性自然愿意通过共享富有的男性，从而过上富裕的生活，因此，这样的社会更容易支持一夫多妻制；而在资源分配比较平均的国家，富有的男性与贫穷的男性之间资源相差不多，那么女性自然会选择与愿意对自己保持忠诚的男性共同生活，因此一般都实行一夫一妻制度。此外，如前所述，社会规则从来体现的都是强势群体的利益，在贫富差距较大的国家中，拥有大量资源的男性处于强势地位，一般都掌控着国家的政治和立法权，因此婚姻制度也更加能够体现这一部分群体的利益和意志。毕竟，将繁衍最优化、数量最大化是男性进化出来的生殖策略。而高度中央集权的制度，从来都是制造贫富差距的根源。因此，自有记载以来的历朝制度都实行一夫多妻制。唯一例外的秦朝因为重用法家思想而实行一夫一妻制，但也是以一夫多妻制为补充的。显然，中国奴隶时代、封建时代的贫富差距历来就是较大的。

另外，与一般的常识性观点不同，有研究者认为，从群体上来看一夫多妻制让女性受益，而一夫一妻制是让男性受益的（米勒，金泽哲，2010）。因为在一夫多妻制度下，资源丰富的男性可以不受限制随便娶多少妻子，因此在选择妻子的态度上不必过于谨慎，这样就使得大量女性可以享用他的社会资源，过上富裕的生活。然而，这势必使得优秀的女性资源过于集中于富裕男性的手中，而其余大量的贫穷男性则没有妻子。即便少数幸运的男性娶到妻子，其魅力和优秀程度也是较低的，从而不利于他们的繁衍。相反，在一夫一妻制下，无论贫穷或富有，大多数女性都必须守着一个男性生活，这就使得多数男性都能娶到妻子，从而保证繁衍的进行。因而，这种制度对于处于强势地位的统治阶级男性是有利的。

第三节　爱情与文化

穿越漫长的历史长河，人类对科学技术的探索与应用在突飞猛进。人类的物质生存条件较古代已经大为改善，与之相应的，文化价值观念也是今非昔比。随着全球化进程的加快，东西方文化在不断融合，尤其是 20 世纪西方文化随着其经济势力向世界各国的猛烈渗透，使得东方文化的传统观念受到了不小的冲击，爱情观和婚姻观也不例外。不仅如此，随着信息化时代的到来，互联网缩短了人与人之间的距离。移动终端更是使得人们可以随时随地地在网络上获取信息，轻易地联络到远在地球另一端的人们。社会文化环境发生了如此重大的变化，时至今日，各国人们对待爱情和婚姻的观念已经表现出了同化的趋势。东方人越来越接受西方浪漫爱情价值观，接受婚姻应当是以爱情为基础的。如今，我们变了。

一、现代爱情观念

关于爱情，如今最大的变化是，人们即使没有结婚也常常住在一起。这在中国古代是无法想象的，简直是道德沦丧到了极点。即便在 20 世纪 80 年代之前的新中国也是难以接受的。即使是在美国，20 世纪 60 年代未婚同居的现象也十分罕见，人数仅占成人的 5%。而如今几乎 32% 的美国家庭都是由未婚男女组成（Bramlett & Mosher，2002）。这种未婚同居的态度看上去十分合理，人们会自然地认为这样可以增进彼此的了解，考验双方是否真的适合生活在一起，确保以后的婚姻生活幸福美满。然而已有的大量研究表明，婚前同居增加了婚后离婚的概率（Dush et al，2003；McGinnis，2003；Wolfinger，2005）。由于同居没有多方面的约束力，情侣彼此间还有选择其他伴侣的机会；此外，同居时双方的各方面（如经济、社会关系等）的相互卷入程度也较婚姻为低，因此，同居需要承担的责任与婚姻相比要小得多。而事实证明，随着同居时间的增加，人们对婚姻的热情程度在降低，有研究显示，同居情侣分手的可能性是夫妻的 5 倍（Thorton et al，2007）。这说明未婚同居破坏了婚姻的神圣形象，并且削弱了人们维持婚姻的态度和责任感。事实上，随着同居时间的增加，情侣之间结婚的可能性也随之降低（Wolfinger，2005）。造成这种局面的原因不得不说与西方的个人主义文化有关，对个人主观感受和自由的强调，势必会削弱对他人的责任感与妥协。

人们对待婚姻的另一种观念变化是，婚姻应当是以爱情为前提的。这在中国传统文化观念里是非主流的，尤其是宋元明清时期，父母包办才是天经地义，很多人直到成亲当晚才与自己的另一半初次见面。如今却不同，中国人越来越接受西方浪漫爱情观，甚至越来越多的人开始认为，宁愿大龄单身也不能与自己不爱的人结婚，凑合过一辈子。而在美国甚至有51%的成年女性目前没有处于婚姻关系中（Roberts，2007）。由此带来的另一种结果便是人们结婚的年龄越来越晚，大龄单身的女性越来越多，宁愿选择不结婚的人也越来越多。因此，当前各大电视台出现十分火暴的各种相亲节目以及互联网相亲网站的不断涌现也就并不奇怪了，它们符合了当今社会的需求。这从另一个侧面也反映了如今人们的爱情与婚姻观念与过去是多么的不同。试想在20世纪八九十年代，如果有一群女性公开站到大众面前表演自己的相亲过程，那会是多么让人笑话的一件事情！

不过，当今出现未婚同居、大龄未婚等现象，是与女性社会地位的变化不无关系的。工业革命以来，女性开始走出家庭，参与到社会生产之中。这使得女性有了相对独立的经济地位，靠自己的能力也能好好地生存下去。不仅如此，女权运动更是不断呼吁应当让女性在社会的各个领域中享有与男性同等的地位和参与权利。而事实证明，女性在很多职业上的表现较之男性毫不逊色，这也从观念上改变了人们对待女性的态度。女人们正在变得越来越自信，越来越独立。与古代女性不同，她们不需要“监护人”，不需要把自己的人身责任加附于男性，因此也没有必要妥协于不美满的婚姻。这一点，从日益上升的离婚率中也可见一斑。例如，在美国有将近一半的婚姻以离婚而告终（De Vaus & Gary et al，2007）；超过34%的儿童与单亲生活在一起（Popenoe & Whitehead，2004）。

此外，这还与科学技术的进步有关，如避孕手段的使用。自公元17世纪英王查理二世的御医康登（Condom）医师凭借发明了男用保险套而获得爵位，人类的避孕成功率大大提高，之后也出现了各种各样的科学避孕方法，这在一定程度上支持了人们的性开放观念。而在历史上，性观念相对开放的时代，也是人们对于婚姻关系较为轻松的时代。如今，人们结婚越来越晚，选择不结婚的人越来越多，对待未婚母亲的观念也越来越宽容……加上现代生殖技术的发展，如人工授精、体外受孕，在西方国家，越来越多的女性接受从医院的精子库中人工授精，独自养育后代（Ali，2007），“为了孩子”越来越少成为婚姻维持下去的理由。对待婚姻与爱情关系的传统观念正在被颠覆。

然而，尽管处在不同的时间、不同的地域，由于社会环境和文化的差异，人们对待爱情的认识和定义都在不断变化。例如，古希腊认为两个成年男子之间的爱慕是爱情；到了中世纪欧洲爱情是骑士对贵族女性的精神奉献；而在中国传统文化里，主流观念对婚姻的定义和看法明确而不可动摇，包办婚姻使得男女之间的相爱大多数情况下与婚姻无关，也正因为如此，关于爱情几乎没有明确定义，爱情被挤到了一个边缘的位置。尽管对待爱情的态度千差万别，爱情的社会地位高低不一，然而，不可否认的是，男女之间的爱情仍然是普遍存在的。而且，其中一部分的内涵是具有跨历史、跨文化性的。

二、爱情的跨文化一致性

尽管东西方文学作品对爱情故事的描绘具有一定文化差异，但其中对于爱情的认识却有一点是共通的，那就是相爱的双方或者一方对于另一方是有吸引力的，这种吸引已经超越了理性的控制，令人神魂颠倒，控制不住地对对方产生思念，甚至是茶不思饭不想，有着强烈的想与对方结合的愿望，而这种结合与情欲有关。这种爱情就是“浪漫之爱”，或者“激情之爱”。它还有许多其他名称，如“成瘾之爱”、“性爱”、“迷恋”、“相思”、“恋爱”。有研究者将它定义为“一种强烈渴望与另一个人在一起的状态”。它是一种功能体系，包括评价、欣赏、感受、表达、生理功能模块、外在行为等（Hatfield & Rapson，1993）。

爱情与爱不同，爱指的是具有普遍意义的一种情感，通常包括所有类型的爱，如父母对子女的爱，兄弟姐妹之间的友爱，对朋友的喜爱等，将亲情、友情也涵盖其中。而爱情，指的是男女之间有性吸引力的一种强烈的喜爱。例如，有研究者（Meyers & Berscheid，1997）为了弄清爱（love）与恋爱（in love）之间的含义差别，采用语言的社会学分类方法来让人们对自己的社会关系进行分类，并检验了这些不同社会关系中包含的内容成分。他们假设：第一，属于“爱”类别的社会成员要多于“恋爱”类别的成员；第二，属于“恋爱”类别的成员应当包括在“爱”类别成员之中，说明“爱”是更高一级别的概念；第三，“恋爱”类别的成员，而不是“爱”类别的成员，被包含在了“性吸引/性欲”类别的成员之中；第四，尽管这些现象在男性和女性身上都普遍存在，但性别之间仍然存在差异。研究结果证实了所有这些假设。首先，人们“爱”的人远远多于他们“恋爱”的人，大约为九比一的比率；而在主观判断某一人际关系是否属于“爱”或者“恋爱”这一关系时，男性比女性更不明确，概念更为模糊，尤其是对“恋爱”的认知明显弱于对“爱”的。其次，人们感到有“性吸引力”的人也远远多于“恋爱”的对象，并且后者包含在前者之中，即让人有“恋爱”感觉的人，同时也是对人有“性吸引力”的人，而能激发人性欲的对象却并不总让人有“恋爱”的感觉。这个研究另一项有趣的发现是，人们将大多数（74%）属于“恋爱”类别的成员也归类到了“朋友”类别中。这一研究结果与亨德里克夫妇1933年的研究结论一致。他们的研究区分了亲情和友情的关系，认为亲情通常属于“爱”这一类别，但却不太可能成为“朋友”，而浪漫之爱与异性友谊的联系是密切的。这也表明，“恋爱”是异性友谊的潜在方向。

其他研究者（Jankowiak & Fischer，1992）也认为“浪漫的激情”与“单纯的性欲”是不同的人类基本体验。他们从不同的部落社会中选取样本，考查浪漫之爱的存在形式。结果发现年轻恋人们陷入爱情时的表现与其他地方别无二致，他们会谈情说爱，会唱情歌，会相互倾诉苦恼，当与长辈的意愿相冲突时，他们同样也会私奔。这同样也说明激情与性欲是不同的。

以上的结论表明人们非常清楚爱情与“爱”和“性欲”之间的区别和联系。如果一个亲属之外的人让自己非常喜爱，那么他/她属于朋友的类别；如果他/她还具有性吸引力，那么便会对他/她产生“恋爱”的感觉，属于“恋爱”类别。以现代年轻人的异性朋友关系为例，他们通常会相互称呼对方为“亲爱的”，如果一对要好的异性朋友中的一方向另一方表白，而另一方却说“亲爱的，我不爱你”，那么这句话中的“亲爱的”指的是一般的“爱”，而“我不爱你”则表明对方对自己没有性吸引力。两个“爱”字，指代含义不同。而在婚姻关系中常常会出现“七年之痒”，通常在此情况下双方往往相处融洽，而最终却以不爱而分开告终，有趣的是有的夫妻双方分开后仍然关心对方，愿意为对方承担一定的责任，保持着很好的朋友关系。这表明在婚姻关系中，双方缺乏吸引与性欲是婚姻失败的一大原因。对此，有许多研究证实了夫妻双方结婚时间越长，情感越趋于平淡，对对方缺乏激情（Sprecher & Regan，1998）。

由此可见，爱情体验中必定包含着性欲的成分。在文化内容相对朴实的古代社会，对此的体现反倒更直接有力。例如，古希腊神话中的爱神阿芙罗狄忒（Aphrodite）的诞生就是性欲的一种象征。传说克洛诺斯用燧石镰刀割下其父亲天空之神乌拉诺斯的生殖器，把它扔进波涛汹涌的大海之后，幻化成一阵白色的浪花，于是阿芙罗狄忒在白色的泡沫中脚踏贝壳，手拂金发，从海中冉冉升起，这就是象征爱与美的女神。这个隐喻突出了性欲是爱情诞生的源头，而女性的美如何，取决于她在多大程度上能够激起异性的欲望和热爱。

浪漫之爱与性欲的关系在现有研究中已被多次证实。越来越多的研究认为浪漫之爱是亲密和激情的结合（Sternberg，1988），如有研究表明，浪漫之爱具有忠诚与责任的相关功能，以及性欲和繁衍的相关功能（Gonzaga et al，2006）。它始终与理想的性关系和负责任的性关系相关（S. Hendrick & C. Hendrick，1987），证明浪漫之爱与性欲是深深地交织在一起的，二者既不能分开，也不能相互包含（S. Hendrick & C. Hendrick，2002）。并认为这种爱情具有跨时间（W. Cho & S. Cross，1995）、跨文化（Sprecher et al，1994）的普遍存在性。

最具有说服力的研究来自于巴斯等人（1990）进行的爱情跨文化和性别差异的调查。该研究在六大洲（亚洲、欧洲、北美洲、南美洲、大洋洲、非洲）共采取了37个样本，涵盖了33个国家，共有被试9 474人。被试年龄处于16.92岁（新西兰）到29.56岁（澳大利亚）之间，37个样本中，样本量最少的有43人（巴勒斯坦）和55人（伊朗），较多的包括中国大陆500人、中国台湾566人、巴西630人、西德750人，以及美国1 491人。除了巴勒斯坦和伊朗，所有的样本量都超过了100人，平均样本量256人，其中女性平均138人，男性平均118人。该样本体现了地域、文化、政治、道德、信仰、种族和经济状况的极大多样性。研究问卷包含两部分：“选择伴侣的因素”，让被试对18种品质特质进行4点评分；以及“选择潜在伴侣的偏好”，要求被试对伴侣的品质特质进行排序。多层线性回归和矩阵分析结果表明文化和性别的效应显著，即不同文化、不同性别个体对待爱情和选择伴侣的态度具有显著差异。然而研究有一项发现却是，在每种文化中，被试选择排第一位最多的几乎都是“有吸引力的爱情”（attractive love），这几乎成了跨文化一致的伴侣选择标准。而几乎所有样本的个体都赋予了可靠性、情绪稳定性、善良和善解人意以及聪明品质以极高的分值。谢弗等人也发现，在大多数文化中人们对于爱情具有“心跳的感觉”的观点惊人的相似（Shaver，Murdaya & Fraley，2001）。这表明爱情是一种普遍的体验，没有文化不具有浪漫之爱。也有研究发现，无论个体主义文化还是集体主义文化，城市或者乡村，富有或者贫穷，不同文化下的男女爱情都一样浪漫（Sprecher et al，1994）。

正如愉快、愤怒、悲伤等基本情绪一样，爱情的跨文化普遍性说明浪漫之爱具有积极的进化意义。进化心理学认为，生物生存的目的在于种族繁衍。人类也不例外，因此两性之间社会关系的根本目的在于繁衍后代以及保障生存。例如，已有研究显示，男性和女性在爱情关系中具有偏差，男性会更在乎性欲的体验，可以接受单纯游戏式的异性关系，而女性则更在乎相互的情感投入，不愿意在没有情感的基础上，与人发生性关系（Buss，2003；Schmitt，2005）。从繁衍最大化的角度看，男性与越多女性发生关系，越有利于自身产生后代数量的最大化，毕竟在繁衍过程中男性只需要提供精子而已，因此他们容易认同无爱的性关系。而女性在繁衍过程中承担着抚育后代的责任，将付出相当大的繁衍投资。为了保障自己后代的存活率，女性更在乎男性能否为自己提供生存所必须的物质资源，因此女性更在乎相互之间的感情投入，因为这是男性是否愿意承担责任的最重要因素。浪漫之爱正好具备了这两种特征：性欲，以及情感投入。由此可以推知，在漫长的进化过程中，那些容易产生浪漫之爱的祖先相互结合，更容易保证后代的成功繁衍。久而久之，浪漫之爱的生物基础也被一代代地传承了下来，最终使得浪漫之爱具有了特定的神经生理基础。

这一点得到了现代高科技研究方法的验证，如浪漫之爱具有精神欣快、强迫性冲动、戒断症状、失去自我控制等特征，这些都是上瘾的症状。因此有学者将它看做一种生理成瘾机制（如Small et al，2001）。再如，多巴胺与个体的择偶偏好有关，使个体能够被特定对象所吸引，并产生强迫性追随、求爱等行为（Fisher，2004）。而且多巴胺还能够刺激睾丸激素（一种性欲荷尔蒙）的分泌，激发个体的性驱力，从而开始交配过程。

由此可知，尽管在漫长的人类历史中，浪漫之爱往往不被主流文化观念所认可，受到社会关系的压制，然而它却一直存在并延续着，哪怕是隐蔽地存在。例如，在我国古代，文学作品里对爱情的描绘始终离不开婚姻这个主题。而婚姻又往往谨遵“父母之命”，讲究“门当户对”。因此，爱情大多数情况下是与婚姻相悖的，文学作品里的爱情故事也往往以悲剧结束，如《孔雀东南飞》。然而正是由于浪漫之爱符合进化规律、具有生物学基础的性质，才使得爱情何时来何时去令人没有选择的余地，而人们往往成长到一定年龄，便会不由自主地坠入爱河。大自然早已令它成为了个体生命的一部分“自动程序”，人们越是百阻千挠，爱情之火便越是熊熊燃烧。也许，通过理性认知的控制，处于压制环境中的人们或许可以暂时压抑一下自己的感受，然而作为一种动机和情感状态，浪漫的爱情却始终无法根除。因为，这是自然规律。

三、爱情的文化差异

浪漫之爱虽然是人类社会普遍存在的现象，但不同的文化观念对待浪漫之爱的态度却是差别显著的，最终体现在不同的爱情观上。例如，在 19 世纪威斯康星州的印第安文化中，浪漫之爱被认为是“伪装了的性欲”，是一种欺骗行为。在我国一夫多妻制的传统文化中，浪漫之爱也是极不被认可的，因此处处受到阻挠。

这种东西方文化认同的差异也很有意思地体现在了东西方关于爱神的不同神话传说中。在西方文化中，爱神同时也是美之神阿芙洛狄忒，其本身就是浪漫之爱本质的体现，对异性具有难以抵抗的强烈吸引力。而人们相爱是因为中了小爱神丘比特的爱之箭，由此而产生的一种强烈而渴望的情感。由浪漫天真、不谙世事的孩子作为掌控爱情的主宰，这本身象征了爱情的缺乏理性以及难以捉摸。而在中国文化中，爱神却丝毫激发不起人们的激情，因为他是一位白发苍苍的老人，月老。这直接体现了在东方文化中爱情与长辈的意愿有关系。而且爱情与婚姻被认为是一体的，不以婚姻为目的的爱情会被看做是一种玩世不恭和放荡的游戏。男女之间的相爱会直接被称为“姻缘”，它是月老用手中的红线主宰的。而由老人来掌控相爱的权利，一方面体现了对待爱情的现实态度，另一方面也表明这位主宰者也会有“老眼昏花”的时候，长辈的包办婚姻也会“牵错姻缘线”。

（一）跨文化研究中的差异

由于这种文化差异，自然东西方的年轻人们在看待爱情的结局时是有不一样的情感体验的，如谢弗等人访谈了美国、意大利和中国的年轻人，发现在这三种文化中“爱/吸引”都被看做是基本情绪，然而美国和意大利的年轻人倾向于将浪漫之爱与幸福等积极体验相等同，而中国北京的被试则认为爱情往往与悲伤相伴（Shaver et al，1991）。在印度尼西亚，爱情也被认为是可望而不可即的，属于消极的情绪范畴（Shaver et al，2001）。

在前文提到的巴斯的那项具有里程碑意义的研究中（Buss，1989；Buss et al，1990），文化对于择偶态度有着强烈影响。例如，中国、印度、伊朗、巴勒斯坦等亚洲国家的年轻人认为伴侣的“贞洁”品质很重要，而在法国、荷兰、德国等西方国家年轻人眼里，贞洁不但并不那么重要，而且往往代表着一种消极的处境。也有研究者发现日本人不太赞同浪漫的观念（Sprecher et al，1994），法国人更赞同利他型的爱情，美国人则持有更多的友谊型和占有型爱情态度（Murstein et al，1991）。

文化也影响着人们对待爱情与婚姻关系的态度。在莱文等人（Levine et al，1995）的一项重要跨文化研究中，研究者对来自 11 个国家与地区的大学生展开调查：是否会与不爱的人结婚？结果发现，在西方国家如美国、巴西、澳大利亚和英国等国家中，爱情是婚姻的前提，很少有被试表示会接受没有爱情的婚姻。这种观念在富裕的东方地区如日本和中国香港也得到较多的认同。但是在相对较不富裕的传统集体主义国家，如菲律宾、泰国、印度等，仍有相当高比例的被试认为他们会与自己不爱的人结婚。

另外，文化还影响了人们体验激情的强度以及处理激情的方式。例如，许烺光（Hsu，1985）比较了美国和中国文化中对于爱情的价值观念。他认为在美国的个体主义文化中，人们个性的展现和表达十分重要，因此美国人十分关注爱情，对浪漫之爱的体验更为强烈，对待激情更为主动积极。相反，在中国个人被看做复杂人际关系网络中的一部分，这种集体主义文化更强调人们要服从和对集体妥协，自己的恋爱关系更需要得到重要他人的认同，因此他们更倾向于将情感隐藏在心里，更为平和含蓄。

（二）集体主义与个体主义文化的影响

以上研究说明了在集体主义与个体主义文化中，人们对待爱情的态度差异是十分显著的。在这两种文化中，人们理解和定义自我的方式不同。在个体主义文化中，“自我”强调心理上的独立，其核心是与他人相分离的，是明确而固定的。但在亚洲的集体主义文化中，自我常常被认为是各种关系网络中的一部分，人与人之间是相互依赖和联系的，因此自我是复杂而动态的。如果自我被认为是与他人相分离的，个体没有了与他人的相互依赖，那么爱情就成了连接两个独立个体的桥梁；同时，根据自我的需要和目标，这种联结是具有可选择性的。这样，自我是被放在优先于社会关系，以及与伴侣处于平等的层次上的，个体会优先考虑自我以及伴侣的需要和感受。而在集体主义文化中，自我处于复杂的动态人际关系网络中，个体与他人之间存在相互依赖，而这些关系之间是存在深入而长久的联结的，这种动态的关系使得人们对待爱情的态度也变得复杂起来。集体主义文化下，自我的位置往往是服从于关系网络的，尽管与伴侣处于平等的位置，但由于皆低于整个关系网络，因此个体常常会牺牲自我来对关系网络的需求进行满足（Holmes & Rempel，1989）。

尽管以上研究表明在个体主义文化中的人们更赞同浪漫之爱和激情，然而个体主义心理却并不能够促进以浪漫之爱为基础的婚姻关系，事实上还有一定的阻碍作用（K. K. Dion & K. L. Dion，1993）。迪翁夫妇（K. K. Dion & K. L. Dion）在1991 年的研究结果表明，个体主义者的爱情体验质量与对伴侣的爱呈负相关。这是由于个体主义强调个人的自由和自主性，自己掌控生活的能力，以及自我满足造成的。因此，个体主义感越强，投入恋爱的可能性越小。而迪翁夫妇 1993 年的研究表明，个体主义感越强烈，恋人之间维持“相恋”的可能性越小。它与对婚姻的消极态度相关。也有研究表明，个体主义与爱情关系的承诺程度呈负相关（C. E. Rusbult et al，1998）。另外，迪翁夫妇 2005 年的检验分析结果表明，个体主义与个体报告的爱情关系质量以及其他主观幸福领域呈负相关。这些都表明，由于个体主义倾向强调婚姻关系中成员的独立性以及家庭成员之间松散的亲属关系，从而对亲密关系质量和爱情体验产生了负面影响。

而集体主义文化较少看重以爱情为前提的婚姻。因此伴侣之间的情感卷入并不强烈，更看重“细水长流”式的情感。由于集体主义强调关系网络中个体的相互依赖，因此集体主义文化在爱情关系中更赞同利他爱情观，如迪翁夫妇（1993）的研究就发现，亚洲种族的女性比英国女性更加赞同在恋爱关系中将伴侣的需要和兴趣放在首要位置。这一点得到迪翁夫妇 2005 年研究的支持，他们认为构成集体主义的因素之一的“从属性”与被试报告的对伴侣的关爱呈正相关，同时这种集体主义价值观与鲁宾（1972）的爱情分类中的友谊型爱情、实用型爱情，特别是利他型爱情观相关。这说明集体主义信念使人具有一种无私奉献的特征。恰恰是这种特征促进了亲密关系中相互关爱成分的发展。这就是说，在集体主义文化中的人们更加认同伴侣之爱，而浪漫之爱更加契合个体主义文化的价值观念。迪翁夫妇的研究也表明，集体主义心理的某些方面是与亲密关系质量呈正相关的，在未来值得进行更多的研究。而鉴于个体主义认同浪漫之爱却不利于其发展，集体主义不太认同浪漫之爱却促进了“相恋”状态的维持，这一有趣现象也值得我们进行探讨，以便为亲密关系的保持提供更好的建议。

另外，迪翁夫妇 1993 年的研究还发现，由于中国实行计划生育政策，所以在现代家庭中一个家庭生育一个孩子十分普遍。他们认为中国的这种独生子女政策已经显著地改变了中国的家庭结构。成长在这种背景下的孩子可能会由于独生而产生强烈的自我意识，比他们的祖辈更具有个体主义价值观的特征，他们更有可能将人际关系看做是一种自我实现和自我发现的方式。因此他们更有可能会在乎自己的主观感受，从而在爱情和婚姻问题上更强调以自己的情感体验为基础，认为爱情是婚姻的前提。这个结论在当今中国社会看来是很有价值的。如今的 80 后、90 后独生子女已逐渐步入成年阶段，小时候由于各方面的综合原因，如没有兄弟姐妹，长辈都以自己为中心，长辈的所有期望都投射到他一人身上，等等，这部分年轻人与 20 世纪 80 年代以前出生的人们有着很大的区别。

【建议参考资料】

1. 柏拉图．斐多：柏拉图对话录［M］．杨绛，译．北京：中国国际广播出版社，2012.

2. BUSS D M. Sex differences in human mate preferences：evolutionary hypotheses tested in 37 cultures［J］. Behavioral and Brain Sciences，1989，12：1 –49.

3. SHACKELFORD T K，SCHMITT D P，BUSS D M. Universal dimensions of human mate preferences［J］. Personality and Individual Differences，2005，39：447 –458.

【问题与思考】

1. 柏拉图式爱情、典雅爱情与现代人的爱情观有着怎样的关系？
2. 与古代女性相比，现代女性在爱情活动中，地位有着怎样的提高？
3. 什么是浪漫之爱？
4. 集体主义文化与个体主义文化的爱情观有什么差异？

第七章　爱情心理研究新方向

【本章提要】

本章主要介绍了爱情心理学研究领域的一些新的理论和研究进展，主要从生理层面介绍了爱情的神经生理机制，从个体层面介绍了爱情的建构主义理论新取向，从群体的生物宏观进化层面介绍了对爱情本质的理论假设及其客观证据；由此在上一章的现有理论基础上，对爱情进行了更为深入的探索和分析。同时，生理、建构和生物进化这三种理论研究取向也体现了当今心理学研究的三大发展趋势。

【重要术语】

生理机制　内驱力　成瘾　奖赏回路　建构主义　概念行为模型　核心感情　进化论　亲代投资与性选择理论

弱水三千，只取一瓢饮。爱情心理学家海伦·费舍尔（Helen Fisher）告诉我们，世界上任何一种动物都不会饥不择食地随便寻找活物进行交配。如果没有极端例外，通常太老的、太年轻的、太脏的或是太蠢笨的，它们都不会选择。在对百余种物种进行调查后，费舍尔发现野外的每一个角落，每一只动物都有各自的心之归属。动物间的吸引力是可以即刻产生的，而且牵涉到大脑中的腹侧被盖区和奖赏回路，或许这就是“一见钟情”的源头。这就是现代生理心理学研究的结果。研究者们在大脑中发现了三个与爱情有关的区域：腹侧被盖区，伏隔核，奖赏回路。

然而爱情除开生理层面具有普遍一致性的反应之外，还具有心理、社会层面广泛的变异性——人们对爱情的定义和看法总是千差万别。这恰好是近年来建构主义研究方向关注的焦点：人们究竟是如何去建构自己独特的知识系统的?

不仅如此，人们也在努力寻求对爱情的终极解释，这一点进化论似乎合乎情理。因此，进化心理学者们认为爱情是人类最基本的寻求配对的冲动，它不等同于性冲动，而是人类在进化过程中形成的一种寻求配对的内驱力，是维持繁衍和生存的适应装置，因此它不具有可随意控制性，而是像上瘾一样具有耐受性，而后耐受性消退，最后又复发。

以上三种研究方向是当今心理研究从生理、心理和社会层面全面展开的重要体现，人们开始从生理的、生物的同时兼顾个体特异性的角度去客观看待人类的心理和行为现象，并且三者是相互借鉴、相互融合、相互印证的。同时，它们也是在已经日趋成熟的爱情理论的基础上，如斯腾伯格的经典爱情三角理论，向更为纵深、更为宏观两种方向发展的最新研究成果。

第一节　爱情的神经生理机制

在跨文化研究中，研究者们发现无论是城市或者乡村，现代文明或者原始部落，人们在描述有一种爱情的感觉时，却是跨文化相通的（Fisher，1998），这种感觉就是浪漫之爱，它包含了斯腾伯格爱情三成分中的激情和亲密成分，饱含了强烈的情绪和动机。坠入爱河的人们，在分离时会表现出分离性焦虑，对恋人十分依赖；与恋人在一起时会全神贯注，渴望彼此付出，并且“情人眼里出西施”，将恋人理想化。通常热恋之中的人们都会报告对恋人无法抑制的渴望，不能控制的痴迷，无时无刻不会不由自主地想念想要接近的那个人，想要占有他/她的全部，生生相守。种种表现，如心醉神迷、想入非非、精神亢奋、情绪波动、走神沉思、不由自主的渴望等，即为难以控制的“侵入性思维”，人们会出现对恋人强迫性的思考和冲动。成瘾的三个主要特征也在爱情上得以体现：首先是耐受性（总是想要得到更多以维持最初的感觉，在物质成瘾中指成瘾者必须较上一次增加成瘾物质的使用剂量才能达到同样的效果），而后耐受性消退，最后又复发（Fisher，2008）。

由于浪漫之爱如此具有吸引力，并且具有跨文化普遍性，因此研究者们对它的研究兴趣较为浓厚，它是否是独立存在的一种情绪动机系统呢？由此研究者们进行了较多的神经生理研究，希望能够找到爱情特殊的脑系统群。尽管目前研究结果还不够成熟，对于浪漫之爱的脑区尚无定论，但仍取得了一些阶段性成果。在大量研究之后，许多心理学家（如 K. K. Dion & K. L. Dion，1991；Fisher，2004）开始认为，由于动机和目标导向行为是浪漫之爱的核心特征，因此它不是一种情绪系统，而是具有交配驱动力的动机系统，因为它能带来多种情绪而不是单一情绪。根据普法夫（Pfaff，1999）对驱力的定义：驱力是能够激发和引导个体的行为，从而满足特定的生存或繁殖的生理需求的一种神经状态，浪漫之爱更像是一种驱力系统而不是情绪。例如：浪漫之爱的吸引力非常强烈并相对持久，情绪则是起伏波动更快的；浪漫之爱的对象是某一个体，而情绪则相对来说“对事不对人”，即针对各种情境；浪漫之爱并没有特定的情绪表情，而各种基本情绪是有天生的表情的；浪漫之爱的无法控制之处，更像是难以抑制的饥饿或口渴，而情绪却是可以抑制和调节的。另外，既然爱情是一种内驱力，人们自然便会想到同是内驱力的性欲，那么爱情是否就完全等同于性欲呢？答案是否定的，事实上浪漫之爱比性驱力要强烈得多，重要证据在于它们具有很不相同的神经回路（Fisher，2004）。有谁听说过因为性欲没有得到满足而自杀的事件吗？但为爱情自杀的事件却从来都不是一件新鲜事儿。

或许，对于浪漫之爱是一种内驱力的最有力证据来自脑神经成像研究的研究结果（如 Fisher，1998）：浪漫之爱所表现出来的注意和目标导向行为和中枢系统的神经递质多巴胺的活性增强有关。来自神经生理的证据如此直接有力，因此，对于爱情现象的神经生理研究也成为了爱情心理学领域内的新方向。

尽管如此，爱情在不同个体身上的表现形式远不止浪漫之爱一种，因此它不完全是一种动机系统。它究竟是情绪还是动机，对此仍然尚无定论，或许二者皆有。总而言之，基于已有的社会调查和神经生理研究结果，费舍尔（2004）认为爱情是由三个相互独立而又相互联系的脑系统构成：性驱力系统、吸引力系统和依恋系统。fMRI 研究表明三个系统的激活与特定脑区的活动性增强以及特定的激素产生有关。其中，性驱力主要目标在于性欲的满足，其相关的脑区涉及下丘脑和杏仁核等，相关激素尤其与睾丸激素有关。吸引力的主要目标在于得到执著追求的交配对象，并表现出精力充沛、专注和亲密等行为，其相关的脑区主要涉及了腹侧被盖区（VTA）和尾状核背部，与多巴胺的活动性增强有关，VTA 之所以是“爱情系统”的核心区域，是因为多巴胺使得相关大脑区域兴奋不已。此外，它还涉及去甲肾上腺激素的活性增强，以及 5－羟色胺相关蛋白质活性降低。依恋的目标在于保持亲密及亲和行为，以寻求安全感，表现为分离焦虑、共同抚育后代等行为，这一脑系统主要与伏隔核以及腹侧苍白球的活动性关，涉及了后叶催产素、后叶加压素（抗利尿素）的活性增强。其中，腹侧被盖区、尾状核背部、伏隔核以及腹侧苍白球属于大脑的奖赏回路，又称多巴胺奖赏系统（dopaminergic reward system）。爱情的这三个神经系统是相互促进的，从而使得爱情在脑内的化学活动像吸毒上瘾一样，让人欲罢不能。

表 7－1　爱情的三大驱力系统

爱情系统	主要脑区	相关激素	爱情类型
性驱力系统	下丘脑 杏仁核	睾酮	迷恋 浪漫之爱 完美爱情
吸引力系统	腹侧被盖区 尾状核背部	费洛蒙 多巴胺 去甲肾上腺素 5－羟色胺	浪漫之爱 激情之爱 完美爱情
依恋系统	伏隔核 腹侧苍白球	内啡肽 后叶催产素 后叶加压素	喜欢 伴侣之爱 完美爱情

一、爱情的相关脑区

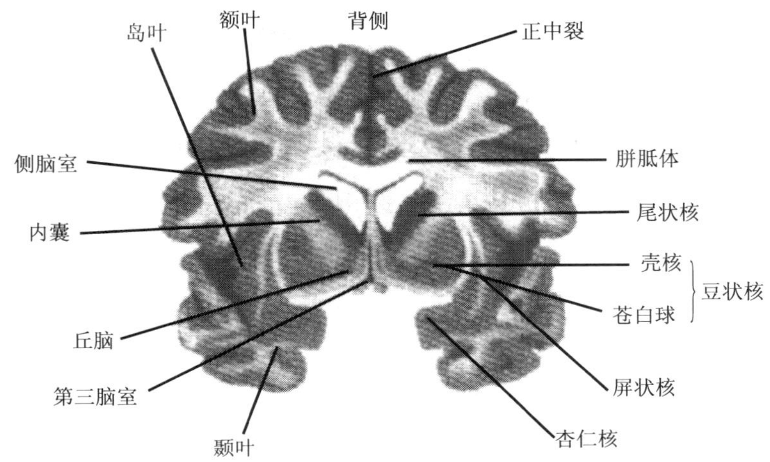

图 7－1　大脑冠状切面图

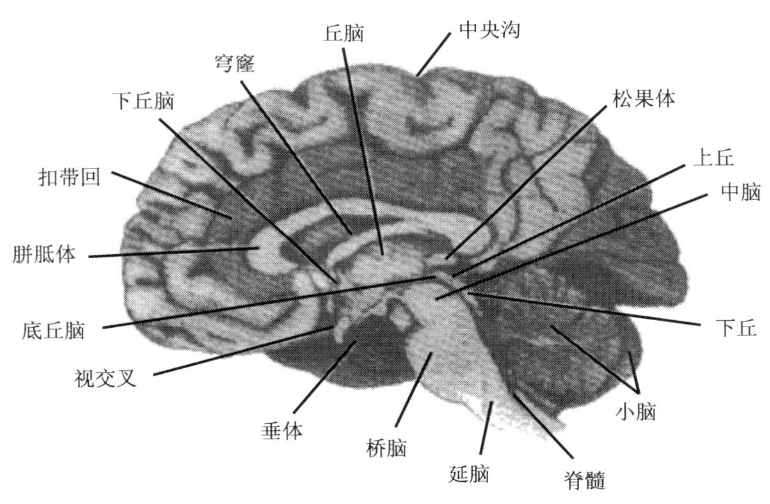

图 7－2　大脑正中切面图

（一）下丘脑

下丘脑（hypothalamus）位于大脑腹侧，丘脑下钩的下方，向下延伸与垂体柄相连，是调节内脏活动和内分泌活动的较高级神经中枢。下丘脑面积虽小，但接受很多神经冲动，能调节垂体前叶功能，合成神经垂体激素及控制自主神经和植物神经功能。下丘脑分泌了多种与爱情有关的神经递质，包括多巴胺、肾上腺素等，因此也是恋爱“兴奋剂”中心。

首先，下丘脑的神经分泌小细胞能合成肽类化学物质，能调节腺垂体的激素分泌活动。例如，下丘脑能够释放促性腺激素释放激素（gonadotropin-releasing-hormone，GnRH）。GnRH 对性腺的直接作用是抑制性的，对于雌性，它能抑制卵巢的卵泡发育和排卵，减少雌激素和孕激素生成；对于雄性，则能抑制睾丸生成精子，使睾酮（睾丸激素）的分泌降低。其中，睾酮与性欲的增强有关。

其次，下丘脑的神经通道中还有一些与爱情相关的特殊神经细胞，能够分泌苯基乙胺（费洛蒙），其气味能够使人产生恋爱的感觉，使人置身于炽热的爱情之中。此外，下丘脑的神经元还与中枢系统其他部位的神经纤维有广泛的突触联系，其神经递质比较复杂，可分为两大类：一类递质是肽类物质，如脑啡肽、β-内啡肽等；另一类递质是单胺类物质，主要有多巴胺、去甲肾上腺素和5-羟色胺。这些神经递质都与吸引力和依恋有关。

然而，尽管下丘脑能够调节腺垂体各种分泌活动，但是其活动受大脑皮层的控制，因此爱情活动离不开大脑的调节。

（二）杏仁核

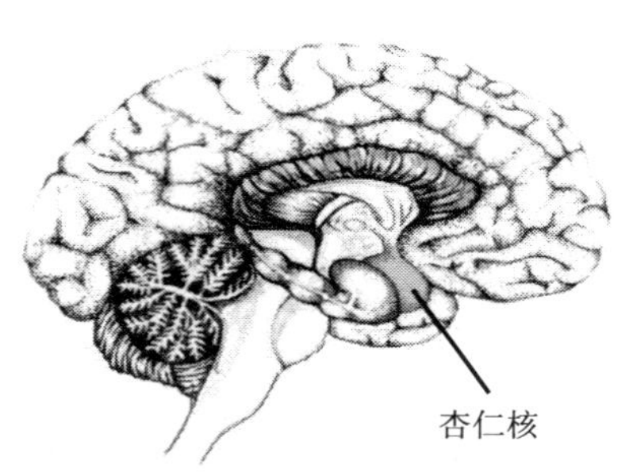

图7-3　杏仁核

杏仁核（amygdala）位于前颞叶背内侧部，邻近海马体和侧脑室下角，因形状和大小都类似杏仁而被称为杏仁核。杏仁核属于植物神经中枢，对外界传入信息的加工较为迅速直接，不属于精细认知加工，因此体现了生物体更为“原始冲动”的一面。

杏仁核与广泛的中枢区域有双向的交互联系，如额叶内侧、眶额回、伏隔核、海马体、下丘脑、丘脑、纹状体及脑干网状结构等。杏仁核具有调节呼吸、心血管、进食、性活动等功能，并且与评价他人、记忆姓名和面孔、处理人际关系的能力有关。杏仁核尤其与恐惧情绪刺激带来的植物神经反应有关，当我们觉察到环境中的危险时，杏仁核就会活跃起来，从而有效避开不利刺激。例如，有研究刺激清醒动物的杏仁核，动物出现“停顿反应”，显得“高度注意”，表现出迷惑、焦虑、恐惧、退缩反应或发怒、攻击反应。

另外，杏仁核还能调控下丘脑的活动，因而能够间接调节垂体激素的分泌。

（三）腹侧被盖区

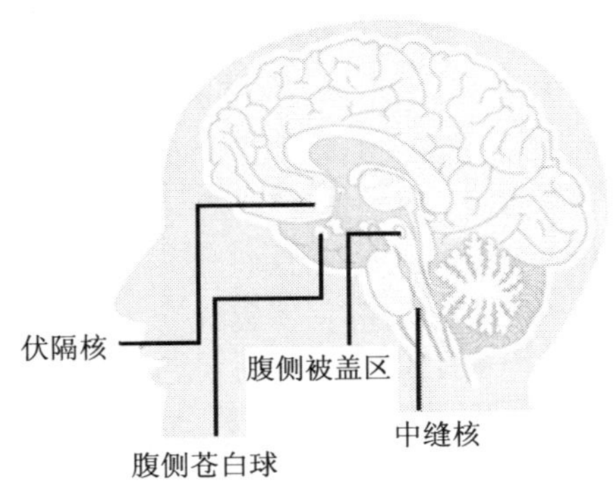

图7－4 爱情的主要相关脑区（中缝核与5－羟色胺有关）

腹侧被盖区（ventral tegmental area，VTA）是爱情系统中十分重要的脑区。它位于中脑，靠近黑质（substantia nigra）和红核（red nucleus），富含多巴胺和5－羟色胺（血清素）神经元，通过多巴胺的传递，而与伏隔核（nucleus accumbens）以及额叶皮质相联通。腹侧被盖区是奖赏回路（reward circuit）的核心部位，被认为与成瘾现象有关。例如，有大量研究发现热恋中个体的神经活动与可卡因或鸦片成瘾被试的脑区扫描图十分相似。另外，巧克力的摄入也会刺激腹侧被盖区，使得多巴胺的活性增强，因此，在生活中送情人巧克力是具有一定科学依据的，巧克力与浪漫爱情一样都会使人产生精神欣快。

对于大脑奖赏回路的研究还处于起步阶段，就目前结论看它涉及了广大的脑区，包括前扣带皮层、前额叶皮层、腹侧纹状体、中脑多巴胺回路、杏仁核等。其中激活阈限值最低的是腹侧被盖区（位于中脑）和基底前脑，即该区域更容易被激活。例如，短时期的成瘾药物可以降低该区域的阈限值，而长时期的成瘾药物作用则会提高其反应阈值。腹侧被盖区是奖赏回路的核心，其投射区域包括伏隔核，而伏隔核（位于前脑基底，腹侧纹状体一部分，其神经递质包括强啡肽、脑啡肽等）的主要传出通路为腹侧苍白球，而这些区域都与爱情的脑神经系统有关。已有研究认为腹侧被盖区在奖励、成瘾、动机等行为中扮演着重要角色，其主要神经递质为多巴胺。而多巴胺正是爱情产生和发展过程中最重要的物质之一。多巴胺的下一阶段物质是去甲肾上腺素，这一神经递质在吸引力系统中同样重要。有趣的是，奖赏回路对个体的作用几乎可以发生在生命过程中的每一个阶段，有研究者发现甚至连四岁的孩子或者老年人都会报告对爱情的这种反应（Hatfield et al，1988；Fisher，2004）。

爱情中的浪漫之爱以及吸引力系统与腹侧被盖区有紧密关联。例如，研究者费舍尔等人（Fisher，1998；Fisher et al，2003）采用fMRI技术对平均恋爱时间7.4个月的恋人们进行了一项脑神经成像研究。被试为十名男性、七名女性，年龄介于18—26岁，实验过程让被试看其恋人的照片，以及一张中性情绪的熟人照片，在每次看完一张照片后，被试需要完成一项心算任务作为干扰，以缓解该图片引起的强烈情绪，避免影响到对下一张照片的实际诱发效果。研究结果显示，当被试看其恋人的照片时，激活了许多脑区，其中最为显著的是腹侧被盖区和尾状核背部。其中，腹侧被盖区和尾状核是大脑奖赏回路的重要组成部位，与唤醒度、注意力以及寻求奖赏的趋近动机有关，并且尾状核与目标导向动机有关（Schultz，2000）。这表明浪漫之爱中所表现出来的精力旺盛、失眠、专注、强烈的趋近恋人动机等，可能是由于中枢系统的多巴胺活性增强所导致的。

另外，处于热恋中的人们还会表现出腹侧被盖区5－羟色胺的活动性减弱（D. Marazziti et al，1999）。这与患有强迫症个体的神经生理表现是一样的。例如，研究者检验了强迫症个体与热恋中正常个体的血液血小板5－羟色胺载体的浓度，被试一共分为三类群体，一类是平均恋爱6个月的个体，一类是强迫症患者，另一类是没有恋爱也没有强迫症的正常个体作为对照组，结果发现，患有强迫症以及热恋中的个体血小板中5－羟色胺载体的浓度显著低于正常个体。由此可见，热恋中人们出现强迫性思维和行为同样与腹侧被盖区有关。

因此，正是由于腹侧被盖区多巴胺活动性增强，以及5－羟色胺活动性降低，所以才会使得爱情中的人们是盲目的，由此也可以将爱情理解为一种成瘾以及强迫现象。

（四）尾状核

尾状核（caudate nucleus）呈椭圆形，是纹状体的一部分。其内侧为侧脑室前角，后侧为背侧丘脑，为内囊后支与侧脑室前角所夹部位。它与动机和目标导向行为有关，是多巴胺奖赏系统的中心部位。阿伦等人（Aron et al，2005）认为，与其他爱情脑区属于一般唤醒系统不同，右前内侧尾状核很可能是爱情系统所特有的区域。尾状核对奖赏的觉察和预期、目标表征、为目标行动作准备的感知觉输入整合等有重要作用（Schultz，2000）。研究表明，前内侧尾状核不仅在浪漫之爱个体的fMRI成像中有激活，它也在预期奖励时、随机学习以及注意任务中有激活（Fisher et al，2004）。因此研究者认为该区域与浪漫爱情中的奖赏、视觉和吸引力方面有特殊关系。另外，由于尾状核接收了来自广泛分布的除V1区以外的各个脑区的神经输入，并且是各种感知觉、运动和边缘系统信息的整合部位，因此它也是以多因素、多行为状态为特征的浪漫之爱的合适整合部位。

（五）伏隔核

伏隔核（nucleus accumbens）紧邻于隔区，分为内、外侧两部分。伏隔核内侧联系纤维主要走向丘脑、大脑水管周围和中脑腹侧等区域，外侧联系纤维与嗅结节、前穿质等脑底结构。伏隔核是大脑的快乐中心，在报酬、快乐和上瘾功能中有重要作用，并且与计算得失有关。

伏隔核主要接受前额皮质、杏仁体基底外侧核以及腹侧被盖区的多巴胺神经元的输入。因此，VTA 及其输入的多巴胺能够调节伏隔核的神经元活动。有研究表明，高成瘾性药品如可卡因、安非他命都是伏隔核区域产生作用的，它们由于能够引起伏隔核多巴胺浓度的大量增加，而使人对这种神经性愉悦上瘾。

（六）腹侧苍白球

腹侧苍白球（ventral pallidum，VP）是苍白球复合体的一部分，与脑内诸多核团、区域有密切的纤维联系，主管爱慕情感和减压荷尔蒙。VP 主要接受来自伏隔核的纤维投射，而伏隔核的壳部纤维则会投射至 VP 的内侧部，并选择性投射到腹侧被盖区和丘脑的背内侧核，而伏隔核核部纤维投射至 VP 的外侧部，然后投射到丘脑底核（subthalamic nucleus，STN）。VP 除了主要接受来自伏隔核的投射外，还接受来自杏仁核的投射，来自前额叶皮质和 STN 的投射，以及来自黑质和 VTA 的多巴胺投射。VP 与脑内基底节和边缘系统之间的广泛而复杂的纤维联系决定了其功能的多样性，它在调节运动功能、认知、情绪和药物奖赏与成瘾等方面有着重要作用。

以上是与爱情相关的重要脑区，但并不意味着爱情只涉及这些区域。同时，尽管研究者们发现了爱情的一些相关脑区，然而这些脑区却不单对爱情起作用，事实上它们也对其他行为和动机起作用，因此研究者们不得不承认这些 fMRI 研究结果只揭示了爱情系统的“一般唤醒”成分，其特有成分还有待进一步研究。这些一般唤醒成分是个体产生任何生物需要都会激活的脑区，是具有一般性的能量和动机。也有研究表明右前内侧尾状核可能是爱情的特殊区域之一（Aron et al，2005），然而对此尚无定论，关于爱情的神经生理机制仍有待未来的探索。而对于爱情现象生理机制的研究则是研究者们感兴趣并且非常具有研究价值的重要研究方向。

二、爱情的相关激素

与确定爱情的脑区域不同，爱情产生和发展过程中的相关激素（即荷尔蒙）及其作用却是相对清晰的。不过需要说明的是，这些激素大多是脑区的神经递质，因此，激素作用过程并非与脑区是相独立的，而是彼此交融构成了一个整体作用机制。

从爱情的产生到最后维持稳定的伴侣关系，总共与五种爱情激素的活性增强有关，包括苯基乙胺、多巴胺、去甲肾上腺素、内啡肽、垂体后叶激素；以及与一种神经递质的活性降低有关，那就是 5 - 羟色胺。此外，与性行为有关的还有睾酮。

如果说像文学作品里所描述的那样，爱情可以分为相遇、相知和相守三个阶段的话，那么，相遇就与苯基乙胺有关，正如《闻香识女人》一般，个体会对特定对象所散发出的苯基乙胺而情有独钟，由此坠入爱河；相知则要归功于多巴胺，由于它负责传递亢奋和愉快信息，因此也会使恋爱中的人们不由自主去亲近拥有自己喜爱的苯基乙胺的那个人，并在此过程中 5 - 羟色胺活动性降低，造成“情人眼里出西施”的偏爱，情不自禁地想要去接近和占有恋人；不仅如此，此过程同时还会伴随交感神经系统去甲肾上腺素的水平增高，让恋爱中的人们脸红心跳、亢奋失眠、分离时焦虑、在一起时激动流汗等。不言而喻，这一阶段个体完全处于认知失控状态，恋爱让人们变成了“傻子”，用情到“痴”，需要消耗相当大的能量，时间一般持续不超过四年（也有研究者认为是两年或者三年），从进化角度看，这足以让情侣们产生后代了。如此过高的神经新陈代谢水平，必然带来敏感性的钝化，阈值的提高。因此，热恋过后不出意外的话，人们往往会进入平静，曾经眼中的公主或者王子，此刻一一沦为平凡人，尽管生活不再充满激情，伴侣相互间也仍然充满令人愉悦的舒适和安全，而这些则要归功于内啡肽，它是婚姻长久的保鲜剂；除此之外，垂体后叶激素，如后叶催产素和后叶加压素则分别令女性和男性与对方产生深厚的情感联系，从而增加了个体对爱情的忠诚程度。值得注意的是，与爱情的脑区相互间的投射相一致，这些神经递质或激素相互之间是有影响的，多数时候，上一阶段的激素正好促进了下一阶段激素的活性，因此从进化角度看，爱情系统这一心理装置是精密而完整的，它是一夫一妻制两性关系的生物学基础（Fisher，2011）。

（一）苯基乙胺

如果你看过周迅演的《女人不坏》，你就会对费洛蒙不再陌生。电影里周迅利用自己发明的“费洛蒙胶贴”来让中意的男人爱上自己，屡试不爽，这种神奇的费洛蒙即为苯基乙胺（phenyl ethylamine，PEA）。费洛蒙是一种神经兴奋剂，能让人产生极度兴奋，感到精力十足、信心和勇气倍增。所以，如果你在见到某位异性时出现呼吸急促、心跳加速、手心出汗、面孔发红、瞳孔放大——如果不是感冒的话，那么很明显，你已经爱上他/她了。

PEA 由外分泌腺（exocrine gland）分泌，正常个体的鼻子几乎无法侦测到它的味道，可随风飘散，借助空气的流动而快速传播。它是人类、哺乳动物、昆虫等同物种之间相互沟通，即发出求偶、警戒、社交等讯号的信息分子。它能激发性吸引及其系列反应，所以也称为信息素或性外激素。PEA 可以从汗腺及皮肤表层细胞中发散，最密集的部位在鼠蹊、人中和腋下。对男人来说，PEA 由脸部、人中周围、腋下、阴毛与尿液排出；对于女人来说，PEA 则是由脸部、腋下、乳头、阴部排出。费洛蒙是每个个体独一无二的私人信息和化学信号，包括其欲望与动机。2004 年，诺贝尔生理学奖得主琳达·巴克（Linda Buck）找到了鼻腔中 140 个人类费洛蒙的受体。个体的 PEA 就是通过鼻腔的受体而直接影响脑部负责情绪的潜意识层的。这个过程是借助于鼻中隔三分之一处的犁形突起，犁鼻器实现。费洛蒙就是通过个体五官之外的第六感——“直觉”，实现人与人之间微妙的爱情化学反应的。发现女性月经同步现象的科学家麦克林塔克（McClintock，1998）又再度提出更进一步的人类性费洛蒙的证据，他发现女性哺乳期会因为雌性荷尔蒙增加而产生大量女性费洛蒙，而此时的女性费洛蒙会增加两性采取性行为的动机。

例如，由研究者做了一项简单的实验，分发给女性一些男性照片，其中某些照片上喷洒了男性费洛蒙，结果女性们认为喷洒了费洛蒙的照片中的男性更有魅力（实际上，未喷洒的那部分更帅）。研究费洛蒙的科学家们得出结论：性外激素可以解释为什么人们一见到异性就会产生喜欢或不喜欢的感觉（Sergeant，Dickins，Davies & Griffiths，2007）。瑞典科学家萨维克等人（Savic，Berglund & Lindstrom，2005）的研究指出，人类费洛蒙会直接活化人类大脑中控制性行为与性取向的下丘脑前端。也有研究认为，女性更喜欢体味与自己的遗传体味相似但并不完全相同的男子。这种现象可以看做是一种基因搭配，其目的是为了在人类漫长的进化过程中避免相同基因带来的病变，以确保后代拥有健康的免疫系统。

尽管 PEA 是人体天然合成的，但人工也能够合成 PEA。例如巧克力，人们偏爱巧克力是有科学依据的，因为巧克力的 PEA 含量是所有食物中最多的一种。另外，人工合成的苯异丙胺在化学结构上非常接近 PEA，其功效也相当接近。这种苯异丙胺就是安非他命（amphetamine），一种中枢神经的兴奋剂，是摇头丸的主要成分。

（二）多巴胺

多巴胺（dopamine，DA）由腹侧被盖区中活跃的细胞——ApEn 细胞制造，是一种生物胺类中枢神经递质，其主要功能分别与调节肌紧张、躯体运动、情绪、精神活动以及内分泌活动有密切关系，还参与情爱过程，激发人对异性情感的产生。多巴胺是脑内愉悦信息的传递者，与上瘾有关。此外，多巴胺还是去甲肾上腺素生物合成的前体，能够引起交感神经的兴奋活动。不仅如此，它还能够刺激后叶催产素的分泌，从而影响女性的分娩和哺乳，消除紧张和抑郁。

金里奇等人（Gingrich et al，2000）发现，多巴胺是个体表现出“情人眼里出西施”的大脑关键物质。当雌性田鼠与雄性田鼠交配时，其伏隔核的多巴胺浓度增加了 50%。如果此时在该雌鼠的伏隔核注入多巴胺抗体，降低多巴胺浓度，那么它就不再喜欢这只雄鼠，并且会喜欢在注入多巴胺抗体时在场的另一只雄鼠。这表明多巴胺是择偶偏好和吸引力的重要调节递质。研究者阿拉戈纳等人（Aragona et al，2003）也重复了以上研究结果，由此他也将多巴胺称为“爱情的毒药”。当他们把多巴胺注射到从来没有交配过的雄田鼠的大脑里，这些雄田鼠就马上丧失了对其他雌田鼠的兴趣，而是专注地追求它倾心的那只雌田鼠。阿拉戈纳认为，这可能是由于多巴胺改变了田鼠大脑里某一区域的“沟渠”的结果，这个区域是包括人类在内的许多动物都具备的。当已经有伴侣的雄田鼠遇上一只新雌田鼠时，该区域就会发生剧烈变化，这时雄田鼠大脑产生的多巴胺就会被已经改变的“沟渠”导向另一个神经元，导致雄田鼠无法对新异性燃起曾有的激情。尽管人类的爱情比田鼠复杂，但是该区域以及多巴胺的作用原理是相通的。

由此可见，“情有独钟”实际上是多巴胺作用的结果。

不仅如此，费舍尔（Fisher，2011）还发现多巴胺可以刺激产生一连串反应，其中就包括睾酮的释放，这是一种激发性欲的激素。这使得恋人之间会不由自主地亲吻、爱抚和拥抱，并抑制不住发生交配的渴望。从这个角度上看，爱情必然包含性欲成分的观点是正确的，并不像中世纪时期所崇尚的是一种纯精神化的存在。然而，爱情也不完全等同于性爱，费舍尔研究发现，服用了睾酮的男女被试虽然会产生更多的性行为，但是很少有被试能够真正爱上性爱对象。不过，费舍尔的研究也表明睾酮同时也能引起被试产生高水平的多巴胺，所以性爱有时也会迷惑我们追求爱情的眼睛。

此外，不仅爱情能够促使脑里产生大量多巴胺，而且吸烟和吸毒都可以增加多巴胺的分泌。同时，也有研究表明多巴胺能够治疗抑郁症；而多巴胺不足则导致帕金森症、精神分裂症等（Fisher，2011）。并且，科学家们通过实验发现，一般身材较胖的人体内都缺少多巴胺受体，正是因为他们在接受食物的愉快刺激时，多巴胺系统接收到信号要比正常人慢，所以他们才会需要更多的食物来满足自己对食物的快感。

值得一提的是，多巴胺受体多少的个体差异和人的遗传基因有关。此外，生活方式和外界的环境刺激都会对它产生影响。

（三）去甲肾上腺素

去甲肾上腺素（norepinephrine）具有血管收缩和神经传导作用，能够引起血压、心率和血糖的增高。恋爱中人们所感受到的“心跳的感觉”，就是去甲肾上腺素在起作用。然而去甲肾上腺素不可能永远处于较高的兴奋水平，毕竟新陈代谢的代价太高。往往一段时间以后，恋爱中的人们即不能再保持心跳迷醉，这也是通常人们所说的“失去了爱的感觉”。

另外，去甲肾上腺素具有很强的目标导向性，与个体的学习和记忆有关，能够让个体在实现目标过程中保持精神亢奋。研究表明，精神分裂症患者缺少目标导向性的行为可能与他们去甲肾上腺素的功能缺损有关，它同时也是个体产生心慌、焦虑感觉的原因。例如，有研究检验了去甲肾上腺素对学习与记忆的影响（Murchison et al，2004），研究人员用老鼠条件缺失去甲肾上腺素和肾上腺素的突变体，以及把用拮抗物药和增效剂处理肾上腺素受体的大鼠和小鼠作为对照，发现肾上腺素信号对修复中期前后关系和空间记忆是至关重要的，但对一般情感记忆的修复或巩固并不是必需的。这些发现可能与几种精神病紊乱症状有关。

（四）5－羟色胺

5－羟色胺（5－hydroxy tryptamine，5－HT）最早是从血清中发现的，又名血清素，广泛存在于哺乳动物组织中，特别在大脑皮层质及神经突触内含量很高。同时，5－HT也是一种抑制性神经递质，在外周组织具有收缩血管剂和平滑肌的作用。

5－HT 能够令人产生愉悦感，它几乎能够影响到所有的大脑活动，包括调节情绪、精力、记忆力、态度、价值观等。然而如前所述，处于热恋中的人们腹侧被盖区的 5－羟色胺活动性会出现减弱。这看似与恋爱的愉悦兴奋相矛盾，但其实不然。爱情不单是一种愉悦过程，而是伴随愉悦、焦虑、思维狭隘和强迫性冲动的过程，这些心理过程也分别对应了多巴胺、去甲肾上腺素的活性增强，以及 5－HT 的活性降低。恋爱中“犯傻”的人们与患有强迫症个体的神经生理表现是一样的（D. Marazziti et al，1999）。反之，服用了提高 5－羟色胺水平的抗抑郁药物的病人也出现了“爱无能”，即毫无恋爱欲望。有意思的是，在复杂的恋爱心理过程中，恋人们既痛苦又甜蜜的体验也对应了 5－HT 和多巴胺此消彼长的拮抗作用。

另外，5－HT 水平较低的个体更容易出现抑郁、酗酒、自杀、攻击及暴力行为。也有研究表明（Graeff et al，1996），女性大脑合成 5－HT 的速率仅是男性的一半，这也能够说明为何女性更容易患上抑郁症。并且随着年龄的增长 5－HT 的受体会逐渐减少，60 岁个体比 30 岁个体大脑中5－HT特异受体减少了 60%，其作用通路的工作效率也会随之下降。因此，随年龄的增长个体患上抑郁症的可能性就会增加。

（五）内啡肽

内啡肽（endorphin）是人类脑垂体以及脊椎动物的丘脑下部分泌的氨基化合物，是内源性阿片肽（opioid peptides）的一种。内啡肽的作用类似于吗啡、鸦片，能与吗啡受体相结合，因此具有止痛作用并使人产生欣快感，是一种天然的镇痛剂，具有生物进化意义。此外，内啡肽还具有调节体温、心血管、呼吸功能等作用。内啡肽也被称为“快感荷尔蒙”或者“年轻荷尔蒙”，它可以帮助人保持年轻快乐的状态。

阿片肽被认为在母婴联结中扮演了重要角色，被认为是婴儿应答性行为所必不可少的物质。在女性分娩和哺育过程中就会分泌阿片肽和后叶催产素。如果生物体的阿片肽功能受损，则会导致对后代的关注度降低，并不热衷于照料行为的现象（Martel et al，1993）。而吸食毒品如海洛因的女性的母亲角色也十分混乱。例如，在莱特等人（Light et al，2004）对鸦片上瘾母亲的追踪研究中发现，与在种族、社会经济地位、婴儿出生重量和妊娠年龄配对的控制组相比，鸦片上瘾母亲显著不能维持原始母性行为，她们更容易忽视、抛弃和虐待自己的孩子。这可能是由于长期服用上瘾类物质而使得个体对内源性阿片肽的感受性下降，即迟钝不敏感所导致的。类似地，长期服用可卡因（作用于奖赏中枢的成瘾物质）的母亲也倾向于与孩子相处更少，体验到更强的敌意以及分泌了更低水平的催产素。

内啡肽即为阿片肽的一种，它非常接近于毒品吗啡的效果，可以降低焦虑感，让人产生安逸温暖、亲密平静的感觉。由此可见，其功能与苯基乙胺非常不同。有研究者称内啡肽为“婚姻激素”。婚姻的生物基础并不一定需要爱情的生物基础参与其中，在激情退却，多巴胺、去甲肾上腺素等趋于平静时，人们会渐渐趋于安逸状态，而内啡肽就是在爱情激素水平下降后开始起主导作用的。然而，内啡肽的分泌是具有先天个体差异的。正如有的个体天生很难产生恋爱的感觉，有的个体也会无法产生充足的内啡肽来使自己平静安逸下来。内啡肽的缺乏或许是“花花公子”们最堂而皇之的“借口”，因此他们的爱情周期一般为六个月到四年——多巴胺的分泌周期，总是处于热恋与分手之中。与这类个体结婚，出现婚外恋也就不足为奇了。他们天生对爱情上瘾，对多巴胺上瘾。如果以后婚前检查也纳入个体内啡肽分泌水平和潜在能力的项目，是否能让婚姻更保险一些呢?

研究表明运动也能让大脑释放内啡肽（Harber & Sutton，1984）。这些运动包括跑步、游泳、骑单车、力量训练、有氧舞蹈或球类运动等长时间运动，人们运动越多，快乐和充满活力感就越强烈。这是由于长时间运动消耗尽了肌肉内的糖原而只剩下氧气的缘故，此刻垂体便会分泌内啡肽。此外，人们之所以会对辣椒上瘾也与内啡肽的分泌有关。这是因为辣椒的刺激会给舌头带来痛觉，内啡肽作为天然镇痛剂自然会挺身而出，因此人体在分泌内啡肽以消除舌头痛觉的同时，也给大脑带来了快乐的感觉，所以很多人喜欢辣味食物。随着经济发展以及人员的流动，辣味食物遍及各地，成为各地人们的喜爱之物，看来是不无道理的。

（六）后叶催产素

后叶催产素（oxytocin）是一种九氨基酸神经肽，主要由下丘脑合成，并通过脑垂体背部释放到血液中，它可以导致子宫在分娩时收缩，以及在哺乳时产生乳汁。后叶催产素在哺乳动物性行为、配对和母性行为中具有诱导作用。

许多研究者称后叶催产素为“亲和神经肽”（affiliative neuropeptide）。例如，新生儿对母亲的触摸和吮吸会刺激母亲释放后叶催产素。在两性性行为过程中，性唤醒和性高潮时刻，个体的后叶催产素循环水平会增强，并且后叶催产素与两性个体性高潮的强度而不是持续时间存在正相关。由此可见，两性的性接触是能够增进彼此的亲密感和依恋的，这是激烈爱情转化为平静相伴所必不可少的进化装置。并且20世纪80年代的神经内分泌学家卡特的研究就发现，如果在雌田鼠的大脑中注入后叶催产素，那么它们在择偶时将不再那么挑剔，更容易确定关系并对伴侣忠心耿耿（Carter et al，2008）。

（七）后叶加压素

后叶加压素（vasopressin）能刺激毛细血管收缩，可以调节细胞的进水量。它由垂体腺分泌，产生后通过循环系统而发挥作用。个体后叶加压素的分泌与感应并非永恒不变，在不同时间和不同情境下也会随之相对增加或减少。例如，个体可能会对某一对象分泌较高的后叶加压素，而对其他对象分泌较少。另外，后叶加压素能够影响男性对伴侣的忠诚程度。同时，它的特定基因具有个体差异，即AVPR1A基因（Donaldson & Young，2008）。不同个体AVPR1A基因上的RS3

334 片段数量不同，男性个体可能会具有两个、一个片段，或者根本没有；片段数量越多，越容易成为“负心汉”。该 AVPR1A 基因即为后叶加压素感受体的编码基因。

后叶加压素能够影响哺乳动物“痴情”的程度。例如，注射了后叶加压素的雄性野鼠对交配过的雌性的兴趣要远远高于对其他雌性野鼠的兴趣，对于其他雄性野鼠对自己伴侣的亲昵行为，也会表现得更加好斗。近年来美国的一些研究者（Winslow，Harbaugh & Carter et al，1993）比较了土拨鼠和山鼠的后叶加压素水平。土拨鼠以忠于伴侣而著称，山鼠则是明显表现出见异思迁、喜新厌旧。该研究发现土拨鼠对后叶加压素的感应力特强，而山鼠则不太敏感；当研究者把该种后叶加压素感应基因移植在山鼠身上后，山鼠也会表现出承担更多社会责任和配偶责任的行为。由此可见，后叶加压素是哺乳动物“一夫一妻”的生物学基础，是进化产生的适应器。

人类需要后叶加压素来维持稳定的一夫一妻关系是具有积极的进化意义的。人类的怀胎过程很长，人类幼儿不仅很脆弱而且成长过程比较漫长，因此稳定的伴侣关系有利于后代的安全成长和延续。例如，研究者克伦肖（Crenshaw，1997）认为，对身体的触摸能够提高后叶加压素的水平，它能促进个体产生爱的感觉。而人工合成后叶加压素可以用于治疗抑郁和强制性行为。

（八）睾酮

睾酮（testosterone）又称睾丸素，是一种类固醇激素，由男性的睾丸或女性的卵巢分泌，此外肾上腺也能分泌少量睾酮，具有维持肌肉的强度和质量、骨质密度和强度、提神及提升体能等作用。无论男女，睾酮对性欲的产生都有重要作用，这也是为何男性的性冲动更强烈的原因。睾酮在男性睾丸中分泌相对更多，具有性别差异；另外睾酮的分泌也具有个体差异，有的个体天生没有什么性欲，而有的个体较强，这在很大程度上和睾酮的分泌强度有关。

有研究表明，与体内睾酮含量低的女性相比，那些体内分泌较高浓度睾酮的女性表现出了更高的抱负和自信，更有可能选择经济和财政领域内传统的男性职位，并且性欲更强烈。但激素分泌的具体水平通常难以检测，因而人们只好通过外部标志来判断。对于男性来说，他们的面部会反映出睾丸激素的含量，那些睾丸激素水平最高的男孩在成年后往往下巴更宽，额头更粗犷（Little，Penton-Voak，Burt & Perrett，2002）。

三、爱情三系统的交互作用

爱情的性系统、吸引力系统和依恋系统是交互作用的，并且能够相互促进。按照爱情的一般发展过程，恋人们首先会产生相互吸引，随后在炽热生理吸引下会走向性关系——至少在当今较为开放的社会中是如此，然后在性爱与吸引的水乳交融中，不出意外的话，半年到四年左右（费洛蒙的分泌时长），便会自然而然地进入依恋阶段。值得注意的是，在爱情发展的每一个阶段，三个系统的作用都是存在的，只是不同的阶段起主导作用的系统不同而已。

首先，吸引力会激发性驱力，也会增加个体的依恋感觉。如果一位异性对个体有着强烈吸引，个体也会不由自主地陷入对对方性吸引的幻想中。抚摸、拥抱、亲吻等，这一切都指向了性行为。个体的这种心理行为状态是与生理多巴胺系统的作用相对应的。如前所述，多巴胺能够刺激睾酮的释放，并由此增强个体的性驱力、性唤醒和性能力（如 Clayton et al，2000）。这种定向联系具有积极的进化意义，从进化角度看，吸引的最终目的一定是指向繁衍行为的。多巴胺同样能刺激后叶催产素的产生，带给人安全感和满足感，这是幸福婚姻关系中的常见状态。这类物质在女性大脑中较为活跃，对爱情、伴侣关系和养育后代有着重要作用。另外，吸引力系统中的 5－羟色胺也会影响到个体对长期伴侣产生依恋感觉。研究者费舍尔（2004）发现，患有抑郁症的个体在进行治疗时服用的 5－羟色胺再吸收抑制剂会对多巴胺产生抑制，使个体情绪迟钝，并且不再表现出强迫性思维，而这些都与吸引力的产生有关；并且有 70% 的病人服用后出现了性欲下降、性唤醒降低、性快感缺乏等症状，而性快感缺乏会破坏对伴侣长期依恋的产生。

其次，性驱力也能促进吸引和依恋感。大量研究表明，性活动能够增强多巴胺的活性（如 Young et al，1996），两性在发生性行为前后，体内的多巴胺浓度会显著提高，这就促使两性更容易对性对象产生爱情。再者，由于性行为会带来性高潮，而后者能够促进女性后叶催产素以及男性后叶加压素的产生，这两种物质都是促进个体产生依恋和保持忠诚的重要激素。这似乎说明：性高潮能够给人们带来安全感和满足感——这从某个角度验证了弗洛姆所认为的性交配能够克服个体孤独感的心理学假说。

总之，从费洛蒙，到多巴胺，再到内啡肽，这一切表明：爱情就是一种上瘾行为。

第二节　爱情的微观建构研究方向

巴莱特

心理事件是由哪些客观存在的基本心理成分构成？其神经生理机制如何？这是现代建构主义需要解答的问题。需要说明的是，爱情的建构主义研究方向迄今较为著名的理论仍然是斯腾伯格的爱情三角理论，该理论也得到了多数研究的认可。因此，建构主义心理学研究最为前沿的视角已经不再停留于各种心理现象的建构，而是力图发现各种原本看来具有质的不同的心理现象之间的本质联系——量的差异，即构成成分上的共性以及成分比例的差异性。概念行为模型即为其中的代表，尽管它看来并非特别旨在说明爱情的成分，但却在更为宏观的角度解释各类心理现象，究其实质也是说明了爱情更为本质的建构。这与神经生理的研究结论是一致的，如爱情激活的脑区与许多人类活动激活的脑区是重叠的，只是各自存在量上的差异罢了。这也与随后我们将要讲到的爱情的进化假说是一致的，即爱情是人类适应环境过程中的一种适应装置，它与许多其他适应装置涉及的生理活动具有量上的差异。

与斯腾伯格的爱情二元理论相似，研究者巴莱特（Barrett，1991，2004，2006，2009）也从共性与差异性两个角度提出了情感概念行为模型。这种从情感的核心建构成分及其现象分类学进行解释的方式，体现了建构主义理论研究的重要思路。

概念行为模型最初是巴莱特用以解释情绪过程而提出的一种建构主义理论。在解释这个模型时，巴莱特常常会提到自己在读研究生时期的一段经历，有一次她在与一位男士偶遇时心情莫名地紧张慌乱，于是巴莱特以为自己坠入情网，对那位男士产生了爱慕之情。然而不久之后她却发现，当时只不过是得了流感而已，才会出现那样的生理反应。受此启发，她认为像爱情这样的情感现象，甚至于像愉快、愤怒这样的基本情绪，都是个体对在特定情境下出现某种生理反应的一种主观建构而已。该模型共有四个假设。

一、假设一：心理基元（psychological primitives）

这是该模型最重要的假说。情感心理事件是由三种不可再分、相互影响的心理基元成分相互建构而成：1. 核心感情（core affect），它是哺乳动物特有的、最精简原始、非反射性的神经生理和躯体内脏状态（neurophysiological and somato-visceral state），它不依赖于外界客体存在，可被体验为自由起伏波动的状态（如心境）；2. 情感经验知识，来自记忆存储的概念系统（conceptual system），由对核心感情状态进行分类后产生的经验知识组成；概念知识是通过模态表征（re-presented modally）形式进行表征的；3. 受控制的注意（controlled attention），它可以是有意识或者无意识的，决定外界信息的选择和获取（Barrett，2006，2009）。三者的相互影响体现在：核心感情的唤醒水平或者（不）愉快程度会影响到对外界信息的注意偏好，以及概念系统中具体知识的提取，经过分类后产生的实例最终会存储到记忆概念系统中；已有的情感经验会导致习惯性的注意偏好，以及核心感情被分类为何种情绪；受控注意则能决定情绪概念系统的哪个成分被激活或者被压抑，这个认知的过程也会影响到核心感情的水平。概念行为模型认为核心感情的活动性水平、概念系统的大小和复杂性以及个体进行分类的能力、注意资源的多少都存在个体差异。因此，情感才有广泛的变异性（Barrett，2009）。

巴莱特（2009）还界定了核心感情的神经生理基础。其神经回路不仅涉及了传统的“感情区域”杏仁核、腹侧纹状体；还包括了一些“认知区域”（Duncan

& Barrett, 2007), 如前额叶皮层的边缘部分 (paralimbic portions of prefrontal cortex), 即眶额皮层 (orbitofrontal cortex, OFC) 的侧部向后延伸至无颗粒脑岛 (agranular insula), 然后向旁到腹外侧前额皮层 (ventral lateral pre frontal cortex, vlPFC); 以及眶额皮层中部 (有时还包括腹正中前额皮层, ventral medium prefrontal cortex, vmPFC), 向后延伸至内侧壁前扣带回皮层 (anterior cingulate cortex, ACC) 的膝下和膝前部分 (Barrett, 2006, 2009)。这些核心感情区域协同丘脑 (thalamus)、下丘脑 (hypothalamus)、脑岛 (insula) 和中脑脑干的自律控制中枢 (autonomic control centers in the midbrain brainstem), 构成了广泛分布的神经参照空间 (neural reference space), 实现对外部世界和躯体内脏活动的感知觉表征 (Kober & Barrett, 2008; Barrett, 2009)。它的功能在于将外界信息"翻译"成内部有意义的躯体活动表征。

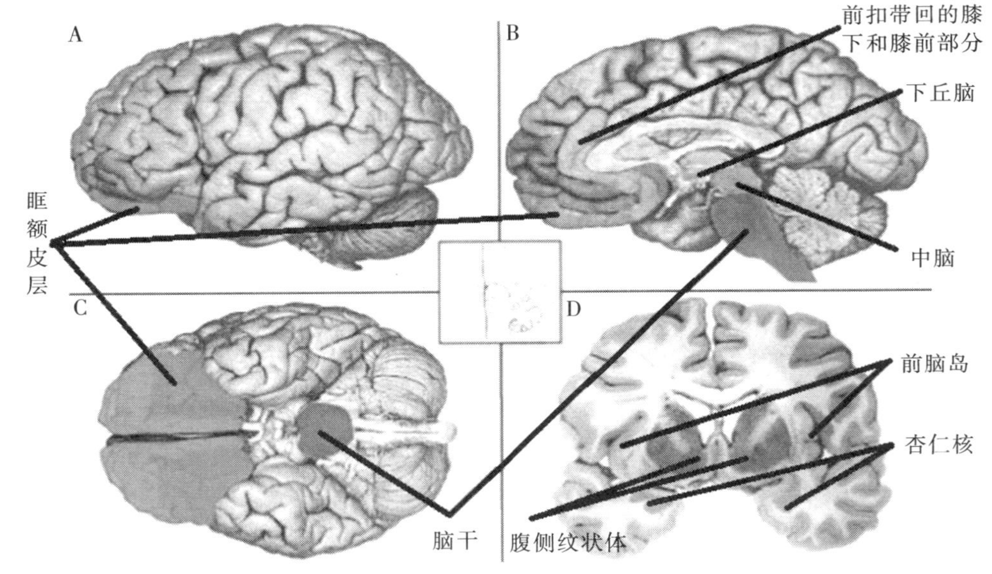

图 7-5 核心感情相关脑区 (Barrett, 2009)

二、假设二:丰富的食谱 (a book of recipe)

然而核心感情的活动性会受到客体的影响,也往往在这种影响之下才使个体体验到核心感情的存在,然后个体根据在特定情境下注意到的信息,提取记忆中的相关情绪概念知识,从而形成整合了外界和体内信息的情绪实例 (Barrett, 2006),这个归因过程即为概念化,它是迅速、持续、无意识、无需过多耗用认知资源的 (Barrett, 2006)。概念行为模型认为,人们将核心感情分类成为离散情绪类别的能力(概念化)也是天生的。但各种离散情绪的具体类别及其内容却是后天获取的 (Barrett, 2009)。

因此，个体在现实情境中会持续无意识地评估环境的相关性和价值，以及客体的某些属性是否显示了一些重要的利害关系（Storbeck & Robinson，2004），这个过程会导致核心感情水平的时刻波动变化（Barrett，2009）。因此“实时体验”情绪（概念化）必须自动迅速，这种自动性可能是因为概念知识已经彻底渗透到了整个感知觉过程当中。个体不同的注意控制能力，会直接导致概念化过程中情绪模态激活的差异，如当可控制的注意资源有限，或者情境需要大量注意资源时，个体会激活特定的自动功能模块（module）来概念化其核心感情状态；相反，注意控制能力较好的个体能注意到更多情境中的信息，并将之吸收到已有的情绪表征中，从而产生更为复杂、精细的概念系统，能更好地调节情绪产生后的行为反应，并对情绪有着更深刻的认知（Barrett，2009）。此外，情绪概念知识系统不仅受到人格特质的影响，还受个体经历情境的影响。同样，即使是同一个体，在不同情境下体验的同种情绪也有差异。因此，概念行为模型很好地解释了情绪的变异性，认为各种心理基元像是配餐室里丰富的原料和工具。食谱的材料来源于外界感觉信息、体内的神经生理感受以及已有的经验，它们以不同的比例相互融合、渗透、影响，搭配出丰富的“食谱”，从而形成了人们体验到并用情绪词汇加以命名的各种情绪状态（Barrett，2009）。

三、假设三：情绪生活的扩展化（emotional life extended）

心理基元不专属于情绪，它们也参与建构其他心理过程。核心感情的感觉综合网络包含了前额叶部分皮层和杏仁核，杏仁核在整个回路中处于中心地位，影响着从前额皮层到下丘脑、脑干的投射活动。杏仁核通过三种方式调节感知觉的加工。

第一，以目标定向的方式自上而下注意客体，直接影响感知觉加工；涉及前额皮层背外侧与眶额皮层的联结，后者直接指导视觉（Ochsner & Gross，2005）。

第二，通过与单向感觉区域（如腹侧视觉皮层）较强的相互联结，直接增强刺激驱动（stimulus-driven）的感知觉加工（Duncan & Barrett，2007）。杏仁核的基底核调节了从联合视觉皮层（association visual cortex）到初级视觉皮层（primary visual cortex）的腹侧视觉通路（ventral visual stream）所有部分的神经放电强度，直接影响了视觉的加工（Freese & Amaral，2005）。杏仁核不仅帮助环境的基本视觉特征与情感价值建立联结关系（如调节了与情感学习有关的初级视觉皮层的锥体细胞兴奋性），还通过调节腹侧通路前端的活动性，增强对个体认为具有情感价值的客体的视觉意识（Duncan & Barrett，2007）。所有这些说明，人们真正“看见”的周围世界部分地由其核心感情状态决定。

第三，参与了自下而上的注意调节，调动所有感知觉皮层来对竞争性的感觉表征进行选择（Duncan & Barrett，2007）。杏仁核还通过对脑干和基底前脑的投射，间接调节了整个大脑的感知觉加工。脑干和基底前脑是产生意识状态的关键。首先，它们联结了丘脑核皮层，此回路部分决定了选择哪些神经元同步放电（神经元集合，neuronal assembly），从而形成意识到的感觉；其次，它们通过对皮层幔（cortical mantle）进行扩散式的单向投射，控制了神经元的放电程度（Duncan & Barrett，2007）。因此，核心感情回路是外界感知觉信息达到脑干和基底前脑从而产生意识的唯一路径（Mesulam，2000），外界信息从本质上具有了情感内容（Duncan & Barrett，2007）。

而近年来，越来越多的神经科学研究证明，人类大脑中的杏仁核是神经网络结构中加工情感效价的核心单元。然而新出现的证据表明，新奇性是一种与其他情感品质相独立的情感维度，它与杏仁核有关。例如，巴莱特等人 2010 年的一项研究，检验了个体情感过程中新奇性、效价和唤醒对杏仁核活动的贡献。实验过程中，巴莱特让健康的青年人看一系列选自国际情感图片库（IAPS）的具有不同效价（积极，消极，中性）、唤醒度（高唤醒，低唤醒，中度唤醒）和新奇程度（新奇，熟悉）的图片。结果发现，与消极高唤醒的刺激（已有研究表明最能诱发杏仁核活动性）相比，个体对新奇性刺激有着更高的反应峰值，以及更长时间的选择性注意激活。此外，新奇性还不同程度地激活了其他情感脑区，包括控制和调节杏仁核活动的脑区（如眶额皮层），以及将感知觉信号传送到杏仁核的脑区（如视觉皮层）。这表明杏仁核的主要功能在于发现刺激的重要性和突出性。它是一种重要的刺激维度。

由此可见，核心感情是意识的基本特征（Barrett，2009）。例如，初级视觉皮层损坏的患者由于视觉信息无法通过核心感情回路，不能给客体赋予主观品质，常常报告他们“知道”面前有物体，却无法“看见”它（Weiskrantz，1991）。由此可推论，依赖于感觉信息的心理过程都会被赋予感情品质，包括许多传统“非情绪”心理现象，如态度、刻板印象和偏见、言语交流和谈判策略、判断和决策制订、预测未来、工作动机、精神病理学、幸福感、健康，以及人格（Barrett，2009）。

四、假设四：语言的力量（the power of words）

语言是人类文化的载体，是各种文化差异的直接体现。

核心感情必须经过概念化对外界和体内信息进行分类表征后，才能产生类别化的情绪，不然它只是一系列的躯体内脏感受（Barrett，2005）。因此界定情感体验的情绪类别是后天产生的，巴莱特等人（2007）认为语言对情绪实例的分类起到了核心组织作用。在分类时人脑会选择部分感觉刺激转化成信息，并赋予目的和意义，据此来决定如何做才可以有效应对这些刺激，便于群体交流以及自我调节（Barrett，2006）。从文化发展角度来看，由于现象学和社会原因，群体默认一些情绪词汇是表征心理活动及其与外界信息关系的一种功能性方式，在相互交流过程中逐渐产生了共通的情绪类别（Barrett，2009）。从个体成长的角度看，从出生开始，婴儿开始对外界信息和躯体状态产生各种感受，并在感知运动模式中获取了一部分体验的统计规律性，将之存储为内部表征；在随后的发展过程中由于语言的学习，学会了使用情绪词汇来命名和表达这些统计类别。因此一些情绪的模态表征类别可能体现了情绪性反应的统计结构，才被用于表示真实的生理差异（Barrett，2009）。对于其他不具有统计规律性的类别，个体则使用学习抽象概念的方式来进行表征，词汇就像胶水一样将这些类别实例粘在一起；如果没有词汇这些类别就不存在，个体就无法进行学习。

综上可见，巴莱特所提出的三种心理基元，即核心感情、概念知识和受控制的注意，根据其解释实际上分别对应了情感系统、认知系统和动机系统；这一点与斯腾伯格的理论相似。这同时说明各种心理活动在实际过程中是相互渗透和影响的，无法完全分开。而巴莱特也认为情绪的维度实际上也包含了效价、唤醒和新奇性，这三者本身也是对认知、情感和动机的体现。事实上，从现有的研究结果来看，我们用传统的认知、情感和动机来进行划分已经不太适宜了。另外，根据巴莱特定义的核心感情的神经生理回路我们可以发现，它所涉及的脑区既属于认知的又包括情感的，还涵盖了动机的神经区域，因此它其实是大多数心理活动的神经回路，只不过巴莱特将它命名为了一种“感情”而已。

对于该模型，巴莱特等人从情绪角度进行了多种研究反复验证，都得到了肯定的答案，然而假设三“情绪生活的扩展化”仍处于假说阶段。而事实上她所说的情绪生活的扩展化并非意味着将所有的意识现象都归类为情绪现象，而是认为所有的心理现象包括情绪在内，都是由更为基本的心理基元建构而成。而她对于建构的解释也并非完全从唯心角度出发，而是在承认唯心与唯物同时存在的基础上解释了人类心理活动从本质（心理基元）到现象（概念化知识）过程的机制，是在承认人类生物性基础（核心感情）的前提下，受环境影响（已有概念知识）而进行的主观建构活动。应当说这是对以前相互背离观点的一种融合和创新，只是由于研究者的个人研究角度（情绪）而在命名整个概念化机制时倾向于采用情绪概念来对其命名。然而，该假说仍然有待实践验证。

第三节　爱情的宏观进化研究方向

早在 1859 年，达尔文（Charles Darwin）就曾经说过：“在遥远的将来，我会看到许多更加重要的研究领域就此打开。心理学将会拥有全新的基础，这个基础对于我们逐步获得每种心理能力都是必需的。”正如达尔文所言，现有研究者已经开始将进化论吸收到心理学领域来展开研究。进化心理学正在成为一门新兴的学科。进化论的代表性观点即“物竞天择，适者生存”。它强调自然选择的过程，而这个过程能够使那些拥有某些基因而适应周围环境的个体的成活几率远大于那些不能适应环境的个体，由此保存了适应基因，淘汰了不适应基因，最终在适应基因的一代代传承和进一步进化中，使个体的某种功能被塑造成了现在的样子。

从进化的角度来探讨人类大脑—心理机制，正是其主要目标。进化心理学集中讨论四个关键性问题（Buss，1999，2007）：1. 心理为什么被设计成现在这种样子？2. 人类的心理机制或者组成部分是什么样子？3. 心理的组成部分和组织结构各有什么功能？4. 环境因素是如何与人类的心理机制相互作用，从而产生行为的？

一、进化心理学基本原理

进化心理学家巴斯（Buss，1999，2007）在其《进化心理学》一书中详细阐述了其中的原理。他认为进化论及其基本原理，即借助自然选择的进化过程（evolution by natural selection），具有科学理论所应具备的特征：1. 能将已知的事实组织起来；2. 能够引发新的科学假设；3. 能够为科学探索的重要领域提供指导。进化心理学的各种假说主要解释了生物体所面对的适应性问题及其心理解决方案。这些假说可以被划分为四级分析水平：一般的进化论、中级水平的进化论、具体的进化假设、从假设中得出的具体预测。

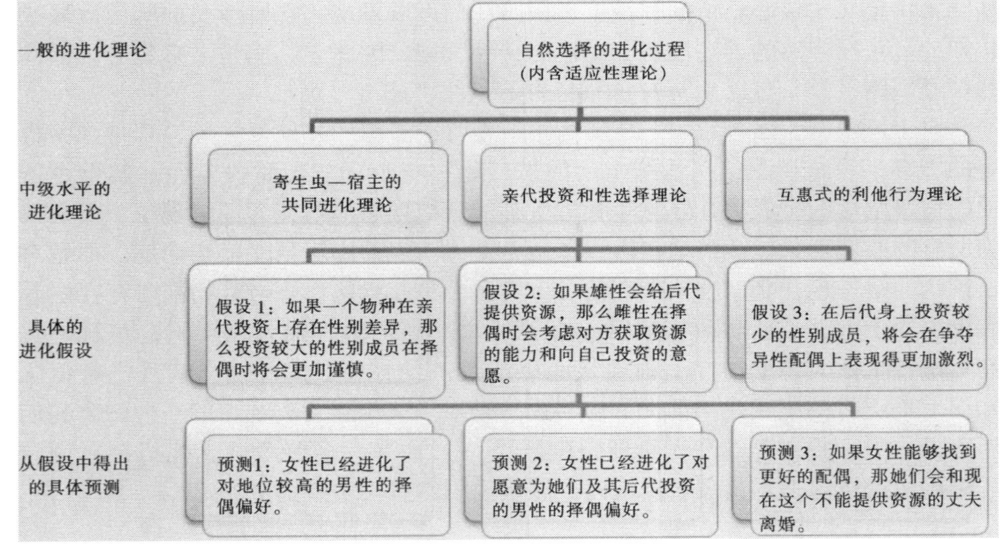

图 7－6　进化分析的水平

巴斯

最高级分析水平为一般进化理论，即内含适应性理论。它从一般进化水平上阐释了自然选择的进化过程，即个体在繁殖后代过程中自身的直接适应性，以及个体通过基因遗传对后代所产生的影响。由于一般进化理论是整个进化心理学的主导研究范式，因此，进化心理学研究者都是在假定一般的进化理论是正确的基础上，进行研究并检验下级的进化假设。

中级水平的进化理论位于一般进化理论之下，主要包含了共同进化理论、亲代投资理论和性选择理论、利他行为理论三种。其中与爱情相关的进化心理学即属于亲代投资理论和性选择理论这一中级水平理论之下。需要注意的是，中级水平理论提出的观点必须满足一般进化理论的规律这个前提条件，与一般进化理论是相容的，不能偏离其逻辑。但一般进化理论又不包含中级水平进化理论的观点，即中级理论需有自己具体的内容。

第三级水平为具体进化假设，这一级假设种类较多，但每一假设都具有一定的针对性，并能够进行实际检验。例如假设2，如果雄性会给后代提供资源，那么雌性在择偶时会考虑雄性获取资源的能力以及对自己投资的意愿。对此研究者们可以调查是否不同文化背景下的女性都偏好占有较多社会资源以及愿意对她们投资的男性。

第四级水平是根据第三级假设进一步作出的推断，是可以直接进行科学检验的层级。而这一级水平的预测也恰恰体现了前几级假设的价值所在。还以第三级的假设2为例，我们可以进行预测：女性会青睐拥有较多社会资源的男性。然后可设计问卷，通过访谈形式等获取一些实际数据，再通过科学分析来检验该预测的正确性。

一般水平的进化理论认为，生物体经过进化过程最终产生了三样产物：适应器（adaptations）、适应器的副产品（by-products），以及随机效应（random effects）或叫做噪音（noise）。

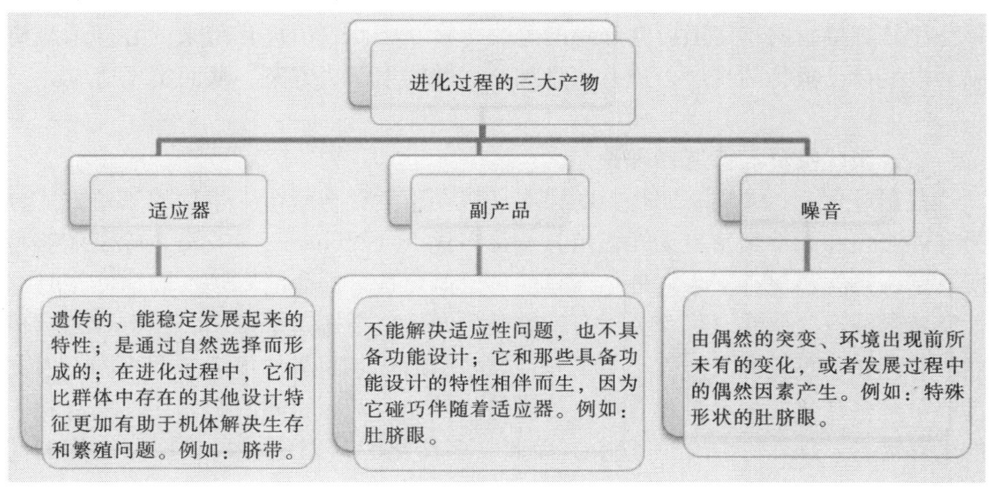

图7-7 进化过程的三大产物（Buss，2007）

适应器是进化过程的主要产物。它是自然选择过程塑造出来解决生物体生存、繁殖问题的机制，是一种通过遗传获得并能够稳定发展起来的特质。首先，它具有遗传学基础，具有相对应的基因；其次，它必须在所有处于正常环境中的个体身上都能可靠地发展起来，是大多数或者全体成员的共有特性；再次，适应器具有遗传性并不意味着个体一出生就必定会显现出来，有一部分适应器在出生很久后才会发展起来，如乳房直到青春期时才会发育；最后，适应器比生物体身上存在的其他功能性设计特征更有利于解决生存和繁殖的适应性问题。评价适应器功能的标准包括：有效性（efficiency）、经济性（economy）、精确性（precision）和可靠性（reliability）。进化过程也会带来适应器的副产品。它既不能解决适应性问题，也不具备功能性设计特征，它只是碰巧与适应器相伴而生。此外，进化过程也会产生偶然的突变，即随机效应，它可能会具有适应性，也可能不具适应性。

进化心理学认为，生物体的所有本质都是由许许多多的适应器组成的。例如，人体的各种器官，像眼、耳、口、鼻的主要功能在于接受环境信息，肺功能主要在于摄入氧气，肠胃功能在于摄入养分，等等，之所以如此划分，是因为它们各自具有独立的功能。除开这些从解剖学上能够区分开来的适应器之外，进化心理学家们认为同样的道理也可用于解释心理机制。如果心理的某两个组成部分执行的是不同的功能，那么它们就是相互独立的机制。心理适应器的机制在进化历史上，成功地解决了与某种生存与繁殖相关的反复出现的问题，并且它们只针对特定的一小部分信息进行加工，其输出的信息可能是生理活动，也可能会是供其他心理机制进行分析的信息，或者是外显行为。并且，这些心理机制的输出结果往往是直接指向特定适应性问题的解决方案。因此，由进化带来的心理适应机制会根据自己独特的程序，进行信息加工，并输出解决方案，从而实现适应。

二、亲代投资与性选择理论

根据进化论，人类一切行为的根本动机在于生存与繁衍。生物的繁殖方式分为有性繁殖和无性繁殖。无性繁殖具有许多优点（Williams，1975），除了能够将所有基因都完整保存下来之外，而且还可以避免选择配偶的麻烦，而这些正是有性繁殖的缺点之所在。尽管关于有性繁殖的产生至今还是个谜团，但有性繁殖仍然具有存在的重要意义。首先由于有性繁殖的后代基因与父母的基因不同，由此能够带来多样化的变异，具有潜在的优势。例如，基因相同的个体往往具有相同的生存需求，从而存在生存竞争。因此，多样化的基因更有利于物种之间的共生，利于整个生物总量的增加。

而在人类的基因中，由男性提供精子，女性提供卵子，尽管两者都提供了对等的基因数量，但对于繁育后代的贡献存在差异。精子的尺寸较小、游动性大、数量众多，每小时可以产生约 1 200 万个。而女性一生之中能产生的卵子数量也就大约 400 个，并且卵子养分较多、体积较大。不仅如此，男性与女性在对后代的投资中也存在差异，男性只需要一次性行为，而女性则承担了受孕、怀孕以及哺育的全过程，最少要四五年的时间（Shostak，1981），在此期间还会丧失其他择偶机会作为代价。因此，孕育、哺乳、抚养及保护、喂食等都是重要的繁殖资源。

在两性别中，女性拥有了更多的不可随意分配的重要繁殖资源，她们不能随便付出，否则会带来一系列的投资风险，以及被进化淘汰的结果。另外，女性一生的卵子数量有限，繁衍年限较短，因此，她们必须保证自己的后代存活率较高。对配偶不加分辨的话更有可能付出代价。例如，与不能提供保护和食物的男性发生性行为，容易导致繁殖的失败。因此，进化选择了对配偶挑剔、慎重决定的女性生存下来。而男性则不同，在生物繁衍行为上，他们只需要提供精子作为传承自己基因的载体而已，此后他随时可以选择离开。而由于男性的精子数量众多，繁衍年限更长，因此从理论上说，为了求得繁衍的最大化，他们应当选择尽可能多的女性发生繁衍行为，从而对性对象也较少挑剔，并与更多的同性产生竞争。由此可见，男女两性之间在繁殖后代上的策略是有差异的，甚至在某些地方是矛盾的。

因此，研究者特里弗斯（Trivers，1972）提出了亲代投资和性选择理论（parental investment and sexual selection theory）来解释人类的繁衍行为，并预测：1. 为后代投资更多的性别（大多数时候是雌性）在择偶时会更加挑剔，主导着繁衍行为的发生；2. 对后代投资较小的性别在争夺异性时的竞争更为激烈。根据这两项预测可知，正是由于人类女性拥有更多不可随意分配的繁衍资源，因此她们在选择性对象时会注重保障自己后代的存活率，这就与男性所能提供的繁衍资源有关。由于男性的身体较女性更为强壮，并且没有孕育后代的牵绊，因此他们能够获取更多的生存资源，如食物和安全的居住环境等，这些都属于可随意分配的生存和繁衍资源。因此，女性在择偶时会选择更强壮、拥有更多生存资源的男性作为性对象，不仅如此，女性更为看重的是这个男性是否愿意将其生存资源长期地投资在自己和后代身上。因此，在交配过程中，拥有较多资源、更愿意为女性提供长期保护的男性更容易受到女性青睐，而那些获取资源能力差、对待交配更为随意的男性则很有可能没有配偶来繁衍后代。由此经过一代代自然选择，那些有能力获取资源并乐于与配偶和后代分享自己的资源，即注重长期配偶关系的男性基因被保存和传承了下来。这个过程也体现了女性是如何主导繁衍过程的。

值得注意的是，在现代注重长期配偶关系和婚姻的社会中，由于男性和女性为后代付出了同样多的资源，因此根据亲代投资理论，双方对长期配偶的挑剔程度应该是相当的。

基本上整个亲代投资过程体现了男性负责生存、女性负责哺育的职责。在婚配市场里，女性的繁衍资源几乎都是天生的，不可随意分配；而男性的生存资源则几乎都是后天获取的，可随意分配。

三、女性择偶偏好

基于亲代投资理论和性选择论，女性选择能够获取大量资源并愿意对自己和后代进行长期投资的男性作为配偶，能够从中获取较大的收益。因此，女性会表现出如下择偶偏好。

（一）偏好内容

1. 物质资源

首先，女性会直接表现出对男性物质资源的偏好。在人类进化历程中，大多数情况下资源都是由男性积累并控制的，然而不同男性个体掌控的资源存在巨大差异，有人连自身基本生存都难以保障，有人却富可敌国。此外，男性在对后代的投入中，不仅包括提供食物和居住环境，保护领地和子女，而且还会向子女传授技能，如狩猎、沟通等，对于后代的社会化有较大作用。因此，女性会偏好拥有较多资源的男性，这不仅代表着直接的生存物质，而且还预示着男性具有较高的获取资源的能力。因此，女性也很重视男性的经济前景。例如，巴斯等人（Buss et al，1985）重复了1939年时的一项研究，要求1 491名美国被试对18项重要的择偶时会考虑的品质进行0—3分的重要性评分，与几十年前的研究一致，女性始终对“好的经济前景”评了很高的分数，而且是男性对此评分的两倍。而后来巴斯等人（1989）又将此研究扩大到全球3种文化中进行调查，结果仍然不容置疑地表现出了女性对经济资源的显著偏好。对资源的偏好是女性所有偏好的核心，其他偏好出现的原因就在于，它们往往能间接说明男性所拥有的物质资源以及获取资源的能力。

2. 社会地位

女性有对男性较高社会地位的偏好。这是因为社会地位是判断资源控制量的最可靠线索。等级性是人类社会的共同特征，而资源往往积聚在高层的少数人手中。拥有较高社会地位的男性通常是社会群体内的精英人物，往往都拥有更丰富的财产和各种资源，并且能为子女提供更多的机会，其后代能够接触到更多更优秀的异性。巴斯等人跨37种文化的研究发现，在所有文化中女性都显著地比男性更看重对方的社会地位，如中国台湾的女性就给出了比男性高63%的评分。

3. 年龄

女性也进化出了对年长男性的偏好。年龄也是鉴别男性社会资源的一种重要线索。在人类社会中，青少年和年轻男性的资源积累实践较短，因此很少能拥有较高的社会地位和丰富的财富。地位和财富通常是随年龄增长而积累的。然而这种偏好也并不意味着男性比自己越年长越好，如巴斯等人（1989）那项具有里程碑意义的跨文化研究证实，平均来说女性偏爱年龄比自己大三岁左右的男性。这可能是因为男性往往在四十五岁左右才会达到经济实力的顶峰，然而年龄太大又往往预示着身体机能的下降，死亡的风险更大，在他们死亡后是不能继续提供资源的。除此之外，年龄的差距也会带来相处和沟通上的障碍。

4. 抱负与勤奋

女性会有对男性抱负和勤奋的偏好。勤奋和抱负是预测男性过去或者未来收入和社会地位的代表性品质。这一特点同样在巴斯等人的跨文化研究中有所体现，女性强调抱负和勤奋的重要性，并认为缺乏抱负的男性最没有魅力。这种跨文化一致性为择偶偏好是进化而来的提供了重要支持。而这种品质也是更容易被女性观察到的资源信息。

5. 可靠与稳定

女性偏好可靠和稳定的男性。在巴斯的跨文化研究中，所有文化下个体评估的 18 种配偶品质重要性中，爱情的重要性得分居第一位，之后为可靠性和情绪稳定性，男女都如此。这两种品质之所以如此重要，可能是因为它们是男性能够长期稳定地为女性提供资源的可靠指标；而不可靠、情绪不稳定的男性往往以自我为中心并且不乐于分享资源。根据巴斯与谢克福德（Buss & Shackelford，1997）的研究显示，这类男性对伴侣的性嫉妒高于平均水平，更容易产生暴力行为，并且更容易发生外遇，这类男性不但不能稳定地提供资源，反而会消耗女性的资源（如时间、精力等）。而在原始的狩猎时代，一个情绪不稳定的男性很有可能无法获取资源。因此，这两项品质是资源供给稳定性的标志。

6. 运动能力

女性对男性的运动能力具有偏好。这是男性能否有效提供身体保护的线索，这些能力包括身材魁梧、力量、身体素质等。在人类进化过程中，女士总是面临男性在身体上的性支配或者暴力对待，毕竟男性在体能上更为强大，例如，何时何地都存在性强暴事件。因此，男性配偶在身体上的保护对于女性来说十分重要。而男性的身高、肩宽、上身肌肉量都对女性具有吸引力，并会对其他男性产生威慑作用（Barner，1995）。此外，也有研究表明，女性一般认为矮个子的男性“不具性魅力”（Buss & Schmitt，1993）。

7. 外貌

女性对男性的健康和外貌有偏好。这一标准事实上是男女共用，因为外貌本身就是身体健康与否的线索。而不健康的伴侣会带来各种问题。例如，不健康的男性由于身体虚弱而不能提供各种资源，并且死亡的几率更大，还有可能传染疾病给伴侣和孩子，危及生存与繁衍，另外有的疾病是能够通过基因遗传的。因此，无论男女，都十分重视伴侣的健康问题。例如巴斯的跨文化研究（18 项品质的三点评分，13 项品质的重要性排序）还要求被试对 13 种配偶品质按重要性进行排序，排在前四位的依次为：体贴、聪慧、令人激动的个性、健康。这些健康的外貌特点包括对称性、肌肉特征等，这些特征同样也被认为是具有性魅力的。例如，面孔和身体的对称性是个体抵抗环境和遗传应激源的能力的体现。而有研究发现面孔对称的个体在生理、心理以及情绪健康测验中都取得了较高的分数（Shackelford & Larsen，1997）。

8. 承诺

女性对爱情和承诺有偏好。长期以来，对于配偶是否具有对女性和子女进行长期投资的意愿，即承诺是难以辨别的。女性只能通过寻找男性忠诚度的线索来进行推测。爱情就是关键的忠诚度线索之一。现有研究已经表明爱情是跨文化存在的，人类学家姜克维和费舍尔（Jankowiak & Fischer，1992）对 168 种不同文化群体的调查发现，浪漫之爱在世界上 88.5% 的文化中都是存在的。爱情的重要功能即承诺，因为爱情的存在而乐于坚守的承诺。正如巴斯那项重要的跨文化研究所显示的，几乎所有男性和女性都给爱情这一品质评定了最高分数。因此，从进化的角度看，爱情的功能在于忠诚与承诺。

9. 投资与付出

女性偏好愿意为子女投资的男性。在进化过程中，男性为寻求繁殖效益最大化而倾向于寻求多对象的性关系，并且也具备这种适应性。因此，他们有可能将资源集中用于择偶和求爱过程，而不是抚育后代。并且，由于男性除了发生性行为之外，对孕育过程无法控制，因此不能确认后代是否是自己亲生的，从而对投资会有所保留。男性很有可能不愿意抚育某个后代。因此，女性更偏好能帮助自己抚育后代的男性。由此而来，男性是否愿意抚育后代的线索就来自于他们是否喜爱孩子，并且研究证实女性认为愿意与孩子进行积极互动的男性更具有性魅力，而那些无视孩子痛苦的男性是不具有性魅力的（La Cerra，1994）。

（二）影响因素

以上的择偶偏好由进化决定，但同时又受以下因素的影响。首先是女性自身的资源。进化理论假设，女性对长期配偶资源的偏好源于女性被排除在资源掌控之外。如果由此进行反向预测，那么女性自身拥有资源后，则不会表现出对男性物质资源的显著偏好。然而事实并非如此，正由于这种偏好是漫长的进化过程选择出来的，因此在少数女性拥有物质资源的社会中，或者在拥有物质资源的少数女性个体身上，仍然保留着原始的选择偏好，依然认为拥有更多物质资源或者获取资源能力强的男性个体更具有性魅力，甚至更加看重配偶的（潜在）资源（Andener et al，1960；Buss，1989）。其次，配偶关系维持时间背景（temporal context）的不同也会影响女性的择偶策略。在选择长期伴侣时，女性往往更看重是否可靠、善良、情绪稳定等；而在挑选短期伴侣时，对这些特质的看重程度却要小很多。也就是说，与短期背景相比，在长期择偶背景下女性更看重性格品质，较不在意长相、身材等性魅力（Scheib，1997）。再者是女性的月经周期。总体表现为女性在高受孕期（排卵期）时比低受孕期更偏好有性魅力特征的男性，如富有男子气概的面孔、对称性更好的男性的气味等，偏向于选择“优秀基因”（Johnston et al，2001）。最后还有女性自身的配偶价值。这取决于男性的择偶标准，主要包括年轻和性魅力。配偶价值较高的个体，即较年轻、更具性魅力的女性，更加偏好男性的性魅力，如男子气概和对称性等（Pawlowski & Dunbar，1999）。另外，近来也有研究者认为地理位置也会影响择偶偏好。生活在人口密集地区和高消费地区的女性更重视男性所掌控的资源（McGraw，2002）。

四、男性择偶偏好

首先，根据性选择理论，在繁衍过程中非随意性资源投入较多的一方决定繁殖行为。因此，女性对愿意对自己及后代进行长期投资的男性产生了偏好，而这样的男性拥有更多的繁衍机会；相反，那些不愿维持长期伴侣关系以及与伴侣分享自己资源的男性则被自然竞争所淘汰了。这势必带来愿意对女性进行长期稳定投资的男性基因被进化所传承下来，而男性为了争取繁衍机会，必然会主动表现出女性所青睐的品质。因此，女性对男性的偏好决定了男性投其所好能力的进化，即更看重长期配偶关系的维持以及对后代的投资。

而男性在长期配偶关系中的获益还不仅仅如此。在长期的配偶关系中，男性会发现由此可以增加父子关系的确信程度，因为自己的配偶只有与自己发生交配行为的机会。这是一项非常重要的繁殖收益。除此之外，长期配偶关系还能够提高子女的存活率。由于人类后代的发育期较长，并且比较脆弱，在没有双亲照顾下很容易夭折；并且即使存活下来，但由于缺乏父辈教诲，孩子日后的处境也会十分艰难，从而不可能将繁衍延续下去。因此，亲代投资也能促进后代的繁衍。

其次，正因为自然选择让男性注重对配偶的长期投资，由此必然导致男性对繁衍行为的投入增多。在这个既定事实下，男性为了繁衍机会而没有选择余地，只能选择如何在长期配偶关系中使繁衍最大化，以及对自己资源利用的效率最高化。由于只能与一位女性保持长期配偶关系，因此该女性的繁衍生育能力是男性首要考虑的核心要素。由此，在自然进化过程中，男性形成了自己特有的审美偏好。这种审美偏好是人类男性所特有的，因为他们比自然界中其他物种的雄性要付出更多的时间和精力。例如，自然界中许多物种都是雄性具有更美丽的外表，如孔雀，而雄性对于雌性却没有类似的要求。再如，在大猩猩的世界里，雄性往往偏好比自己年长、已有过生育经历的雌性，而人类男性则相反。在大猩猩的世界中，当雌性到了繁殖季节会向雄性发出交配信号，在发情期它们的生殖器肿胀鲜红，赫然醒目，并会散发出极其诱惑的气味来吸引雄性，而最强壮的雄性往往会胜出。在大猩猩的世界里，最为强壮的雄性可以拥有许多性对象，繁衍概率较大，并且不需要抚育后代，而雄性大猩猩不会在意雌性是否具有“性魅力”。因此，雌性吸引异性的策略是与雄性的交配策略相适应的。

而人类男性之所以会如此偏好“性魅力”，是因为这是女性繁育能力的有效线索，毕竟女性的排卵期较雌性大猩猩更为隐蔽，是否需要交配只有女性自己知道，这也避免了被不喜欢的异性所困扰，与谁交配由她们决定，从而将繁殖的主动权掌握在了自己手中。此外，一位女性的繁殖潜力是没有直接信号的。因此，进化的过程让男性产生了对一些旁敲侧击的线索的敏感性，来识别女性的生育潜力，包括女性的年龄、美貌、身材、健康、忠贞品质，等等。

（一）偏好内容

1. 年轻

男性普遍偏好年轻的女性，然而也不是越年轻越好。例如，一项研究显示，尽管很难得到对方的青睐，处于青春期的男孩都更偏好与比自己稍年长的女性约会，他们认为这些女性处于“最具吸引力”的年龄（Kenrick et al，1996）。然而成熟男性对比自己年轻女性的偏好是具有跨文化一致性的。巴斯等人的那项跨文化研究同样证实了这一点，妻子普遍比丈夫年轻3岁左右，只是不同文化下，相差的具体年龄有所区别，如一夫多妻制社会下的差距会更大。在另外一项研究中，肯里克和基弗（Kenrick & Keefe，1992）对报纸上的征婚广告进行了统计，结果发现随着成年男性的年龄增长，他们所期望的配偶年龄与自己的差距就越大，即偏好相对于自己来说更年轻的女性。三十几岁的男性会偏好比自己小五岁的女性，而五十几岁的则偏好比自己小十到二十岁的女性。因此，从本质上看男性对年轻女性的偏好，实际上并非关注年轻本身，而是对生育能力的一种偏好。无论男性年纪大小，他们都普遍偏好处于生育鼎盛时期，即年龄处于二三十岁的女性。而统计数据所显示的差异，则可能体现男性基于对自身年龄和物质条件的评估，而作出的妥协选择。如果有机会，相信他们仍然倾向于像杨振宁那样，以耄耋高龄而迎娶二十出头的年轻女子。由此可见，男性对女性年龄的偏好是基于自身年龄的函数模型的（Kenrick et al，1996）。

2. 外在性魅力

男性普遍偏好外表美丽、富有性魅力的女性，如面孔姣好、身材性感等。关于美丽和性感的标准也是女性繁殖价值的重要线索。对于面孔的审美包含了如下的一些标准，如嘴唇丰满、皮肤光洁、眼睛明亮、头发亮泽等；对于身材的偏好包括恰到好处的肌肉比例、匀称的体型、丰满的胸部和臀部以及纤细的腰肢；另外还有一些显示年轻和健康的行为特征，如步履轻盈、表情生动、精力充沛等。这些美的标准，正好与其繁衍价值相符合，研究者们对此进行了统计分析。例如，皮肤光洁是没有污秽、伤疤和感染的，这表明女性健康，没有传染或者遗传疾病；表情呆板也被评价为是不性感的（Ford & Beach，1951）。而面部容光焕发，是女性处于排卵期面部有“血色”的体现（Symons，1995）。再如，有研究者发现人类对于面孔的审美标准是具有跨文化普遍性的，并且是生而具有的（Langlois et al，1990）。两到六个月大的婴儿已经表现出了对更具性魅力的女性面孔的注视偏好，通过计算机将4—32张人类面孔合成为一张面孔后，合成数量越多的面孔被个体评价为更具有吸引力。并且全球不同种族个体评估各个种族女性照片的面孔吸引力时，表现出了惊人的相似（Cunningham et al，1995）。也有研究者探索了男性对女性身材胖瘦的偏好，结果发现与女性所偏好的苗条形象不同，男性实际更偏好胖瘦平均的女性身材，并且集中体现在对女性腰围和臀围的比例上，研究表明无论女性胖瘦，男性都普遍认为腰臀比率（WHR）值大约介于0.67—0.80之间的女性更具有魅力，有证据表明腰臀比率越高，怀孕越难，并且是许多疾病的表现（Singh & Young，1995）。此结论具有跨文化一致性（Buss，2007）。

3. 忠贞

另外，由于孕育过程男性不能控制，女性的排卵期又比较隐蔽，且整个生理周期都对异性有性吸引力，而男性又需要对伴侣的后代进行长期投资，为了获取资源他们不能时时刻刻陪伴在伴侣身边，因此男性产生相应的适应器来确定父子关系。一方面，男性倾向于与女性保持长久的伴侣关系，与同一位女性的反复接触增加了怀上该男性孩子的几率。例如婚姻关系，它不仅是配偶之间归属的社会声明，避免了同性别的竞争冲突，而且在婚姻的深入相处中，欺骗较难掩饰，男性更容易识别女性是否存在对自己的性背叛。另一方面，男性更偏好那些具有忠贞品质的女性，并对忠贞的线索十分看重，这至少包括两种，一是女性婚前的贞洁（premarital chastity），二是婚后的性忠贞（postmarital sexual fidelity）。这就导致在现代避孕技术出现之前，男性十分看重女性是否为处女。即使在现代性开放的时代，男性仍然比女性更重视对方的贞洁程度（Buss et al，2001）。

（二）影响因素

除了进化之外，也有一些因素对男性的择偶偏好产生了影响，如男性自身的权势如何，媒体宣传提高了男性的审美标准，等等。有权势的男性通常会迎娶年轻貌美的女性（Grammer，1992），也倾向于有更多的伴侣（Betzig，1992）；而现代广告杂志的广为流传，也使得男性眼前充斥的尽是完美的进化审美标准，相比之下，其现实中的伴侣的吸引力在其心目中就大大降低了（Kenrick et al，1989）。这在某种程度上是不利于男性维持长期伴侣关系的。

【建议参考资料】

1. 巴斯．进化心理学［M］．熊哲宏，译．上海：华东师范大学出版社，2007.

2. FISHER H E. Why we love：the nature and chemistry of romantic love［M］. New York：Henry Holt and Co，2004.

3. FISHER H E，ARON A，MASHEK D，et al. Defining the brain systems of lust，romantic attraction，and attachment［J］. Archives of Sexual Behavior，2002，31（5）：413－419.

4. STERN K，MCCLINTOCK M K. Regulation of ovulation by human pheromones［J］. Nature，

1998, 392: 177 - 179.

5. BARRETT L F. Emotions are real [J]. Emotion, 2012, 12 (3): 413 - 429.

6. CONNER T, BARRETT L F. Trends in ambulatory self-report: understanding the utility of momentary experiences, memories, and beliefs [J]. Psychosomatic Medicine, 2012, 74: 327 - 337.

7. LINDQUIST K A, WAGER T D, KOBER H, et al. What are emotions and how are they created in the brain? [J]. Behavioral and Brain Sciences, 2012, 35: 172 - 185.

8. WEIERICH M R, WRIGHT C I, NEGREIRA A, et al. Novelty as a dimension in the affective brain [J]. Neuroimage, 2010, 49 (3): 2871 - 2878.

9. BARRETT L F. The future of psychology: connecting mind to brain [J]. Perspectives in Psychological Science, 2009, 4: 326 - 339.

10. BARRETT L F, BLISS-MOREAU E. Affect as a psychological primitive [J]. Advances in Experimental Social Psychology, 2009, 41: 167 - 218.

【问题与思考】

1. 为什么说爱情类似于一种上瘾行为？
2. 根据概念行为模型，人们是如何形成自己的爱情观的？
3. 进化心理学的观点是如何解释爱情现象的本质的？男女两性为何会有这样的择偶偏好？

第八章　爱情心理学的应用

【本章提要】

如何看待爱情心理学？爱情长久吗？如何维护爱情？如何看待爱情与婚姻？如何面对伴侣的出轨？如何看待男女平等？如何看待同性恋现象？爱情在人生中的位置如何？通过前面七章对爱情全面而深入的理论解析和研究总结之后，我们还需要运用这些专业的研究证据来解答一些生活化的爱情问题，由此学以致用，深入而浅出。本章即是根据爱情心理学“艰深晦涩”的理论和研究结论，来解答这些我们爱情观念里常见的问题的。

【重要术语】

神经生理测量　驱力系统　进化心理学　分心策略　沉思策略　高密度环境　过度繁殖

风起于青萍之末。行文近阑珊，前文的文字对你来说是感同身受，还是雁过无痕？笔者期望本书的这些微言细语可以像蝴蝶的翅膀，在你的生活中不经意地一扑扇，却能带来你人生美好的蝴蝶效应。从第一章开始，我们不仅经历了爱情体验的始末，而且回顾了人类认知爱情的历程。阅读的过程如重温恋爱经历，如果你对本书的某些章节感同身受，那么在回首往事时会不会唏嘘伤感？临床心理学家认为，过去具有强烈情感体验的事件如果因为某种原因而中断时，就会在人心里形成“未完成的事件”，于是人们总希望有机会去“完成”它，也总会“身临其境”。这种强烈体验更需要良好的引导。

曾经沧海难为水，爱情也并非总能圆满。这不仅令人痛苦，甚至会对我们的心理健康和人生发展造成重大影响。对于红尘中的善男信女来说，选择具有适宜性的态度来对待爱情这一心理现象、这一生活事件、这一人生阶石，显得十分必要。因此，本章旨在对前文详尽深入的理论研究进行归纳，并在此基础上来解答生活中一些现实问题，以便形成直观而鲜明的印象。当然，此处的观点仅为作者基于研究结果而给出的推论，至于人们究竟愿意选择怎样的爱情观，还仁者见仁，智者见智。

第一节　如何看待爱情心理学

爱情心理学是研究男女两性在恋爱过程中的心理现象及其发生与发展规律的

科学，涉及了恋爱和婚姻中的生理、心理、行为和社会规律。归根结底，爱情心理学主要是通过科学的研究方法，回答了爱情是什么的问题；并根据其中的规律，在实证中去尝试解决人们所面临的问题。因此，如何看待爱情心理学，其关键在于如何看待其科学性，以及科学与生活的结合问题，即形成以科学为依据的爱情观。

首先，我们如何看待爱情心理学的科学性？面对为数众多的实验研究和证据，我们必须客观地承认，并非每项研究都是百分之百有效、可信的。因此，我们应当对各种各样的研究进行分辨和权重，才能更直接地抓住爱情的本质。在心理科学发展的过程中，其研究方法也在与时俱进，从古时候的哲学思辨，发展到冯特在莱比锡建立第一个科学实验室时，心理科学才真正开始走上实证的道路。而对于爱情心理学的研究最初也是从社会学领域开始的，其研究方法起初多为问卷调查和测量，或者是行为实验观察，旨在通过问卷和实验设计来间接考查爱情中人们的心理活动规律；随后因为科技的全面进步，现如今人们普遍采用更为客观的研究方法来进行实验分析，例如进行神经生理测量——测量那些被试无法主观、随意控制的客观数据，如脑电成像、肌电反应、激素分泌等。综观所有这些研究方法，问卷测量和行为实验都存在是否能够有效测量到想要测量的行为或心理现象，以及测量实施过程中是否全面控制了所有干扰因素等问题，尤其是这样的测量需要通过被试的主观心理活动以及研究者的主观心理活动的“过滤”，因此，与神经生理测量方法相比，它们的研究结论通常在有效性、可靠性上较差一点。另外，关于研究者们提出的理论假设也因其出发角度的不同而具有不同的说服力，并且在概括的全面性上存在差异。尤其是当人们站在不同的角度解构爱情时，有人会站在人作为个体的角度，有人会站在整个人类社会群体的角度，还有人会站在跨社会群体、跨物种、跨时间的角度来解释爱情现象。然而，人越是能脱离作为个体的主观心理，越容易客观地看待事物的本来面目；而看问题出发的角度越是宏观、越是系统、越是将更多的因素考虑在内，其得出的结论就越具有概括性。

其次，我们如何运用科学结论来解释爱情？在对爱情心理学的各种研究结论的有效性进行区分之后，我们更容易分清其中最为重要的证据，以此形成对爱情本质的正确认知。首先是来自跨文化研究的证据，具有跨文化一致性的是斯腾伯格爱情分类中的浪漫之爱，这一点已经得到多项跨文化研究的验证。其次是来自神经生理的证据，爱情具有特定的神经生理基础。爱情作为一种内驱力，涉及了性驱力系统、吸引力系统和依恋系统三大系统。这又决定了爱情是一种甜蜜而又痛苦的上瘾体验。浪漫之爱具有激情和亲密两种成分，根据斯腾伯格的定义来看，激情指的是爱情中的动机成分，是一种能带来生理唤醒状态的内驱力，受到个体外表形象和内在魅力的影响，表现为对爱慕对象的强烈迷恋和性的需要，激烈渴望与对方融为一体；由此可见，激情对应的是生理的吸引力和性欲系统。亲密则是感到与爱恋的个体很亲近并有温馨、温暖的体验，它能够促进相互之间的亲近关系，对对方有欣赏、照顾的愿望，并且通常会进行自我表露和相互沟通；据此，亲密成分在本质上对应了生理的依恋系统。所以，斯腾伯格的浪漫之爱正好与爱情的三大神经生理系统是相对应的。因此，恋爱中的人们会体验到对恋人无法抑制的渴望，不能控制的痴迷，常常不由自主地想念并想要接近爱的人，想要占有他的全部，为何人类会表现出这样的心理行为现象呢？进化心理学告诉我们，爱情之所以会上瘾，是因为它是人类种族繁衍的一种适应装置，它是自然用来“强迫”人们从事繁衍和亲代投资行为的。这种繁衍行为本身是十分辛苦而漫长的，必须得两性进行共同合作才能成功完成，而两性在繁殖后代过程中又存在着利益不一致的矛盾，于是爱情应运而生。它是人类维持长期伴侣关系、对伴侣保持忠诚的心理机制。因为爱情，男性才会心甘情愿将所有资源投入到长期伴侣和后代身上；因为爱情，女性才能保证对长期伴侣的性忠贞，由此生育的后代才能保证是长期伴侣的后代。因此，爱情用它难以抗拒的“诱惑”推动人类按照自然法则的轨道努力繁衍、生生不息。

再次，我们应当如何处理科学结论与主观态度及生活现实的关系？不管爱情如何千姿百态，心理科学的研究目的即在于找出其中具有跨时间、跨群体稳定性的部分，即本质与规律。或许，当我们应用科学的方法揭开爱情的层层面纱之后，或许对于许多人来说，它真实的模样并非如其期待的那么积极而美好，即便如此我们也必须本着客观的态度去承认并接受爱情的本质——科学的结论在于为我们的目的服务，而不是让我们放弃目的。这种接受并不意味着消极处世或者“现实”；恰恰相反，追求美好的事物是人的天性，正因为物以稀为贵，完美爱情得来如此不易，我们更应当从主观积极的角度出发去追求美好的结局。心理学也同样告诉我们，经过主观美好心情建构、一番执著不悔追寻的，在得到时对于个体来说才更显弥足珍贵，更具主观幸福感；而带着健康的安全感，勇敢而无畏、愿赌服输的自信，即便最终没有得到圆满结局，也依旧会因自己感动了自己，而升华我们的自尊甚至人格。另外，正如概念行为模型告诉我们的，爱情是个体因受到特定客体的影响而对自己时刻存在的核心感情根据记忆中的相关爱情概念知识进行归因的结果，因此对于个体来说爱情是与具体的生活经历离不开的。我们有必要谨慎地承认爱情的文化差异性和个体差异性。明确定义爱情的本质并非是想要否定某些特定文化和个体差异下人们的爱情观，而只是力求从客观、实证出发，在以爱情的跨文化、跨个体的共性为本质的基础上，包容和接纳差异之处——通常这种差异对于特定个体的人生来说是具有适应性的。因此在我们看来，科学并非在于告诉人们“应该怎样才对”，而是将客观事实不带情感偏差地呈现于世人面前，供人们参考和抉择。尊重个人意志才是客观的态度。

第二节 爱情是否长久

对于爱情，或许红尘中的善男信女们最为担心的问题就是爱情是否长久，甚至对于很多人来说，这关系到对于爱情的信念问题。爱情是否长久，其实关键取决于我们自身对于爱情的主观定义。爱情是性欲、吸引力和依恋三大驱力系统共同作用的结果，尤其以吸引力为核心标志。爱情是一种对大脑的奖赏，是一种成瘾行为，在爱情持续过程中会伴随交感神经系统兴奋、去甲肾上腺素水平增高等；而如此高的神经活动水平其新陈代谢的代价也高，需要消耗的能量较多，并且对多巴胺奖赏系统的长期强烈刺激会令人麻木，正如我们通常所说的“审美疲劳”一般，个体最终也会降低对多巴胺奖赏的感受性。因此各项研究表明，大脑爱情激素的维持时间最多不会超过四年（也有人认为是两年或者三年）。不过爱情并未由此结束，热恋过后不出意外的话，人们往往会进入平静期，尽管生活不再充满激情，伴侣相互间也仍然充满令人愉悦的舒适和安全感，而这些则要归功于内啡肽、催产素和后叶加压素等，它们增加了个体对伴侣的忠诚度。

然而现实中的人们因为各自的特质和经历不同，而对性欲、吸引力、依恋驱力成分的权重存在差异，因而人们对爱情的定义各不相同。有人会侧重于依恋（通常年长者较多），有人会侧重于吸引力（通常年轻人较多）。认为爱情以依恋为主的人会坚持认为“平平淡淡才是真”，他们认可的爱情是几十年如一日、不离不弃、相濡以沫的平平淡淡、细水长流。认为爱情以吸引力为主的人会认可“一见钟情”，在于他们看来，除非一开始便有深深吸引、难以割舍的心动，否则经过长时间培养起来的只是友谊或者亲情而已，只有脸红心跳、亢奋失眠、分离时焦虑、在一起时激动流汗才是爱情来临的标志。另外，对于爱情较少有人会只看重性欲望，即便有人沉迷于此，相信其主观也很难对此归因为爱情。尽管性欲望对于爱情来说是必要的，但它也仅仅是一种最基本的生理需求而已，在仅仅为了满足性欲望的情形下，人们对于短期性对象的选择是并无太多慎重要求的。因此，爱情以性欲为基础，但它绝不等于性欲；爱情需要不离不弃的友谊，但它也绝不等于友谊。事实上，现实中的人们大多对爱情的定义是处于第一种和第二种态度之间的，即在重依恋和重吸引之间，又或者“此一时，彼一时”在两者之间徘徊，通常年轻时因为生理活动旺盛、因为生育本能、因为无畏，会认为爱情以吸引力为核心特征；而年长后会因为生理机能下降、因为养育需要、因为阅历，会认为爱情以依恋为核心特征。没有正确或者不正确，只有适合或者不适合。年长时的爱情观念对于年轻人来说未必适合，年轻人的追求对于年长者也稍显奢侈，因为需求不同。因此作为长辈不要以“阅历”自居去否定年轻人的行为，而年轻人也不应以“迂腐”去否定长辈的态度。

其实，随着时间的流逝，人们的爱情观念之所以会发生变化，恰恰是由人们在不同人生阶段体验到的爱情特质有所不同而导致的。从这个角度来看，我们尽管不能因为作为爱情核心特质的吸引力会渐淡而绝对地断定爱情会消亡，但却可以肯定地断言爱情会“变质”，爱人们会渐渐对对方的“魅力”失去感应，会对“性趣”不再痴迷，但却会对对方产生难以割舍的依恋之情。从某种角度来看，人们变化后的感情会越来越接近于亲情。而普通个体的一生一般会经历如下的爱情过程：年轻时热衷于轰轰烈烈、荡气回肠和性魅力（吸引力），而随着年龄增长会渐渐珍视平平淡淡、细水长流和相濡以沫（依恋）。不过我们至少有一点可以十分肯定，那就是没有永恒不变的爱情。想想看，文学影视作品里的浪漫爱情，何不都是以信誓旦旦地宣称海枯石烂开始，而最终大多以悲剧收场呢？或许文学作者们潜意识里都知道，只有悲剧收场才能保证永恒不变，才会唯美。就像《泰坦尼克号》，只有一切永远静止在最美好时，才能成为“未完成事件”而得以永恒。

因此，如果我们一定要以爱情最为标准的原型、具有跨文化普遍性的浪漫之爱作为爱情依据的话，我们只能说随着时间的流逝，爱情变淡了，亲情变浓了——至于有多淡、有多浓，这因人、因事而异。

第三节　如何维护爱情

常常会听到人们不无感伤地说“你变了”，这句话有些可悲，因为其潜在假设是“事物都应当保持不变”，“我停滞不前是正确的”，变化就是“不好的”。如此我们就只能说“原本是你把世界看错了，却埋怨世界欺骗了你”。或许这个世界上唯一不变的便是“事物永远处于变化之中”。因此，套用一句时髦的政治术语，我们唯有与时俱进，与爱情的发展规律一同发展，才能实现相对的不变。

既然爱情会变质，那么对某一爱慕对象的激情（吸引力、性欲望）就会随着时间而褪色。尽管浪漫之爱的淡去是自然趋势，但我们仍然可以通过主观努力来让它天长地久。或许较为少见，但生活中伉俪情深、一生浪漫如初的伴侣仍然广为存在。而那些“白首如新，倾盖如故”的爱情，并不是仅凭运气、不作努力就可以唾手而得的。因此，为了得到尽可能长久而年轻的爱情，主观努力是必不可少的。根据心理学的分析可知，首先，采取措施以维持对某一对象的吸引力、性欲望和依恋是必要的；同时也要减少相互之间的破坏力，如争吵、暴力等，这些破坏力会令亲密感和依恋大打折扣；另外也需要一点“你为我刀枪不入，我为你百毒不侵”的忠诚态度。

首先，性魅力是维持吸引力的根本。在前文的论述中，我们知道了随着爱情的发展，激情（吸引力、性欲望）会渐渐退却，依恋会渐渐变浓。根据这一规律，伴侣们显然需要做的是努力维持自己对对方的吸引力，并且让相互之间的性活动更令人愉快。有研究表明，男性之所以容易出现中年危机，其中一部分原因便在于随着时间的流逝，当年美丽的妻子们不仅红颜易老，并且由于激情退却、亲密、安稳、社会成就愿望较低等原因，妻子们渐渐放松了对自己的要求，尤其是在生完孩子以后，女性会有一种专注于后代的哺育天性，从而将自己的美貌、身材、气质、学识放到了一个微乎其微的位置，如此便也离性魅力越来越远。这甚至成为男性中年性障碍的一大影响因素。“色衰爱弛”这句话在一定程度上是对作为“视觉动物”的男性的真实写照，可以说是一种生而具有的天性（见第七章第三节）。即便也有一些“宅心仁厚”的男性对于女性的魅力懈怠无限包容，但那也仅是消极的接纳和容忍，而不是积极的喜爱。因此，性魅力的维持是爱情长久的重要活化剂。记得有一句话说得很好，“20 岁之前不美不是你的错，但 20 岁以后还不美的话那就是你的错”。性魅力有多种来源，同样随着时间对容颜的更改，在不同的年龄阶段魅力侧重的内容不同，例如有人认为“女人 20 岁比脸蛋，30 岁比身段，40 岁比韵味”，“男人在年轻男孩时的魅力是帅气，而成长为男人后魅力在于社会地位”，但总的来说，个体的魅力应当是从外在的年轻美、容貌美、身材美向内在的气质美、学识美、能力美、品位美等过渡的。同样，这也并不是认为年轻就可以甘做花瓶或是不必追求内在的美，而年长以后也不是就可以懈怠外在美，一身自傲地嘲笑花瓶的浅薄，认为内在美就是比外在美高一等的存在。内在美从来都不是不维持外在美的借口。我们在发挥优势之处的同时，也应当适当弥补劣势之处，如此才能具有没有“遗憾”的吸引力。

其次，有趣而丰富的共同生活是爱情的阶段性助推器。在第七章关于建构主义研究新方向的论述中我们了解到，几乎人们所有感知觉信息的加工都会经过核心感情回路，从而使对外界信息加工的结果都被赋予感情色彩。而通过这一感知觉加工回路，人们往往对具有新奇性的事物更感兴趣。同样，爱情之所以会变淡，正是因为多巴胺奖赏系统在长期的奖赏过程中趋于钝化的结果，而新奇的事物会带来新的奖赏体验。正如研究表明，个体对新奇性刺激有着更高的脑电反应峰值，以及更长时间的选择性注意激活。因此，伴侣之间共同做一些具有挑战性、趣味性的事情是十分有益的。不要以为一成不变就是安稳的表现，那往往也是厌倦的开始。共同做一些从未做过的新鲜事情，创造丰富多彩的人生经历，增进自身能够令对方惊喜的各种魅力，等等，都是激活爱情奖赏、维持吸引力的重要方式。

再者，伴侣之间维护好亲密的依恋，将主观态度由对吸引力的重视过渡到对依恋的重视，才是关系长远的基石。依恋是一种在安全、舒适和祥和环境下随时间增加而获取的体验。因此面对琐碎、现实的生活，解决好潜在的破坏性事件才不会消耗累积的亲密情感。其中最关键的一点是人们的社会性别角色问题。在第三章我们了解到了两性在应对环境时具有一定的性别差异，典型男性化的个体更具有工具性，而典型女性化的个体更具有表达性。正是由于两性具有这种沟通和应对方式上的差异，才使得伴侣们在遇到问题时容易出现偏差。而研究又发现在两性中，那些更具有中性化特质的个体更容易维持美满的伴侣关系，原因就在于兼具工具性和表达性使得他们更容易理解伴侣和与伴侣进行沟通，更能体验到对方的需要，这是有效解决问题的前提。因此，拘泥于传统的大男人和小女人性别角色是对亲密依恋不利的。男性也需要具有体贴、细腻、善解人意的心思，女性也需有独立、果断、勇敢、进取的品质。亲密的依恋情感需要以彼此的相似性为基础，这一点有些类似于友情、亲情。

最后，主观控制对于维持爱情的忠贞十分重要。在第二章社会交换理论中，我们了解到替代性选择的存在，并且人们所具有的替代性选择价值越高，对当前关系的满意度越低，就越不利于爱情的长久。但如果人们对替代性选择视而不见呢？心理学研究告诉我们，这种视而不见的能力与执行控制能力有关，它是爱情经得起考验的重要人格特质。执行控制力强的个体在处理事情上表现为善于排除万难、坚持到底，赢得最后的胜利。他们对于爱情也同样如此，执行控制能力越强的人越会不自觉地使用一些方法来保护爱情，比如少看帅哥美女、对帅哥美女的评价较低、尽量少和异性亲近等。这并不是说高执行控制力的人就神经迟钝麻木，其实在心理层面他们也容易被“诱惑”——前提是必须处于单身状态。这也从另一角度说明了，为何工作量大、压力大、酒精等容易导致出轨行为，因为它们都是执行控制能力的杀手。

人生需要经营，爱情也不例外。其实，每个人的社会角色首先是男人或者女人，才会有其他的社会定位。每个人都应当常常内省：作为男人/女人，我努力了吗？

第四节 爱情与婚姻的关系

人们总会惆怅地感慨：婚姻是爱情的坟墓。认为婚姻中共同生活所带来的琐碎和冲突导致了爱情的消亡。然而果真如此吗？那又为何生活中有许多人彼此相爱、没有第三者、没有婚姻，而往往在相爱八年、十年以后最终却分手了呢？在美国这种十分重视爱情是婚姻的前提的国家，许多夫妇离婚的理由也仅仅是因为“不爱了”。没有婚姻，爱情也照样走进了坟墓。

激情随时间而退却是一个必然的生理过程。因此，扼杀爱情的真正“黑手”是时间，而不是婚姻。婚姻的琐碎只是在其中起了催化作用罢了。而恰恰相反，对于大多数人来说，婚姻才是维持爱情以及有效解决爱情带来的后续结果的重要保障。有研究显示，同居情侣分手的可能性是夫妻的 5 倍。不仅如此，恋爱过程本身也是不宜过长的。正如某档相亲节目的女心理专家的点评：“恋爱时间不宜过长，通常两到三年足够了。”在适当的时候，恋人们应当步入婚姻殿堂。

生活是现实的，在繁衍后代过程中，年轻对于女性的繁殖价值来说何等重要，而寻找一位忠诚的伴侣来保障自己及后代的生存是进化赋予女性的天性。不管怎样，心理学研究的客观事实表明，年长后再与伴侣分手或者离婚的女性一般会独居终老；而男性则不同，他们通常会再婚，如果他们拥有丰富的资源，而且还会娶到比自己年轻许多的伴侣。这里并没有苛责男性的意思，而只是陈述进化所决定的客观事实。进化论告诉我们，一夫一妻制的稳定婚姻关系对于所有女性来说都是有利的，尤其是对于性魅力一般的女性。而一夫一妻制尽管对于处于劣势、占有较少经济资源的男性来说十分有利，但对于占有大量社会资源的男性来说却是不利的，因为这与其繁衍策略相矛盾，他们更希望拥有多个性伴侣来增加后代数量。在某种程度上说，女性确实更需要婚姻，也更需要谨慎地选择婚姻。这也是自然在人类进化过程中，赋予女性决定伴侣关系的主动权的原因。

总之，婚姻关系到吸引力与依恋系统两者在维护爱情关系中发挥作用的顺利更替，婚姻是爱情的后续保障，如果爱情真有坟墓的话，那就是时间。婚姻是个体经营人生相对不那么艰难的一种生活模式。婚姻不等于爱情，虽有重叠之处，但婚姻更像是一项“事业”，它的最终目的在于更好地度过自己的人生。

第五节　如何应对伴侣的出轨

记得电影《失恋 33 天》里有一对举办金婚纪念的老夫妻，看到他们年迈却如此相爱，人们都不免羡慕和感动。然而老太太却道出了途中的风风雨雨：原来老伴也曾经出轨过。只不过老太太懂得包容，于是几十年如一日，终于走到金婚。每个人看长辈都会有这样的错觉，尤其是那些始终不离不弃、和和睦睦的长辈，在不深入了解之前，我们都会认为他们之间是如何的“岁月静好，现世安稳”。然而事实往往并非如此：一辈子难道就真没有再遇到过让他/她心动的第三个人？

婚姻不等于爱情，因此不能完全以处理爱情的方式来加以应对。每个人都是凡人，凡人都难逃自然的规律。浪漫之爱也会在时光中转变为伴侣之爱，因此最初的吸引和依恋也会变为依恋与承诺。由于吸引力与依恋分属不同的生理系统，吸引力具有排他性而依恋却不然，这也就决定了浪漫之爱与伴侣之爱是相互独立的，并且最初的一往情深会变为后来的朝秦暮楚。所以，人们往往可以在依恋一个人的同时，却无可救药地“爱上”另一个人（吸引力），而这种爱是一种致命的“上瘾”。这就是现实的爱情，可惜的是，这一“变心”潜质一般无人会例外，只是因为受到各种环境和主观认知因素的影响，而最终表现为了不同个体的不同状态而已。

不过就此对爱情或变了心的人绝望透顶大可不必。如第七章的分析，浪漫之爱尽管具有排他性，而且会“上瘾”，但是这种“上瘾”通常不会超过四年。同样，尽管依恋不具有排他性，我们可同时对多人产生亲密的依恋，但是最亲密的依恋却会成为个人的生活习惯，如果说追求浪漫之爱是追求额外奖赏的话，那么依恋却是个体生活的必需品，而亲密依恋的那个人早已被个体定义到了核心“自我”当中。因此，当要求个体否定“自我”，将亲密依恋的伴侣从核心“自我”中剥离时，可想而知，必然是撕了皮连着肉，血肉淋淋的。

如何看待婚姻中的出轨，这个问题此刻一目了然：爱情的“毒瘾”有一天会被戒掉，而对“自我”的否定却是伤筋动骨的。何况婚姻不等于爱情，它更像一种需要用一生经营的事业——当你的“合伙人”因不得已而偶有不忠，你会从此不与他继续合约吗？时间会渐渐地拿走浪漫之爱的砝码，让这架天平倾向伴侣之爱，因此，如果伴侣之爱还有婚姻这把保护伞将两个人的利益拴在一起的话，那么出轨者通常是不会离开伴侣的——除非出轨者与伴侣之间的依恋关系已经受到了严重破坏。那么该如何应对出轨呢？

首先，爱上对的人。容易出轨的人本身是具有一些稳定的人格特征的（详见第四章），例如，欺骗与人格特质的外向性有关；回避型依恋风格的个体往往更容易出轨；从事社会科学、教育学、商务和人文科学的个体较理工科更容易出现背叛行为；经常欺骗别人的个体对他人缺乏信任，往往在生活中表现出适应不良，他们通常猜忌多疑且报复心强，愤世嫉俗且愤恨善妒，他们通常来自单亲家庭，并有着更高的罹患精神障碍的风险；等等。因此，一开始便选对恋爱对象十分重要。

其次，完善自己，增加伴侣关系的吸引力。根据第二章的投资模式理论的公式“承诺/忠诚 = 满意度 - 替代性选择 + 投资量”，增加对伴侣关系的满意度是能够增加忠诚的程度的。满意度来源于所有能够给伴侣带来积极奖赏体验的事件，如增加自己的性魅力，提高自己的社会地位，增加所拥有的物质资源，分享相互之间愉快的相处体验，共同经历丰富有趣的生活事件，等等，包括所有能维持长久爱情的方法。

再次，予以约束，增加出轨行为的惩罚。预防出轨的最好办法就是婚姻。婚姻最重要的一点即在于让两个人的利益水乳交融、休戚相关。当出轨行为的惩罚性会牵一发而动全身时，人们往往会退却，然后选择像戒毒那样去戒掉爱情——这也是投资模式理论的启示（见第二章），即增加伴侣对你们之间关系的投资量，越多越难以放弃与你的关系。因此，爱一个人不是单方面地对他好，而是需要让他也有所投入，关系才会成功。

最后，宽恕。体谅每个人都有出轨的可能性，体谅能让人更容易释怀。婚姻是一种人生的重要经营模式，比起独自走完一生来说，两个人相濡以沫会相对容易太多，而出轨或许只是漫漫人生路上的某块绊脚石而已，走着走着便看不见了。如果不幸，真遇上了自恋自私、毫无责任感的薄幸之人，选择放弃也未免不是对自己的一种解脱。不过，通常大多数出轨者都并非如此“罪大恶极”、有意为之的，除非这个个体本身有严重心理缺陷。

总之，人生需要经历太多风雨，尽管浪漫之爱容易逝去，但是产生浪漫激情的天性却可能是伴随一生的，或许每个人在某个惊鸿一瞥的时刻，都对他人脸红心跳过，但是多数人选择了自我控制，选择了默默心动，而表现在行为上却是忠诚的。记得有句话说“没有绝对的忠诚，只有不够大的诱惑”，它并非想消极地说明背叛处处存在，而是想说背叛需要第三者具备相当高的诱惑，通常人们还没有“好运气”遇到如此高的替代性选择。因此，多数情况下面对伴侣的出轨，或许宽恕是最好的选择。而那些心动的人们，或许需要明白有一种情感与其渴望相濡以沫，不如选择相忘于江湖。

第六节　如何看待男女平等

爱情和婚姻世界里的主角是男性和女性，因此不得不涉及男女平等的问题。这当然得从两性的本质区别说起，进化论对此有很好的解释。

根据亲代投资理论，人类一切行为的根本动机在于生存与繁衍。男性与女性在对后代的投资中存在差异，男性只需要一次性行为，而女性则承担了受孕、怀孕以及哺育的全过程，最少需要四五年的时间，在此期间还得丧失其他择偶机会作为代价。因此，孕育、哺乳、抚养及保护、喂食等都是重要的繁殖资源。女性对配偶不加分辨的话更有可能付出代价。而男性在生物繁衍行为上，只需要提供精子作为传承自己基因的载体而已，此后他随时可以选择离开。因此，人类女性拥有更多不可随意分配的繁衍资源，并且她们在选择性对象时会注重保障自己后代的存活率，这就与男性所能提供的繁衍资源有关。由于男性的身体较女性更为强壮，并且没有孕育后代的牵绊，因此他们能够获取更多的生存资源，如食物和安全的居住环境等，这些都属于可随意分配的生存和繁衍资源。基本上在整个亲代投资过程中体现了，男性负责生存、女性负责哺育的职责。

然而，自工业革命以来，女性开始走出家庭，参与到社会生产之中。这使得女性有了相对独立的经济地位。不仅如此，女权运动更是不断呼吁应当让女性在社会的各个领域中享有与男性同等的地位和参与权利。而事实证明，女性在很多职业上的表现较之男性毫不逊色，这也从观念上改变了人们对待女性的态度。女人们正在变得越来越自信，越来越独立。有研究者认为，男女在社会工作中的地位主要受到性别比率的影响。当性别比率较高，社会中男性较多时，社会主流观念更赞同传统的两性关系，男性外出工作获取社会资源，女性则在家抚育孩子，在这种文化观念下，人们对于性关系的态度也更为保守，离婚也不被赞同。相反，低性别比率意味着社会中女多男少，这样的社会更倾向于颠覆传统，鼓励女性外出工作、经济独立。例如，第二次世界大战导致了战后美国社会的性别比率非常低，从而带来了20世纪60年代晚期的“性解放”和“女权运动”。

尽管如此，现代社会中的“性别歧视”仍然处处存在，尤其是在职业领域。最为明显的一点是男性普遍占有更高的社会权力。究其原因首先在于，男女两性所拥有的资源就存在普遍性与特异性的差异。男性所拥有的生存资源如金钱是具有普遍性的资源，在社会中具有更大的灵活性，能与社会中的任何人进行交换，因此拥有金钱或社会地位的个体对于他人自然也拥有奖赏的权力。而女性所拥有的资源如爱情和性，只对特定个体有意义，具有特殊性而不能进行广泛的社会交换，在其他情境下女性的资源则不具有价值。因此，女性的资源只对其伴侣一个人有价值。其次，人们的大多数社会活动都存在性别歧视。整个社会都是赞成男性居于支配地位的，并认为男性更有决断能力。这一点在与权力直接相关的政治领域尤为明显。其他领域也如此，男性往往占据着较高的领导职位，而职场女性多数处于受支配地位。而当女性处于领导位置时，人们对她的行为评价又往往更为苛刻。再次，女性生育活动的妨碍。尽管在现代社会中，女性在很多职业上的表现较之男性毫不逊色，然而女性却必须分配相当的精力到生育活动中。这在很大程度上决定了会出现男性的收入和社会地位高于女性的现象。一方面，女性遗传了女性祖先的一些特质，如不具有侵略性和竞争性，不喜欢挑战和冒险等，爱惜生命有利于抚育后代；另一方面，大多数收入较高、地位较高的工作都需要投入大量的时间和精力，然而女性由于必须分配必要的时间来孕育和抚养后代，事实上她们多数情况下是没有足够的时间和精力来兼顾繁重工作的。因此，她们往往只会选择一些收入一般，但较为稳定、投入较少的工作。

由此可见，男女之间的不“平等”是先天决定的，过分强调绝对的平等在某种程度上有违规律。而两性之间的关系用“平衡”来加以形容和约束也似乎更为恰当。进化似乎有意在两性之间制造制衡关系：生育与伴侣关系由女性说了算，社会权力和资源获取则是男性说了算。在任何领域，都不可能实现男女之间的绝对平等，因为从一开始，两性就是各有优势又相互制衡的。因此，在爱情的世界里，或许从来都是“没有公平不公平，只有愿意不愿意”。

第七节　如何看待同性恋现象

根据进化心理学的观点，人类任何活动的根本动力在于生存与繁衍。在此假设下，许多人类行为都得到了很好的解释。然而在遇到自杀、堕胎、丁克家庭、同性恋等问题之后，进化心理学家们犹豫了，因为进化论解释不了这种放弃繁衍后代的行为。其实这种捉襟见肘大可不必，进化论在解释适者生存的同时，也同样可以解释不适者如何被淘汰。

显然，同性恋爱的行为是无法繁衍后代的。与异性恋个体相比，同性恋爱个体的基因传递通常会由此断绝，这或许是因为他们不具备自然所需求的某些特质吧（已有研究表明同性恋具有特定的遗传基因）。因此，他们的基因可能在某种程度上是被进化不带任何偏见地淘汰了。至于为何会出现同性恋行为，进化心理学家们的解释也稍显苍白。而生态平衡的观点却是十分得力，毫无疑问，人类的任何异常行为都是自然选择的结果。当整个生态都因为人类的繁衍而倍感压力时，自然法则当然会通过它巧妙的手法来返还平衡。随着科学技术的迅速进步，如高产而丰足的粮食和先进的医疗技术等，这些使得人类的健康有保障，寿命得到延长，繁衍的存活率也大为提高。现如今，地球上的人口已经达到了一个前所未有的高度，由此给生态系统带来的影响是严重的，如人类生活痕迹对自然环境的破坏，由此造成的其他物种的灭绝，由此带来的自然灾害，等等。一个生态系统的调节能力是有限度的。当外力的影响超出这个限度时，生态平衡就会遭到破坏，生态系统就会在短时间内发生结构上的变化，比如一些物种的种群规模发生剧烈变化，另一些物种则可能消失，也可能产生新的物种。但变化的总体结果往往是不利的，它削弱了生态系统的调节能力。作为生物圈一分子的人类，对生态环境的负面影响极大，目前已经成为破坏生态平衡的主要因素。

因此，自然的生态法则就像是上帝：既然人类有各种办法来增加生存率，那么为了调节生态平衡，它就有办法来降低人类的繁殖率，如同性恋现象。对此，心理学家卡尔霍恩的经典实验很好地说明了这种平衡的观点。卡尔霍恩曾用老鼠做过一项经典实验，来检验高密度生存状态下白鼠的行为会发生怎样的变化。该实验结果可以说是整个社会行为机制的缩影，以下摘自罗杰·霍克的《改变心理学的40项研究》（白学军等译，2010）。

卡尔霍恩特别想了解高密度环境对社会行为的影响，他把一群白鼠限制在一个1 000平方米的安全而封闭的户外空间内，食物充足，有理想的、受保护的筑巢空地，没有它们的天敌，所有的疾病被控制在最低限度。

……这些观察持续了16个月。

让我们看一看他所观察到的一些极端的、病理性的行为。

1. 攻击

在自然野生环境中，雄鼠为了它在社会阶层体系中的统治地位而与其他雄鼠进行争斗。这种争斗在本研究中的一些富有攻击性的雄鼠身上也能看到。所不同的是，与它们在自然环境中不同，处于统治地位的雄鼠必须经常与其他雄鼠争斗以保持其地位，且一般常会是几只白鼠打群架。虽然如此，研究者通过观察发现，在中间围圈中（高密度生存环境）最强的雄鼠是最正常的。然而，即使是这些白鼠有时也表现出“病理的症状，如发狂；攻击雌鼠、未成年鼠以及不太主动的雄鼠；并表现出一种特殊喜好，一种鼠类的不正常行为——咬其他白鼠的尾巴”。

2. 服从

与极端攻击行为相反，其他组的雄鼠忽略并避免为争霸主地位而引发的战争。一组这样的雄鼠由围圈中看起来健康的白鼠组成，它们身体肥硕、皮毛完好，没有因争斗而常会出现的秃斑。然而，这些白鼠完全不适应社会环境。它们在围圈间走动时似乎处于睡眠状态或类似睡眠的状态，它们忽视其他白鼠，反过来也被其他白鼠所忽视。它们对性活动一点儿也不感兴趣，即使面对发情的雌鼠也无动于衷。

另一组白鼠则极度活跃，并常常来回走动寻找雌鼠。卡尔霍恩把它们称为"探索者"，它们常常被更强大的雄鼠攻击，但他们对争夺地位从不感兴趣。它们的性欲极强，其中相当一部分甚至成为"食同类肉者"。

3. 性偏差

这些"探索者"也不遵守自然的交配程序。通常情况下，雄鼠追逐发情的雌鼠，直到它逃进洞里，然后，雄鼠耐心地等待，甚至直接在洞外跳起求婚舞。最后，雌鼠从洞里出来，进行交配。在卡尔霍恩的研究中，大部分进行性活动的雄白鼠遵守这一程序，但"探索者"除外。"探索者"完全拒绝等待而直接跟着雌白鼠进洞。有时，洞内的窝中还有已死亡的幼鼠，研究者在随后的研究中发现，它们后来成为了"探索者"的食物，使"探索者"变成了"食同类肉者"。

另一组雄鼠被称为"泛性者"，因为它们不做任何区分，试图与任何其他白鼠进行交配。它们以性为目的，接近其他的雄鼠、幼鼠以及没有发情的雌鼠。他们同样属于服从的群体，常常受到更强大雄鼠的攻击，但它们从不为争夺地位而打斗。

4. 繁殖中的异常

白鼠有一种自然本性，那就是筑巢。在本研究中，研究者向白鼠不限量地提供小纸条作为筑巢的原材料。在正常情况下，雌鼠非常主动地筑巢，以便为生产作准备。它们将材料集中并堆积起来，形成一个垫子的模样，然后将窝的中间部分做一个凹陷形以放置幼鼠。然而，行为改变的雌鼠丧失了一般的筑巢能力（或倾向），最初它们不能做出中间的凹陷，后来，随着时间的推移，它们收集的纸条越来越少，以至于最终幼鼠直接降生在覆盖着木屑的地板上。

当母鼠预感到存在危险时，它们也丧失了把幼鼠从一个地方转移到另一个地方的能力。它们可能转移了一些幼鼠而忘了另一些，或在转移的过程中不小心把它们丢在了地上。通常，这些掉在地上的幼鼠或是被遗弃或是死去，随后被成年鼠吃掉。幼鼠的死亡率在中间两个围圈中（高密度生存环境）最高，约在80%—96%之间。

除此之外，在中部围圈中的雌鼠发情时，它们会被大群的雄鼠追逐，直到它们最终不能逃脱为止。这些雌鼠在怀孕和生产过程中并发症发生率很高。在这项研究的最后，几乎一半的雌鼠已经死亡。

从中看到了什么？战争、权力与地位争夺、社会资源垄断，一夫多妻、宅男、光棍、反社会型人格、强奸、食同类、家庭暴力、同性恋、恋童癖、性变态、堕胎、亲代杀子、性疾病、妊娠问题……这些都是高密度社会生存状态的结果。也许，进化论纵贯时间进程，讨论了生物演变源远流长的前因后果；而生态平衡的观点则是强调在历史的相对横断面下，囊括了生物体和非生物体之间的相生相克、平衡往复。在生态观下哪怕是一条河、一颗石头、一掊土都是整个系统的一部分，动之一毫，很难说会引发怎样的“蝴蝶效应”。更何况，生物体相对于整个宇宙中的非生物物质来说，几乎可以卑微到尘埃里去，而反物质据说更是占据了宇宙的90%！或许，我们在看待社会现象时，更应该纵贯时间和空间内的所有事物，从混沌理论角度出发，客观、谦卑地自我反省。

因此，从这个角度来看，几乎所有的社会问题，归根结底都是生态问题或者进化问题，人归根结底是自然属性的人，人类再聪明，也难逃自然法则的规律。在现如今同性恋现象日益增多、社会对同性恋行为日益接受的时代，这不仅是一种道德态度上的宽容，或许更是人类对自然调节的一种顺应。从这个角度来看，同性恋现象具有一定积极意义。

第八节　爱情在人生中的位置

几米曾说：“生命中不断有人离开或进入。于是，看见的，看不见了；记住的，遗忘了。生命中不断的有得到和失落。于是，看不见的，看见了；遗忘的，记住了。”在爱情的世界里，人们总是痛并快乐着。

无论是源于现如今的文化观念还是人们的生理需要，爱情都是重要的。在大多数关于爱情的电影里，爱情都是至上的、美好的，值得追求和珍惜的。而当爱情与生活发生冲突时，放弃爱情总是让人遗憾的，而那些将物质放在了比爱情更重要位置上的个体，多少是有些令人不屑的。于是，爱情似乎是人生中最重要的事件，是信仰，是标准，值得不懈追求。在女性社会地位显著提高、社会开放程度渐长的今天，对于大多数人来说爱情似乎是人生的必需品，完美爱情是婚姻的必要前提。这或许也是目前大龄剩女较多的原因之一，人们对人生伴侣的要求越来越高。然而生活的机遇不是对谁都会眷顾，遇上各方面令自己满意又两情相悦、一见倾心的概率，本身就太小。大多数人最终都只能淡淡地走进婚姻，平平地走完一生。

在前文的分析中，我们知道浪漫之爱会随着时间的流逝，渐渐转变为亲情；我们知道了改变爱情的是时间而不是婚姻，婚姻反而是爱情的后续保障，关系到吸引力与依恋系统两者在维护爱情关系中发挥作用的顺利更替；我们知道尽管浪漫之爱容易逝去，但是产生浪漫激情的天性却可能是伴随一生的，每个人都有可能在一生中对伴侣之外的他人有所心动，但这都可以用理智加以控制，行为上的忠诚是十分重要的；我们还知道婚姻不等于爱情，虽有重叠之处，但婚姻更像是一项“事业”，它的最终目的在于更好地度过自己的人生。因此，爱情与人生的关系不言而喻。

有些时候爱情与生活十分矛盾，这或许与张爱玲的《红玫瑰与白玫瑰》如出一辙：“娶了红玫瑰，久而久之，红的就变成了墙上的一抹蚊子血，白的还是‘床前明月光’；娶了白玫瑰，白的就是衣服上的一粒饭渣子，红的还是心口上的一颗朱砂痣。”如何选择都会有遗憾。但我们始终不要忘记一切的“最终目的在于好好地度过自己的人生”。而不同的人生阶段有着不同的发展任务。因此爱情并非在一生中都该被放在最重要的位置上。这并不是说我们就应当以结果为目的：既然爱情最终的结果是变质，那么我们就应当跳过那个荡气回肠的经过而直接迈入平淡。而是说，生命本就是一种过程，太注重结果往往只会伤害自己——结果未必就像人们主观认为的那样具有绝对的好坏之分。因此，唯有珍惜人生的过程，去认真对待每一次痛苦和欢乐，并且不将它们视为“痛苦”、“欢乐”，生命才会游刃有余。

爱情是人生的给养，生命的成长才是最终的方向。还是张小娴的那句话：“爱情不是在泥土里开出的花朵，而是泥土里的肥料。最后开出的那朵花，是你的人生。”

【建议参考资料】

1. 霍克．改变心理学的 40 项研究［M］．白学军，译．北京：人民邮电出版社，2010.
2. 米勒，珀尔曼．亲密关系［M］．王伟平，译．北京：人民邮电出版社，2011.

【问题与思考】

1. 如何科学看待爱情心理学的研究结论？
2. 经营爱情可以采用哪些策略？
3. 应对伴侣的出轨行为，我们可以采取怎样的策略？
4. 如何看待爱情与人生的关系？

图书在版编目(CIP)数据

爱情心理学 / 罗峥，杨怡编著. －北京：开明出版社，2012.10
（新世纪心理与心理健康教育文库）
ISBN 978－7－5131－0847－8
Ⅰ.①爱… Ⅱ.①罗… ②杨… Ⅲ.①恋爱心理学 Ⅳ.①C913.1

中国版本图书馆 CIP 数据核字(2012)第 217905 号

责任编辑：王桢　岳帅　陈璘彬　王拓

书　名：爱情心理学
出品人：焦向英
出　版：开明出版社
（北京海淀区西三环北路 25 号 邮编 100089）
经　销：全国新华书店
印　刷：保定市中画美凯印刷有限公司
开　本：700×1000 1/16
印　张：13.5
字　数：229 千字
版　次：2012 年 10 月 北京第 1 版
印　次：2017 年 7 月 北京第 3 次印刷
定　价：35.00 元

印刷、装订质量问题，出版社负责调换货　联系电话：(010)88817647